Geschichte Hamburgs

Sven Kummereincke

Geschichte Hamburgs

Von der Hammaburg
zur HafenCity

Ellert & Richter Verlag

Inhalt

Vorwort

Liebe Leserinnen und Leser,

Bücher über die Geschichte Hamburgs gibt es reichlich. Und nun noch eines. Warum? Hat sich die Geschichte verändert? Selbstverständlich nicht. Zwar gab es gerade in der jüngeren Vergangenheit erstaunliche neue Erkenntnisse, vor allem über die ersten Jahrhunderte der Stadt, die Eingang in dieses Buch gefunden haben, aber das war nicht ausschlaggebend. Sondern die Idee, die Historie einmal etwas anders zu erzählen und somit auch auf das Interesse derjenigen zu stoßen, die sich nicht ständig mit Geschichte befassen, ja, das vielleicht sogar tendenziell langweilig finden.

Und so ist diese Geschichte der Stadt nicht chronologisch aufgebaut, sondern nach Themen geordnet: Stadtentwicklung, Politik, Kultur, Bildung, Verkehr und so weiter. Das Buch muss also nicht von vorne nach hinten gelesen werden, um es zu verstehen, jedes Kapitel erzählt seine eigenen Geschichten.

Ich bin kein Historiker, sondern Journalist. Als solcher versuche ich, so unterhaltsam und interessant wie möglich zu schreiben und dennoch faktentreu. Lockere Formulierungen ohne lockeren Umgang mit der Wahrheit. Ich hoffe, dass ich diesem Anspruch gerecht geworden bin und dass auch die Leserinnen und Leser, die sich schon länger für die Geschichte Hamburgs interessieren, noch das ein oder andere Überraschende entdecken werden.

Sven Kummereincke

Die wachsende Stadt:

Von der Hammaburg bis zu Groß-Hamburg – das einzigartige Werden einer Metropole

Wer sich den Ursprung der Stadt – die Hammaburg mit gerade einmal 50 Meter Durchmesser – und dann die moderne Metropole in ihren heutigen Ausmaßen vorstellt, der könnte ja auf die Idee kommen, dass Hamburg im Laufe der Jahrhunderte kontinuierlich von innen nach außen immer größer geworden sei. Ist aber nicht so. Zum einen entwickeln sich von Hamburg völlig unabhängige Städte – Altona, Wandsbek und Harburg vor allem –, die 1937 mit Hamburg vereinigt werden („Groß-Hamburg-Gesetz"); zum anderen erwirbt Hamburg schon im Mittelalter viele Gebiete im Umland, die dann zwar im Besitz der Stadt bleiben, aber einen eigenen Status als Landgemeinden haben und einen Fleckenteppich aus Exklaven bildeten. Die Einwohner der Vierlande etwa, Eppendorfs oder auch Bergedorfs haben auch nicht das Hamburger Bürgerrecht. Das „organische" Wachstum Hamburgs bleibt rein flächenmäßig bis in die Neuzeit relativ bescheiden. Selbst

St. Georg und St. Pauli – heute selbstverständlicher Teil der Innenstadt – werden erst 1868 beziehungsweise 1894 offizielle Stadtteile.

Von Sachsen erbaut:
Die Hammaburg

Der Kern, die Hammaburg auf dem Gelände des heutigen Domplatzes, ist von Sachsen in der zweiten Hälfte des 8. Jahrhunderts gebaut worden. Man könnte sie auch Wiesenburg nennen, denn das altsächsische „ham" bezeichnet eine umfriedete, also eingezäunte Wiese.

Bekannt und möglicherweise auch bewohnt ist der Ort schon sehr viel länger. Der Elbuferweg ist deutlich älter, und germanische Sippen siedeln spätestens seit dem 2. Jahrhundert auf (heutigem) Hamburger Gebiet. Die Platzwahl für die Hammaburg ist geradezu zwingend: Inmitten des feuchten Marschlandes, das regelmäßig über-

flutet wird, ist dieser erhöhte Ort auf dem Geestrücken sicher vor den Wassermassen der Elbe. Als Halbinsel zwischen Alsterarmen gelegen, bietet er dadurch natürlichen Schutz vor Feinden. Und die beiden Flüsse sorgen für Trinkwasser und ideale Verkehrsanbindung.

Denn es handelt sich von Beginn an um einen Handelsplatz, wenn auch in bescheidenen Ausmaßen. Nur vom Handel kann wahrscheinlich keiner der Bewohner leben. Über die Bebauung damals ist wenig bis nichts bekannt, aber man kann davon ausgehen, dass es auch außerhalb der Burg, die nicht aus Stein, sondern aus Erdwällen, Gräben und Holzpalisaden besteht, ein paar ärmliche Häuser und Hütten gibt, deren Bewohner sich zur Not ins Burginnere zurückziehen können. Man darf sich das Ganze als ein befestigtes Dorf vorstellen.

Die heidnischen Sachsen leben in unabhängigen Verbänden, einen

König haben sie nicht. Geeint werden sie erst, als Karl der Große, Herrscher über das Frankenreich, sie unterwerfen will. Ob der Burgbau in Zusammenhang mit den Sachsenkriegen steht, ist unbekannt, aber es sind definitiv gefährliche Zeiten. Karl der Große ist kein kleiner Eroberer. Sein Krieg gegen die in Westfalen und Norddeutschland lebenden Sachsen ist besonders lang und blutig. Er beginnt 772 und dauert gut 30 Jahre. Die Sachsen verlieren nicht nur ihre Freiheit, sie werden auch zwangschristianisiert – mit zweifelhaftem Erfolg. Auch wenn schließlich alle Sachsen offiziell Christen sind, halten sich die heimliche Verehrung der alten Götter und Aberglaube in einigen Gegenden noch jahrhundertelang – Letzteres ehrlich gesagt bis heute.

So haben die Hamburger Archäologen die Hammaburg am Computer rekonstruiert. In dieser Ansicht von Südosten vor der Zerstörung beim Wikingerüberfall 845 ist links ein Alsterarm zu sehen, das spätere Reichenstraßenfleet, an dem auch der erste Hafen entstanden ist.

Ansgar, Apostel des Nordens:
Ein Kaff wird Missionszentrum

Bei der Missionierung der Heiden, vor allem der gefürchteten Wikinger, soll nun ausgerechnet das winzige Hamburg eine Schlüsselrolle spielen. Der Sohn Karls des Großen – Kaiser Ludwig mit dem nicht nur positiv gemeinten Beinamen „der Fromme" (denn manche halten ihn für einen Schwächling, der zu sehr auf seine Frau und die Kirche hört) – schickt den Mönch Ansgar als Missionsbischof in die bescheidene Siedlung. Die Hammaburg ist zuvor schon auf 75 Meter Durchmesser erweitert

Kaiser Ludwig der Fromme (778–840) ist Alleinerbe des riesigen Reiches seines Vaters Karl des Großen. Ludwigs Söhne rebellieren gegen ihn, was 843 zur Reichsteilung und langfristig zur Entstehung eines deutschen und eines französischen Reiches führt. Miniatur aus einer zeitgenössischen Handschrift der Fuldaer Schule

worden, wodurch die Fläche mehr als verdoppelt worden ist. Eine erste hölzerne Kirche steht wohl auch schon seit etwa 810 da. Ansgar soll nun von hier aus den gesamten Norden Europas für das Christentum gewinnen. Das ist doch mal eine Aufgabe. Ansgar reist oft gen Norden – und ärgert sich über die weitgehend erfolglosen Versuche, Wikinger und Slawen vom Christentum zu überzeugen. Vor allem die rauflustigen Skandinavier können zunächst wenig mit einem so schwachen Gott anfangen, dessen Sohn sich widerstandslos an ein Kreuz nageln lässt.

Wann was in Hamburg geschieht, weiß heute niemand so genau. Für vieles gibt es nur eine einzige schriftliche Quelle. Und im Mittelalter nimmt man es mit der Wahrheit nicht allzu genau. Es wird reichlich gefälscht, und die Fakten werden so hingebogen, wie es dem Verfasser oder dessen Auftraggeber gerade nützt. So streiten die Historiker darüber, ob es damals schon ein „Erzbistum" Hamburg gab und ob der Kirchenbau als Dom bezeichnet werden kann. Entscheidend ist, dass Hamburg als Missionszentrum enorm aufgewertet wird – und dies schon bald mit seiner Zerstörung bezahlen muss.

Ansgar (801–865)

Geboren in der Picardie, kommt Ansgar nach dem Tod der Mutter als Fünfjähriger ins Kloster Corbie, wo er Lehrer wird. 822 geht er als Schulleiter ins neue Kloster Corvey in Westfalen. 826 beruft ihn eine Synode zur Mission in Dänemark – die Bekehrung der Skandinavier wird für ihn zur Lebensaufgabe, noch bevor

die Hammaburg 834 als Missionszentrum auserkoren wird. Von dort und – nach dem Wikingerüberfall – ab 845 auch von Bremen unternimmt Ansgar mehrere Reisen nach Dänemark und Schweden, wo Adel und Bevölkerung gespalten sind. Manche sind dem Christentum gegenüber aufgeschlossen, andere bekämpfen es. Schriftlich überliefert sind Ansgars Kirchenbauten in Hamburg,

Haithabu, Ribe und Birka – archäologische Spuren wurden bisher aber nicht gefunden. Die Erfolge, die er hat, sind nicht von langer Dauer, weshalb sein Titel als „Apostel des Nordens" umstritten ist. Bis die Skandinavier Christen werden, dauert es noch. Ansgar stirbt 865 in Bremen – und nicht, wie er gehofft hat, als Märtyrer auf Missionsreise.

Wikingerüberfall
im Schatten der Weltgeschichte:
Hamburg stagniert

Wer nach Wikingern im Jahr 845 goo-
gelt, der landet in Paris. Es ist ja auch
wirklich spektakulär, was sich damals
an der Seine abspielt. Die „Nord-
mannen" (daher die Begriffe
Normannen und auch Normandie)
segeln mit 120 Schiffen den Fluss
hinauf in das Zentrum des west-
fränkischen Reichs und müssen die
Stadt nicht einmal erobern. Denn
König Karl der Kahle rechnet sich
keine Chancen auf einen Sieg aus und
zahlt lieber ein gewaltiges Lösegeld.
Keine wirklich gute Idee: Karl der
Kahle – der nicht etwa wegen einer
Glatze so genannt wird, sondern weil
sein Erbe lange nicht gesichert war –
sieht sein Reich nun alle paar Jahre
von den Wikingern bedroht, die
daraus ein Geschäftsmodell machen.

Da dieses Buch aber nicht „Die Geschichte von Paris" heißt, kommen
wir zu einem anderen, weniger
spektakulären, aber für Hamburg
bedeutsamen Wikinger-Raubzug des
Sommers 845. Vielleicht 20 Schiffe
sind es, mit denen die Dänen die Elbe
hinauffahren. Ihr Hauptziel ist die
Hammaburg, die auf drei Seiten von
Wasser umgebene kleine Festung, in
der wohl nur rund 200 Menschen
leben.

Dass sie zum Ziel der Wikinger
wird, hat auch mit dem Niedergang
des einst so mächtigen Fränkischen
Reiches zu tun. Kaiser Ludwig hat
Kriege gegen seine rebellierenden
Söhne geführt, die mit der Erbteilung
unzufrieden sind, dann kämpfen die
Söhne gegeneinander, bis 843 das
Reich dreigeteilt wird. Durch die

Der Hamburger Dom

Nach dem Wikingerüberfall 845
flieht Bischof Ansgar aus
Hamburg nach Bremen, wo das
bald darauf gegründete Erzbistum Hamburg-Bremen seinen
Sitz erhält. In Hamburg ver-
bleibt ein mit Sonderrechten
ausgestattetes Domkapitel, das
unter anderem den Bau des
Domes betreibt. Nach hölzernen
Vorgängerbauten wird der Dom
um 1035 auf dem Gelände der
aufgegebenen Hammaburg aus
Stein errichtet. 1248 beginnt ein
dreischiffiger Backsteinneubau
(1329 fertiggestellt), der bald auf
fünf Schiffe erweitert wird. Nach
der Reformation gehört der nun
protestantische Dom weiter dem
Bremer Erzbischof und seinen
weltlichen Nachfolgern
(Schweden, zuletzt Kurfürsten-
tum Hannover), bis er 1803 im

Zuge der Säkularisation an
Hamburg kommt. Schon im
Folgejahr beginnen die
Hamburger die verfallene Kirche
abzureißen, die schon lange
keine Gemeinde mehr hat. Heute
verbinden die Hamburger mit
dem „Dom" natürlich das
gleichnamige Volksfest, das
dreimal jährlich auf dem Heiligengeistfeld gefeiert wird. Der
Ursprung liegt tatsächlich in der
alten Domkirche, denn schon im
Mittelalter sind Straßenhändler,
Gaukler und Schauspieler bei
„Schietwetter" in das Gotteshaus
ausgewichen, geduldet von den
Domherren. Nach dem Abriss
des Domes verteilen sich die
Schausteller und sind zum Beispiel auf dem Gänse- und dem
Großneumarkt präsent. 1893
wird ihnen das Heiligengeistfeld
zugewiesen.

Der Hamburger Dom, auch Mariendom genannt, wird ab 1248 als
Emporenbasilika aus Backstein errichtet und danach mehrfach
aus- und umgebaut. Die ungeliebte, zuletzt hannoversche Enklave
inmitten der Stadt kommt erst 1803 an Hamburg. Kurz vor
seinem Abriss 1804 entsteht diese Ansicht des Domes von Peter Suhr
mit den Türmen von St. Petri (Mitte) und St. Jacobi (rechts).

Kriege geschwächt, werden die Siedlungen zur lohnenden Beute. Und neben Paris trifft es 845 eben auch Hamburg, wo aber keine Armee zur Verteidigung zur Verfügung steht – König Ludwig der Deutsche sitzt weit weg in Bayern. Außerdem ist die Befestigung schwach, die Erdwälle und Holzpalisaden können wohl rasch überwunden werden.

Papst Benedikt V. verstirbt 965 im Hamburger Exil. Die Gebeine werden später nach Rom überführt. Im Hamburger Dom wird ein Scheingrab („Kenotaph") errichtet, von dem diese Terracotta-Scherbe aus dem 13. Jahrhundert stammt.

Was genau geschieht, ist unbekannt. Nur dass die Hammaburg zerstört wird und der Bischof nach Bremen fliehen kann, steht in den kargen Quellen. Fliehen auch die Bewohner? Wie groß ist die Beute? Wie lange bleiben die Wikinger? Wie viele lassen ihr Leben? All das weiß man nicht. Die Siedlung wird jedenfalls nicht aufgegeben, die Hammaburg aber vorerst nicht wieder aufgebaut. Die Wikinger bleiben noch rund 50 Jahre lang eine Bedrohung, sodass die Entwicklung Hamburgs wegen der unsicheren Lage stagniert.

„Neue Burg" und „Heidenwall": *Hamburg wächst – ein klein bisschen*

Über die folgenden drei Jahrhunderte ist das Wissen (mal wieder) ziemlich dünn. Es sind vor allem archäologische Funde, die gesicherte Erkenntnisse über das langsame Wachstum der Siedlung liefern. Ein wichtiges – und gesichertes – Datum ist das Jahr 893, in dem der Papst das Erzbistum Hamburg-Bremen mit Sitz an der Weser bestätigt. Hamburg erlebt auch durch Zuzug einen Aufschwung. Die Reichenstraßeninsel südlich der Hammaburg wird besiedelt, ein erster Hafen entsteht dort. Um 900 wird auch die Hammaburg wieder aufgebaut und erweitert – sie umfasst jetzt knapp sieben Hektar. Die Siedlung bleibt aber, auch in ihrer Bedeutung, bescheiden.

Allerdings beherbergt sie 965 einen sehr prominenten, wenn auch unfreiwilligen Gast: Papst Benedikt V. Der hochgebildete Sohn eines römischen Patriziers war ein Jahr zuvor auf den Petrusstuhl gelangt, nachdem die Römer seinen Vorgänger aus der Stadt gejagt hatten. Der war aber Favorit von Kaiser Otto I. – also setzte er ihn wieder ein und schickte Benedikt in die Verbannung: nach Hamburg. Das Klagen des Italieners über die kalte, kulturlose Provinz ist mehrfach überliefert. „Bei Euch Hyperboreern kann kein italisch Herz warm werden", sagt er. So nannten die alten Griechen ein sagenhaftes Volk im kalten, windigen Norden. Er stirbt dann tatsächlich schon 965 und wird im Mariendom beigesetzt.

Einen neuen Wachstumsschub für die kalte, windige Stadt gibt es Anfang des 11. Jahrhunderts. Jetzt entsteht die zunächst noch hölzerne Petrikirche – da, wo sie auch heute noch steht – und drum herum ein paar Häuser. Da es der höchste Punkt des Areals ist, nennen ihn die Hamburger stolz den „Berg".

Im Westen wächst Hamburg langsam in Richtung Alster, deren Hauptmündungsarm in die Elbe das heutige Nikolaifleet bildet. Auf der anderen Uferseite – wo sich heute das Mahnmal St. Nikolai befindet – beginnt 1021 das bis dahin größte Bauprojekt Hamburgs: die „Neue Burg". Den Zeitpunkt des Baubeginns kennen wir deswegen so exakt, weil man die bei Ausgrabungen gefundenen Hölzer untersucht und das Fälldatum der Bäume bestimmt hat. Bauherr ist der sächsische Herzog aus dem Adelsgeschlecht der Billunger. Die haben ihren Stammsitz in Lüneburg, sind aber zugleich Herren über Holstein und damit auch Hamburg, wo sie sich ständig mit der Kirche darüber streiten, wer denn nun das Sagen hat. Die Burg ist nicht aus Stein gebaut, sondern genau wie

die Hammaburg eine Holz-Erde-Konstruktion, allerdings viel größer. Im Inneren verläuft ein mit Steinen gepflasterter Weg. Neben Wohnhäusern dürfte hier auch der Herzog aus dem Haus der Billunger eine Halle gehabt haben. Mit der Neuen Burg verlagert sich das Zentrum der Siedlung nach Westen, auch der Hafen wird an das heutige Nikolaifleet verlegt. Das alles haben die Archäologen um Professor Rainer-Maria Weiss und Kay-Peter Suchowa bei Grabungen zwischen 2014 und 2020 nachweisen können.

Die Hammaburg wird nach Fertigstellung der Neuen Burg endgültig aufgegeben. Stattdessen bauen die Hamburger im Osten – etwa da, wo heute das Pressehaus steht – eine neue Befestigung, den „Heidenwall". Als „Heiden" gelten damals neben den Wikingern auch die Slawen. Deren

In der Simulation ist die 1021 bis 1023 erbaute Neue Burg in das heutige Stadtbild integriert. Nach der Aufgabe um 1140 entsteht an ihrer Stelle ab 1188 die Neustadt. Von der im Zweiten Weltkrieg zerstörten Hauptkirche St. Nikolai sieht man den Turm aufragen.

Siedlungsgebiete grenzen unmittelbar an die der Sachsen. Der gesamte ostelbische Raum und die Ostseeküste bis etwa Kiel sind von Slawen bewohnt. Zu den großen Gruppen gehören die Abodriten im Norden und die Liutizen im heutigen Brandenburg. Die Sachsen, selbst ja zwangsbekehrt, wenden im 10. Jahrhundert das gleiche Mittel an: Sie erobern den Osten und „missionieren mit dem Schwert", wie es damals heißt. Dabei geht es natürlich vor allem um Machtzuwachs, wobei die Mission das christliche Deckmäntelchen darstellt. Als die Eroberer erste Zeichen von Schwäche zeigen, kommt es zum großen Aufstand: im Jahr 983. Der sächsische Kaiser Otto II. erleidet in Süditalien eine vernichtende Niederlage gegen die Sarazenen, was die Slawen umgehend nutzen: Sie erobern Havelberg und Brandenburg und gewinnen östlich der Elbe ihre Unabhängigkeit zurück. Vielleicht greifen sie in diesem Jahr auch Hamburg an, vielleicht geschieht das erst Jahrzehnte später oder gar nicht. Fakt ist, dass die Konflikte zwischen Slawen und Sachsen lange andauern. Die Quellen nennen noch mehrfach Hamburg als Angriffsziel: für die Jahre 1018, 1066 und 1072. Was genau geschieht? Unbekannt. Die Folgen

können nicht so furchtbar dramatisch gewesen sein, zumindest gibt es keine schriftlichen oder archäologischen Hinweise dazu.

Um 1140 allerdings wird die Neue Burg aufgegeben: Sie liegt brach. Birken wachsen auf dem Burgwall, wo eine Gerberei entsteht – dieses anrüchige Handwerk wird wegen des Gestanks immer möglichst weit weg von den Wohnhäusern angesiedelt. Die zweite Hälfte des 12. Jahrhunderts ist die Zeit, in der Hamburg einen großen Bedeutungsverlust hinnehmen muss.

Das Erzbistum Hamburg-Bremen spielt politisch keine große Rolle mehr seit der Gründung des Erzbistums Lund in Schweden (1104). Und die nun in Holstein herrschenden Schauenburger Grafen lassen sich in Hamburg kaum blicken. Sie konzentrieren sich auf ihre neue Burg in Segeberg und die Neugründung Lübeck. All das wird sich erst gegen Ende des Jahrhunderts ändern.

Gründung der Neustadt:
Hamburg boomt

Der Name ist etwas verwirrend, weil die um 1188 gegründete Neustadt in der heutigen Altstadt liegt, während man später das Areal um St. Mi-

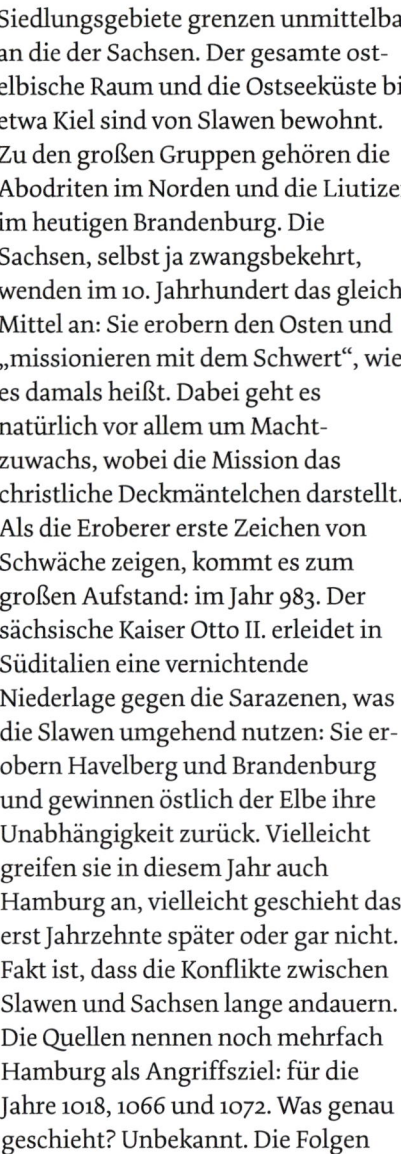

Adolf III. von Schauenburg, Gründer der Hamburger Neustadt. Denkmal von Engelbert Pfeiffer auf der Trostbrücke, 1883

Adolf III. von Schauenburg (1160–1225)

Der Holsteiner Graf hat im Gegensatz zu Vater und Großvater Hamburg in den Mittelpunkt seiner Politik gerückt – ohne ihn wäre Hamburg womöglich nie eine Großstadt geworden. Schon als Vierjähriger wird er nach dem Tod Adolfs II. Graf und kann sich wohl

mit 15 Jahren von der Vormundschaft befreien. Mit Weitblick ausgestattet, stellt er sich 1180 gegen seinen Lehnsherrn, den mächtigen Welfen Heinrich den Löwen, der bald ins Exil muss. Im seit einem halben Jahrhundert stagnierenden Hamburg beauftragt er Wirad von Boizenburg mit der Planung der Neustadt und bemüht sich bei Kaiser Barbarossa, den er auf den Kreuzzug

begleitet, um das Stadtprivileg. Von den Dänen, die Hamburg 1201 besetzen, besiegt, muss er sich auf seine Besitzungen in Niedersachsen zurückziehen, wo er 1225 stirbt. Zwei Jahre später gelingt seinem gleichnamigen Sohn der Sieg über Dänemark und die Rückkehr nach Hamburg.

Im berühmt-berüchtigten Freibrief Kaiser Friedrichs I. („Barbarossa"), datiert auf den 7. Mai 1189, erhält Hamburg umfangreiche Privilegien, die der Stadt den Weg zur Handelsmetropole ebnen und Konkurrenten wie Stade massiv schädigen. Die Urkunde ist eine vermutlich um 1225 gefertigte Fälschung. Ob es sich um eine reine Erfindung handelt oder tatsächlich gegebene kaiserliche Zusagen verschriftlicht worden sind, ist unklar.

Der Jungfernstieg

1235 bauen die Hamburger einen großen Damm, um die Alster aufzustauen und eine große Mühle betreiben zu können, und nach dem ersten Müller wird er Reesendamm genannt. Als 1665 Bäume gepflanzt werden, entsteht eine schöne Allee, die zum Flanieren einlädt. Offenbar haben viele Familien ihre unverheirateten Töchter dort gern zum Spaziergang mitgenommen, weswegen der Volksmund bald leicht spöttelnd vom Jungfernstieg spricht. Und wie so viele solcher Bezeichnungen wird auch diese später offiziell übernommen. Den prachtvollen Charakter erhält der Boulevard im 19. Jahrhundert: 1838 wird die Straße als erste in Deutschland asphaltiert. Nach dem Großen Brand 1842 entstehen die Alsterarkaden und mit „Sillem's Bazar" die erste Einkaufspassage. Straßen namens „Jungfernstieg" gibt es übrigens auch in anderen norddeutschen Städten, wie Flensburg, Glückstadt und Schwerin.

chaelis als Neustadt bezeichnet. Die Bedeutung der Gründung kann aber gar nicht überschätzt werden, denn nun wird aus dem Kaff eine Stadt und ein bedeutendes Handelszentrum. Und das nicht zufällig, sondern exakt so geplant. Verbunden ist dieses Projekt mit zwei Namen: Adolf III. von Schauenburg, dessen Familie seit 1110 über Holstein herrscht, und Wirad von Boizenburg. Den kann man getrost als Projektmanager im modernen Sinne bezeichnen, damals nennt man Leute wie ihn „Lokator". Er organisiert den Bau – das Gelände muss aufgeschüttet und parzelliert werden – und sorgt dafür, dass kompetente und zahlungskräftige Siedler nach Hamburg kommen. Es sind wohl vor allem Friesen, Westfalen und Holländer, die er anlocken kann. Die verkehrsgünstige Lage und billige Grundstücke hätten dafür nicht ausgereicht – die Neubürger bekommen auch weitgehende Rechte: Sie müssen kaum Steuern zahlen, dürfen einen Rat zur Selbstverwaltung wählen und Teile der Rechtsprechung selbst organisieren. Und natürlich dürfen sie Märkte abhalten. Selbstverständlich lohnt sich das auch für ihn – Wirad von Boizenburg bekommt einen Anteil an den laufenden Einnahmen.

In den politischen und militärischen Wirren nach dem Tod von Kaiser Friedrich Barbarossa, der 1190 während eines Kreuzzugs in einem Fluss in der heutigen Osttürkei ertrinkt (dabei wäre er doch so gerne im Kampf gegen die Moslems gestorben), kann Hamburg sich schadlos halten. Heinrich der Löwe, der machtgierige große Gegenspieler Barbarossas, sichert der Stadt auf der Oberelbe freien Handel zu; die Dänen, die 1214 für ein paar Jahre Herrscher über Holstein und Hamburg werden, lassen die Privilegien unangetastet. In diese Zeit fällt auch die wohl berühmteste Fälschung der Hamburger Geschichte: das sogenannte Kaiserprivileg, das Friedrich Barbarossa angeblich kurz vor seinem Tod ausgestellt hat. Es gewährt den Hamburgern Zollfreiheit für ihre Schiffe auf der Elbe von der Stadt bis an die Nordsee – Grundlage der späteren Entwicklung des Hafens (siehe „Hamburgs Lebensader").

Hamburg boomt also. Schon 1189 hat man den Damm zur Neustadt ausgebaut, etwa entlang der heutigen Straße Großer Burstah, und nahe der heutigen Mühlenbrücke eine größere Kornmühle errichtet. Das Recht dazu und die Einnahmen sichert sich der geschäftstüchtige Wirad von Boizenburg. Am heutigen Nikolaifleet werden die Hafenanlagen um Kran und Waage erweitert und modernisiert, die Nikolaikirche folgt bald. Rasch wird die Neustadt zu klein – die Marschinseln Grimm und Cremon erhalten Deiche und werden bebaut. Mit St. Katharinen entsteht dort Hamburgs drittes Kirchspiel. Weil die Kornmühle bald nicht mehr hinterherkommt, bauen die Hamburger um 1235 nordöstlich einen viel größeren Damm, um eine leistungsfähigere Mühle zu errichten: den Reesendamm, benannt nach dem ersten Müller – es ist der heutige Jungfernstieg. Und seitdem gibt es den Alstersee. Der Damm hat aber auch Nachteile, denn die Alster führt nun viel weniger Wasser, was zum Problem für den Hafen wird, der nun langsam Richtung Elbe erweitert wird. Auch nach Osten wächst die Stadt, dort entsteht um 1250 mit St. Jacobi eine weitere Kirche, zunächst noch außerhalb der Stadtbefestigung.

Klöster und Dörfer:
Das Erbe der Schauenburger

Alt- und Neustadt wachsen schnell zusammen, es gibt bald einen gemeinsamen Rat und ein Rathaus. Das hat viel mit dem Wirken Adolfs IV. von Schauenburg zu tun. Er führt eine Koalition norddeutscher Fürsten und Städte an, um die Dänen aus Holstein zu vertreiben. In der Schlacht bei Bornhöved am 22. Juli 1227 gelingt dies – es ist der Tag der heiligen Maria Magdalena. Der fromme Fürst schwört, ihr zu Ehren ein Kloster zu gründen, falls er siegen würde. Er hält nicht nur Wort und lässt am heutigen Standort der Handelskammer das Maria-Magdalenen-

In der Schlacht von Bornhöved (22. Juli 1227) besiegt ein Heer unter Führung Adolfs IV. von Schauenburg die Dänen und beendet so deren Vorherrschaft. Zeitgenössische Miniatur aus der Sächsischen Weltchronik

Kloster bauen, er tritt auch selber dem Orden bei. Bevor er dies tut, erreicht er noch, dass die Altstadt – die formal immer noch vom in Bremen residierenden Erzbischof regiert wird – an ihn fällt. Als er dann ins Kloster geht, ist der Weg für den Gesamt-Hamburger Stadtrat frei, der nicht nur unbehelligt von der Kirche, sondern auch ohne Fürsten regieren kann. Adolfs Nachfahren wollen oder können ihre Ansprüche nie mehr durchsetzen beziehungsweise werden ausgezahlt.

Mindestens genauso wichtig für Hamburgs Zukunft ist das Wirken von Adolfs Frau Heilwig, denn die gründet ebenfalls ein Kloster: Herwardeshude. Zunächst im späteren St. Pauli beheimatet, ziehen die Zisterzienserinnen bald nach Norden, wo sie Harvestehude den Namen geben. Die Nonnen verstehen sich nicht nur aufs Beten, sondern

auch auf PR. Jedenfalls wird das Kloster durch Schenkungen und Erbschaften bald so reich, dass es zahlreiche Dörfer kaufen kann, darunter Eppendorf, Winterhude, Alsterdorf, Lokstedt, Groß Borstel und Niendorf. Als das Kloster (wie alle anderen) nach der Reformation aufgelöst wird, gelangen die Dörfer über eine Stiftung in Hamburger Besitz und gehören zu den vielen Landgemeinden, deren Bewohner aber offiziell keine Hamburger sind und auch kein Bürgerrecht haben.

Unterdessen wird die Stadt langsam prächtiger. Um 1300 entsteht ein neues Rathaus nahe der Trostbrücke, davor ein größerer Platz. „So hatte sich wieder ein Forum gebildet, das für rund 550 Jahre wohl als das eigentliche Herz der Stadt gelten konnte, und das in seiner überaus malerischen Gesamtgestaltung seit dem 17. Jahrhundert wieder und

Das um 1300 errichtete, mehrfach erweiterte Rathaus an der Trostbrücke ist mit 21 Kaiserbildern geschmückt – eine Tradition, die beim Nachfolgebau fortgesetzt wird. Kupferstich von F. Ladomin, um 1690

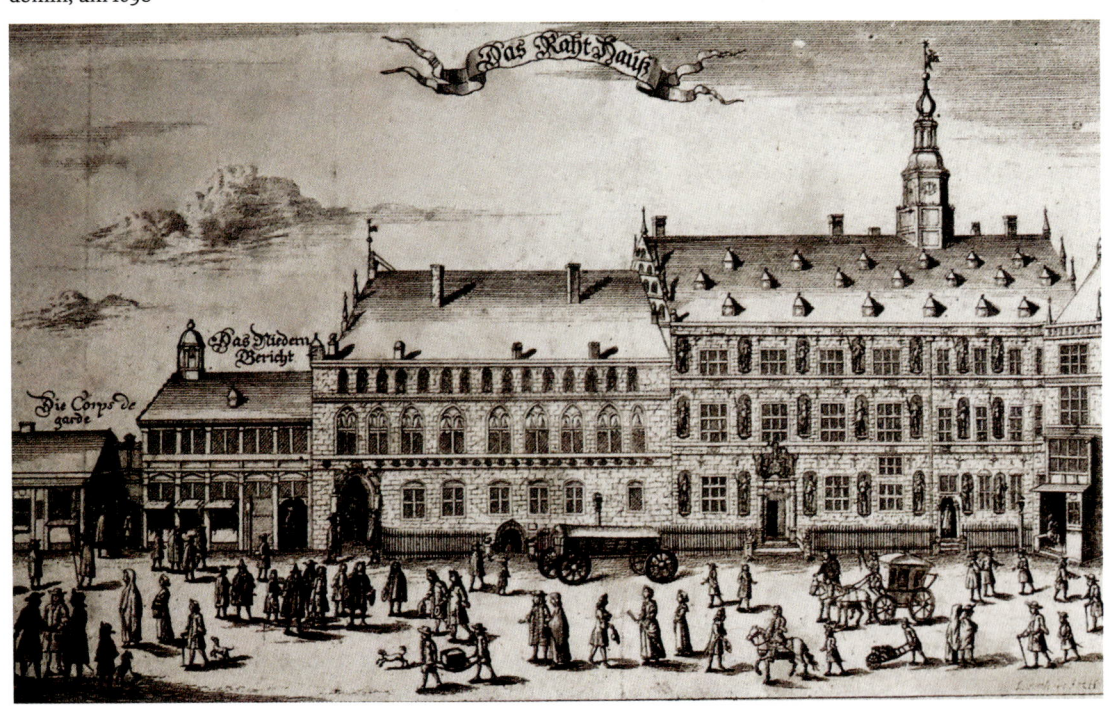

wieder die Künstler zu farbiger und zeichnerischer Wiedergabe verlockt hat", urteilte ein Hamburger Historiker.

Langfristige Strategie:
Kleine Stadt, großer Landbesitz

Viele andere Dörfer, die eine strategische Bedeutung haben, kauft Hamburg schon im 14. Jahrhundert, vor allem entlang des Alsterlaufs. Das geschieht aber auch mit weit entfernten Gebieten, zum Beispiel an der Elbmündung. Mit Geld und Druck setzt sich Hamburg auf der Insel Neuwerk fest: Das Amt Ritzebüttel (heute Cuxhaven) wird 1394 erobert und so der Kauf auch Neuwerks erzwungen. Zeitweise besitzt Hamburg sogar Dörfer auf der gegenüberliegenden Elbseite. 1420 wird diese Politik mit der Eroberung von Bergedorf, Geesthacht und den Vierlanden „abgerundet" (siehe „Hamburgs Militärgeschichte"). Zuvor sind bereits Ochsenwerder und Moorburg erworben worden, um auch die Süderelbe zu kontrollieren. All das muss man als Teil einer langfristigen Strategie sehen, um die Lebensgrundlagen der Stadt zu sichern und ja keine Konkurrenz aufkommen zu lassen. Nicht nur die Hoheit über die Niederelbe ist entscheidend für den Handel, die Alster ist ebenfalls eine Lebensader, um etwa Bauholz zu transportieren. Die vielen Dörfer und vor allem die Vierlande sichern Hamburgs Lebensmittelversorgung.

Die Stadt selbst wächst im Spätmittelalter kaum noch. 1460 werden die Stadtmauern erweitert und schließen nun auch St. Jacobi ein, 1547 entsteht der Neue Wall. Die

längste Ausdehnung von Stadtmauer zu Stadtmauer beträgt gerade einmal 1,5 Kilometer, die schmalste nur 600 Meter. Auf dieser Fläche müssen etwa 30 000 Menschen Platz finden.

Militärische Stadterweiterung:
Das Kirchspiel St. Michaelis entsteht

Der Bau der neuen Stadtbefestigung am Vorabend des Dreißigjährigen Krieges (1618–1648) wird im Kapitel „Hamburgs Militärgeschichte" genauer beschrieben. Er schützt Hamburg nicht nur vor Zerstörung, sondern vergrößert das ummauerte Areal auf 373 Hektar – nun gibt es reichlich Platz für innerstädtisches Wachstum. Das ist auch dringend notwendig, denn inmitten der demogra-

Das älteste erhaltene nicht-kirchliche Gebäude Hamburgs, der Wehrturm auf der Insel Neuwerk, wird um 1300 bis 1310 erbaut. Zeichnung, 18. Jahrhundert

1 S Petri
2 S Nicolaij
3 S Chatarini
4 S Iacobi
5 ThumKirche
6 S Michal
7 Newe Kirche
8 S Ioh. Kirch. v. Kloster
9 Maria Magdalenen
10 Gertraudt
11 H Geist n GastHaus
12 Anschari Kirch v Weisehaus
13 Das Rahthaus
14 Die Börse
15 Hopffenmarckt
16 Fischmarckt
17 Berg
18 Pferdemarckt
19 Zuchthaus
20 Holtzhoff
21 Schützenwall
22 Newe Schiffbauerei
23 Zeughaus
24 Newemarckt
25 Scharmarckt
26 Newe Zeughaus

HAM

Ebbe
Flud

Gras B

Die Nie Grave
Gras Bruch

Greven Hoff

ALB

Diese Karte aus dem 17. Jahrhundert zeigt sehr schön die 1625 fertiggestellte neue Stadtbefestigung, die Hamburg während des Dreißigjährigen Krieges (1618–1648) vor Belagerung und Eroberung bewahrt.

Accurater Abriß der vorigen alten S. Michaelis Kirche in Hamburg,
welche von denen Herren Patronen der Kirche S. Nicolai (in vorigen andern Seculo nach
der Reformation) gebauet worden, wie das mit großen Buchstaben in Stein aus gehauen war, und
außerhalb der Thurm-Thür bey den Bildnüß Nicolai diese folgende Worte zu lesen waren:
Anno 1605. IS DISSE KARCKE VAN SANCT NICOLAI GEBUWET. UND IN ANNO 1678.
VAN SANCT NICOLAI AN, S. MICH: KIRCKE GEKAUFFET UND BEZAHLET.
und ist im Jahr 1746 ü: 47. abgebrochen. abconterfeytet geätzt 1734 J. N. Roßlin.

Der erste Bau an der heutigen Stelle des dritten „Michel" wird von 1647 bis 1669 von Peter Marquard und Christoph Corbinus errichtet. Am 10. März 1750 trifft ein Blitz die Kirche, die vollständig ausbrennt. Bereits ein Jahr danach wird der Grundstein für den zweiten Michel gelegt, der 1762 eingeweiht werden kann. 1906 wird er ebenfalls durch einen Brand vernichtet und wieder aufgebaut.

fischen Katastrophe des Großen Krieges wächst Hamburgs Bevölkerung rapide. Während in Deutschland ganze Landstriche veröden und fast alle Städte Einwohnerrückgang beklagen, ist das durch den Krieg noch reicher gewordene Hamburg ein Magnet für Zuwanderer. Kein Zufall also, dass 1647 mit St. Michaelis ein großer Kirchenneubau in der heute so genannten Neustadt begonnen wird – der erste lutherische. Für das Projekt werden natürlich Spenden gebraucht – und die größte stammt von einem Juden. Abraham Teixeira, ein Glaubensflüchtling aus Portugal, finanziert das extrem kostspielige Kupferdach. Gedankt wird es ihm mit Ablehnung, vor allem der St.-Petri-Hauptpastor Johannes Müller ist ein furchtbarer Judenhasser, der Synagogen als Satansschulen bezeichnet. Teixeiras Sohn wird es später zu viel: Er verlässt 1699 Hamburg und zieht sein Kapital ab – die Nachricht löst einen Börsenkrach aus. Das Areal um den Michel nennt man jedenfalls bald Neustadt, wo sich vor allem die ärmeren Schichten niederlassen. Der große Spötter (und Lehrer am Johanneum) Jacob Gallois (1792–1872) wird über den Michel sagen, er sei „so schön und kühn, dass er wirklich verdiente, in einer anderen Stadt zu stehen".

Gegen Ende des 17. Jahrhunderts hat Hamburg rund 80 000 Einwohner. In dieser Zeit beginnen die ersten reichen Kaufleute mit dem Bau luxuriöser Landhäuser. Aber nicht etwa an der Außenalster oder den Elbhängen (das folgt vor allem im 19. Jahrhundert), sondern in Hamm, Horn und Billwerder. Bis dahin leben die meisten Kaufleute in den typischen Althamburgischen Bürgerhäusern, die gleichzeitig Wohn-, Arbeits- und Lagerhaus sind. Heute sind davon nur noch wenige erhalten, zum Beispiel in der Deichstraße.

Hamburgs Nachbarn:
Altona, Wandsbek, Harburg

Spätestens im 18. Jahrhundert ist Hamburg eine Großstadt geworden. Als napoleonische Truppen 1806 die Stadt besetzen, leben dort rund 130 000 Menschen. Zwar hat die Stadt in allen Himmelsrichtungen umfangreichen Landbesitz erworben, flächendeckend ist das aber keineswegs. Vor allem das zunächst von einer Nebenlinie der Schauenburger Grafen regierte Altona wird für Hamburg zum Ärgernis. Der kleine Ort wird ab 1600 stark gefördert. Weil Altona religiös toleranter ist als Hamburg und auch Gewerbefreiheit gewährt, ziehen Mennoniten, Juden und Katholiken gerne dorthin und sorgen für einen wirtschaftlichen Aufschwung. Diese Politik setzen die dänischen Könige fort, als sie 1640 in Personalunion zu Herzögen Holsteins werden. 1664 verleiht Friedrich III. Altona Stadtrechte und versucht Hamburg, auf das er ja auch Anspruch erhebt, Konkurrenz zu machen. Bis 1800 steigt die Einwohnerzahl trotz mehrfacher Zerstörungen und Pestwellen auf rund 24 000 – damit ist Altona nach Kopenhagen die zweitgrößte Stadt unter dänischer Herrschaft. Störende Konkurrenz für Hamburg ist die Stadt nicht nur wegen des Hafens und der Fischereiflotte, sondern auch als Pressestandort, was an der sehr viel weniger strengen Zensur liegt. Langsamer verläuft die Entwicklung Wandsbeks im Osten. Erst als der Kaufmann Heinrich Carl von Schimmelmann den Ort erwirbt und ein schlossähnliches Herrenhaus errichten lässt, nimmt Wandsbek einen spürbaren Aufschwung. Von Schimmelmann, der auch den Dichter

Der ehemalige Tippenhauer'sche Garten, einer der frühen barocken Gärten im Osten Hamburgs. Darstellung von Johann Georg Haeselich, um 1844

Hamburgs Skyline mit den sechs Kirchtürmen von St. Michaelis, St. Nikolai, St. Katharinen, St. Petri, Dom und St. Jacobi (v. l.). Der rege Schiffsverkehr auf der Elbe steht für einen gewaltigen Aufschwung – als eine der wenigen deutschen Städte profitiert Hamburg vom Dreißigjährigen Krieg. Gemälde von Elias Galli, um 1680

Kleine und Große Freiheit

Die beiden Straßen, die heute zum Stadtteil St. Pauli gehören, verdanken ihren Namen keineswegs der Liberalität in Sachen Sex und Erotik, sondern der Wirtschaftsförderung. Das Areal liegt ursprünglich auf Altonaer Gebiet, und noch bevor die Siedlung 1664 Stadtrechte erhält, schafft Graf Ernst zu Holstein-Schaumburg einen Bezirk, in dem völlige Gewerbefreiheit gilt, also kein Zunftzwang. Gleichzeitig herrscht Religionsfreiheit, weil er Glaubensflüchtlinge anlocken will. Und so erhält die Hauptstraße den Namen Große Freiheit, eine benachbarte Straße den Namen Kleine Freiheit. 1664 werden die Freiheiten auf ganz Altona ausgeweitet. Zu St. Pauli gehört die Große Freiheit erst seit 1949. An die Ursprünge erinnert heute noch die katholische St.-Joseph-Kirche, mit deren Bau 1718 begonnen wird.

rechte erhält. Was aber nicht viel nützt. 100 Jahre später verpfänden die Braunschweiger Herzöge die Stadt an Hamburg und Lüneburg – die aber haben keinerlei Interesse an Konkurrenz und beuten Harburg förmlich aus. Ab 1517 wieder in herzoglichem Besitz, erlangt die Stadt eine gewisse Bedeutung als Umschlagplatz für Hamburger Waren. Später wird Harburg als Garnisonsstandort stark befestigt. Als die Franzosen auch Harburg besetzen, gibt es rund 3000 Einwohner in der Stadt. Auch für Harburg bringt die Industrialisierung vor allem seit dem Bahnanschluss 1855 einen gewaltigen Wachstumsschub. Zwischen 1885 und 1915 verdreifacht sich die Einwohnerzahl auf rund 67 000.

Für Hamburg, Altona, Wandsbek und Harburg etabliert sich im späten 19. Jahrhundert der Begriff „Vier-Städte-Gebiet". Da ist Hamburg bereits auf dem Weg zur Millionenstadt.

Industrialisierung oder:
Alles wächst zusammen

Matthias Claudius fördert, ist durch den Sklavenhandel reich geworden, was damals aber kaum jemanden stört. Brauereien, Mühlen und Textilindustrie werden angesiedelt. Die Grenze von 5000 Einwohnern überschreitet Wandsbek aber erst 1850. Seit 1866 preußisch, erhält Wandsbek 1870 Stadtrechte und wird Sitz der Kreisverwaltung Stormarn. Wie Altona wächst auch Wandsbek nun baulich mit Hamburg zusammen, bleibt aber eigenständig.

Die älteste Stadt in Hamburgs Nachbarschaft ist allerdings Harburg, das schon 1297 die Stadt-

Hamburg hat seine ländlichen Gebiete in sogenannten Landherrschaften organisiert. Doch die Industrielle Revolution und das fast schon explosionsartige Bevölkerungswachstum ab der zweiten Hälfte des 19. Jahrhunderts machen dieses mittelalterliche und frühneuzeitliche Relikt nach und nach obsolet. Hamburg und viele seiner Landgemeinden wachsen einfach zusammen. Zur raschen Entwicklung der Umlandgemeinden trägt auch der Große Brand 1842 bei – wegen der Wohnungsnot ziehen viele aus der Stadt heraus. „Die Stadt, zur Hälfte

Im Großen Brand 1842 sind nach Einsturz der Nikolaikirche (ganz links) bald auch Alte Börse, Rathaus und Kran (Bildmitte) nicht mehr zu retten. Zeitgenössische Lithografie von Peter Suhr

abgebrannt, wird aufgebaut allmählig; Wie'n Pudel, der halb geschoren ist, Sieht Hamburg aus, trübselig", dichtet Heinrich Heine in diesen Tagen.

Doch das Bild ändert sich rasch: In der Stadt entstehen statt der eng bebauten mittelalterlichen Gassen nun moderne Straßen mit neuen Wohn- und Geschäftshäusern. Es wird auch eine Kanalisation gebaut und so der vor allem im Sommer oft unerträgliche Gestank beseitigt – Fäkalien sind zuvor jahrhundertelang einfach auf der Straße oder im Fleet entsorgt worden (der Gestank ist damals so widerlich, dass Zeitreisende aus dem 21. Jahrhundert wahrscheinlich massenhaft in Ohnmacht fallen würden).

Weniger anrüchig, aber auch extrem unbeliebt ist die Torsperre, denn es müssen Gebühren bezahlt werden, wenn man abends oder nachts in die Stadt rein- oder aus ihr rauswill. Durch den Wegfall 1860 wird das Wohnen außerhalb der alten Grenzen viel attraktiver. Auch der Bau der Speicherstadt ab 1883 spielt eine Rolle, denn für die von Oberingenieur Franz Andreas Meyer geplanten modernen Lagerhäuser, die heute zum Unesco-Weltkulturerbe gehören, wird Wohnraum für 20 000 überwiegend ärmere Menschen abgerissen. Die strömen nun aus der

---

Franz Andreas Meyer (1837–1901)

Anders als der Name Franz vermuten lässt, stammt Meyer aus einer schon lange in Hamburg ansässigen Familie. Nach dem Besuch des Johanneums geht er auf die Polytechnische Schule in Hannover und arbeitet als Ingenieur bei den Staatseisenbahnen, bevor er 1862 nach Hamburg zurückkehrt. Zunächst bei der Hafendeputation, wechselt er in die Baubehörde, wo er bald als Oberingenieur zum Chefplaner der Stadtmodernisierung wird. Vor allem die Speicherstadt entsteht nach seinen Vorgaben. Viele neue Brücken entwirft er selbst (Feenteich-, Krugkoppel-, Trostbrücke), er plant den Innocentiapark, ist an der Gestaltung des Ohlsdorfer Friedhofs entscheidend beteiligt. Dutzende weitere Gebäude und Plätze werden unter seiner Ägide neu gebaut. Meyer gehört neben William Lindley und Fritz Schumacher zu den bis heute stadtbildprägenden Planern. Die Renovierung des Bergedorfer Schlosses ist eines seiner letzten Projekte, bevor er 64-jährig bei einem Krankenaufenthalt in Bad Wildungen stirbt.

28

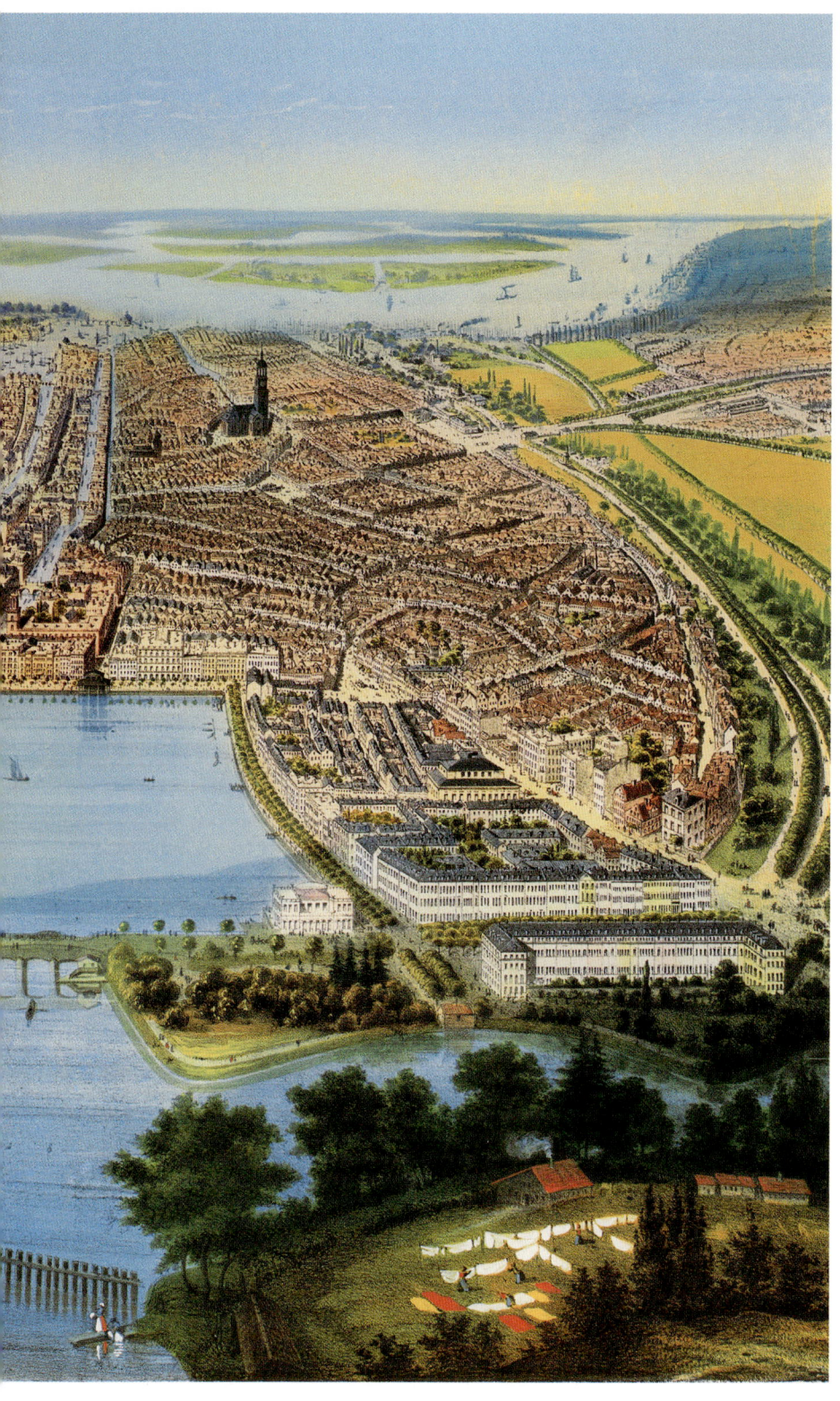

Die Ansicht von etwa 1860 veranschaulicht, wie klein und ungemein dicht besiedelt Hamburg an der Schwelle zur Industrialisierung noch ist. Oben rechts ist die Vorstadt St. Pauli zu sehen, die quasi nahtlos in Altona übergeht. In dieser Zeit beginnt das rasante Wachsen der Landgemeinden wie Eilbek, Hamm und Eimsbüttel, die bis Ende des Jahrhunderts mit Hamburg zusammenwachsen und schließlich auch offiziell zum Stadtgebiet werden.

Der Alstersee entsteht durch den Bau eines Dammes, der das Betreiben einer großen Kornmühle ermöglicht; erst 1616 bis 1625 wird der „Mühlenteich" mit dem Bau der Hamburger Befestigungsanlagen in Außen- und Binnenalster getrennt. Der Durchfluss erhält zunächst eine Holzbrücke, die 1827/28 durch einen Neubau und 1865 wiederum durch eine Steinkonstruktion ersetzt wird. Nördlich davon entsteht 1953 die Neue Lombards- und jetzige Kennedybrücke.

Hafenumschlag in der Speicherstadt. Foto von Strumper & Co., 1890

Stadt, weil sie dort keine bezahlbare Bleibe finden können. Gleiches gilt für die Bewohner der Gängeviertel, die nach der Cholera-Epidemie 1892 weitgehend abgerissen werden. Diese Elendsbehausungen mit furchtbaren hygienischen Verhältnissen machen unter anderem Platz für die Möncke-bergstraße (1908 bis 1914, benannt nach dem Bürgermeister, der diese Planungen vorangetrieben hat) und das Kontorhausviertel (1921 bis 1930, heute ebenfalls Weltkulturerbe).

Einige Orte werden innerhalb weniger Jahre von kleinen Dörfern zu hochverdichteten Großstadtteilen, zum Beispiel Eilbek oder Eimsbüttel, das noch 1860 ein grünes Idyll mit wenigen Hundert Menschen ist und 1895 bereits knapp 53 000 Einwohner zählt. Bis 1910 verdoppelt sich die Zahl nochmals. Wie Hamm, Horn, Barmbek, Harvestehude und viele andere werden diese Gebiete erst zu Vororten erklärt und 1894 dann ein-gemeindet.

Der Bauboom führt zunächst aber nur zum Teil zu Verbesserungen der Wohnqualität. Die errichteten Ar-beiterunterkünfte sind zwar besser als

---

Bürgermeister Johann Georg Mönckeberg (1839–1908)

Zur Schule gegangen am Johanneum und am Akademischen Gymnasium, Jurist, Leutnant in der Bürgergarde, mit 32 Jahren Bürgerschaftsabgeord-neter – klassischer kann eine po-litische Karriere im Hamburg des 19. Jahrhundert kaum verlaufen. Mönckeberg, dessen Bruder Rudolph ebenfalls Abgeordneter ist, wird 1876 Senator und 1890 erstmals Bürger-meister – ein Amt, das er wegen der üblichen Rotation noch siebenmal ausüben wird. Er ist betont konser-vativ, aber nicht verbohrt und hat ein klares Gerechtigkeitsempfinden. Bei den Arbeitern macht er sich beliebt, als er sich 1906 gegen die weitere Be-schneidung des ohnehin undemokratischen Wahlrechts aus-spricht – wenn auch ohne Erfolg. Kurz nach Mönckebergs Tod wird die Straße zwischen Rathaus und Haupt-bahnhof nach ihm benannt.

In den eng bebauten, unhygienischen Gängevierteln wie hier im Großen Bäckergang breitet sich 1892 die Cholera aus, an der mehr als 8600 Menschen sterben. Foto um 1900

Das 1924 fertiggestellte Chilehaus, von Fritz Höger in Anlehnung an einen Schiffskörper gestaltet. Der Bau ist der Mittelpunkt des anstelle der Gängeviertel entstehenden Kontorhausviertels. Heute ist es Unesco-Weltkulturerbe.
Foto von Carl Dransfeld, 1924

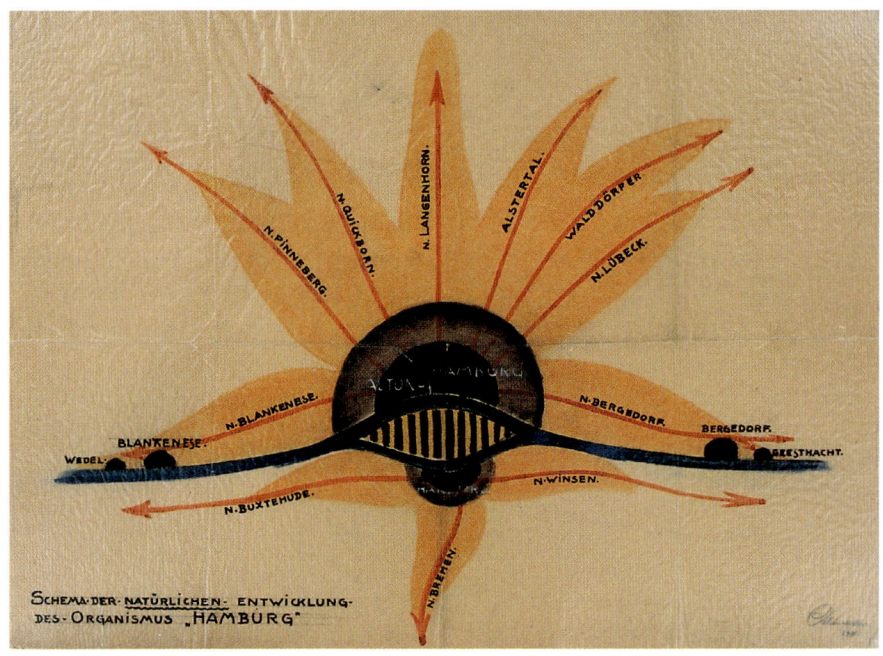

Schema der natürlichen Entwicklung des Organismus „Hamburg", wie es der damalige Hochbauchef und spätere Oberbaudirektor Fritz Schumacher 1920 in einer Zeichnung darstellte. Bis heute orientiert sich die Stadt- und Landesplanung an diesen Achsen, die sich auch im regionalen Entwicklungskonzept wiederfinden.

die alten Gängeviertel. Rasch und billig errichtete Elendsquartiere sind es meist dennoch. Erst mit dem größer werdenden politischen Einfluss der SPD, der Gewerkschaften und vor allem durch das Wirken von Fritz Schumacher, der ab 1909 als Hochbauchef und von 1923 bis 1933 als Oberbaudirektor wirkt, gibt es echte Verbesserungen. Er plant unter anderem die nach ihm benannte Gartenstadt in Langenhorn und setzt sich als Stadt-planer für moderne Wohnungen mit viel Luft und Licht ein – berühmte Beispiele sind Dulsberg und die Jarrestadt.

Groß-Hamburg:
Grenzerweiterungen

Obwohl Altona, Hamburg, Harburg und Wandsbek quasi zusammengewachsen sind, ändert sich an der Struktur nach dem Ersten Weltkrieg

Fritz Schumacher (1869–1947)

Der aus einer Bremer Juristenfamilie stammende Schumacher hat das moderne Hamburg geprägt wie wohl kein Zweiter. Nach Architekturstudium in München und Stationen in Leipzig und Dresden kommt er 1909 als Baudirektor und Hochbau-Chef nach Hamburg. Mit einer Unterbrechung von drei Jahren (Oberbürgermeister Konrad Adenauer lockt ihn 1920 nach Köln) wirkt er bis 1933 in Hamburg und ge-staltet die Stadt nach stadtplanerischen und sozialen Grundsätzen – und mit einer Vorliebe für roten Backstein. Neben seinen vielen Bauten (etwa die Finanzbehörde am Gänsemarkt, das Planetarium, das Museum für Hamburgische Geschichte, Dutzende Schulen, die Gartenstadt Langenhorn) stellt er in enger Zusammenarbeit mit seinem Altonaer Kollegen Gustav Oelsner die Menschen in den Mittelpunkt aller Planungen. Moderne, lichtdurchflutete Wohnanlagen mit viel Grün wie in Dulsberg oder der Jarrestadt und auch der Stadtpark sind Ergebnis dieser Überlegungen. 1933 wird der 64-Jährige ohne Angabe von Gründen in den Ruhestand versetzt – später ehrt ihn Hitler zum 70. Geburtstag mit der Goethe-Medaille. Schumacher erlebt noch die Zerstörung der Stadt im Bombenhagel, äußert sich nach 1945 zum Wiederaufbau, stirbt dann 1947 in einem Hamburger Krankenhaus. Die letzten Jahre hat er in Lüneburg gelebt.

-beck oder -bek?

Kleines Klookschieterwissen am Rande: Schmalenbeck ist der einzige hiesige Ort mit dieser Endung (-beck für Bach), der heute noch mit „ck" geschrieben wird. In Schleswig-Holstein wird Ende des 19. Jahrhunderts die Schreibweise in „-bek" vereinheitlicht. Als Schmalenbeck 1937 holsteinisch wird, darf es die Schreibweise -beck aber behalten, beziehungsweise es interessiert niemanden mehr. In Hamburg wird das „ck" dann erst nach 1945 geändert, seitdem heißt es Barmbek, Eilbek, Flottbek.

nichts. Hamburg bleibt auch in der Weimarer Republik ein Stadtstaat, während die umliegenden Städte zum „Bundesland" Preußen, wie wir heute sagen würden, gehören. Seit 1915 gibt es zwar Bestrebungen, die Städte zusammenzulegen – und Altona und Wandsbek befürworten das auch. Die preußische Landesregierung lehnt aber ab und stärkt ihre Städte: 1927 wird Wilhelmsburg in Harburg eingemeindet, außerdem erlässt man das „Groß-Altona-Gesetz". Altona gewinnt alle Elbvororte bis Rissen sowie Eidelstedt, Lurup und Osdorf hinzu.

So bleibt es den Nationalsozialisten vorbehalten, das „Groß-Hamburg-Gesetz" zu beschließen und 1937/38 die Nachbarstädte sowie einige Landgebiete einzugemeinden. Es ist aber auch ein Gebietstausch: Hamburg muss etwa Cuxhaven und Geesthacht aufgeben. Die kleinen Orte Großhansdorf und Schmalenbeck, die den Anschluss an das U-Bahnnetz nur der Tatsache zu verdanken haben, dass sie Hamburger Landgemeinden sind, gehen nun an Holstein.

Hamburg verdoppelt unter dem Strich beinah sein Staatsgebiet und wird zur Metropole. Aber die wirklich großen Baupläne der Nazis für Hamburg werden indes zum Glück nie umgesetzt. Am Altonaer Balkon soll ein Wolkenkratzer als NSDAP-Gauhochhaus entstehen, eine gigantische Elb-Hochbrücke wird auf Wunsch Hitlers geplant, das gesamte Elbufer soll mit riesiger Volkshalle und Aufmarschplatz umgestaltet werden. Diese typisch faschistische Gigantomanie kommt wegen Geldmangels und des Kriegsausbruchs nie aus der Schublade heraus.

Wandel des Zeitgeists:
*Massenwohnungsbau und
autogerechte Stadt*

Nach dem Zweiten Weltkrieg ist wegen der massiven Zerstörungen der Wohnungsbau natürlich das wichtigste Vorhaben. Zwar gelingt es relativ schnell, die Trümmer zu beseitigen und Zigtausende neue Wohnungen zu bauen, das geschieht aber bisweilen unter Inkaufnahme einer gewissen Eintönigkeit. Der typische, vier- bis fünfgeschossige, schmucklose Backsteinbau prägt bis heute viele Quartiere. Eine Ausnahme bilden die Grindelhochhäuser – Deutschlands erste Wohnhochhäuser überhaupt. Ursprünglich für britische Offiziere gedacht, übernimmt die städtische Wohnungsgesellschaft SAGA das Projekt und stellt die acht Bauten bis 1956 fertig. Die „Hochhausscheiben" knüpfen an die Moderne der 1920er-Jahre an, der verwendete gelbe Backstein folgt skandinavischen Vorbildern (außerdem ist der rote Backstein bei einigen Architekten verpönt, weil er mit der Ziegelei des KZ Neuengamme und der Zwangsarbeit verbunden wird).

Wohnraum bleibt auch wegen ständig steigender Bevölkerungs-

Die bis 1956 im Grindelviertel in Hamburg-Harvestehude gebauten Wohnhochhäuser sind die ersten in Deutschland überhaupt.

Acht Hamburger Architekten planen die zwölf Hochhausscheiben mit mehr als 2100 Wohnungen gemeinschaftlich.

Hamburg soll nach dem Willen der Nationalsozialisten zu einer „Führerstadt" ausgebaut werden. Pläne wie hier das „Gauhochhaus" am Altonaer Balkon und eine Elb-Hochbrücke mit 180 Meter hohen Pylonen und einer Spannweite von 750 Metern werden kriegsbedingt nicht verwirklicht. Modell der Baubehörde von 1938

35

Pläne des gewerkschaftlichen Wohnungsunternehmens Neue Heimat für die Umgestaltung St. Georgs vom Juni 1966. Bis auf die Kirchen würde fast alles abgerissen – damals Ausdruck moderner Städteplanung. Eine Realisierung wird allerdings nie ernsthaft erwogen.

zahlen bis in die 1970er-Jahre knapp. Vor dem Krieg leben 1,7 Millionen Menschen in Hamburg, 1945 sind es nur noch eine Million – doch bis 1953 wird der Vorkriegsstand wieder erreicht, 1965 sind es dann 1,85 Millionen. Deshalb setzen wie fast überall in Europa auch die Hamburger Politiker auf Groß-Wohnungsprojekte. Heute werden solche Siedlungen wie in Steilshoop oder Osdorf oft als Bausünden bezeichnet. Damals – und für viele Bewohner auch noch heute –

sind sie ungeheuer attraktiv. Sehr viele Hamburger ziehen die modernen Wohnungen einem meist unsanierten Altbau aus der Gründerzeit vor, in dem es nur Kohleöfen und oft noch Gemeinschaftstoiletten gibt.

Genauso dem Zeitgeist entsprechend ist das Ziel der autogerechten Stadt: immer mehr und breitere Straßen und möglichst viele Parkplätze. Auch diese Politik ist ein Zeichen von Modernität, erst in den 1970ern beginnt in Teilen der

Tuberkulose zurück – umgangssprachlich hat man dann „die Motten".

Indes geht die Einwohnerzahl ab 1965 zurück, viele ziehen ins Umland und erfüllen sich ihren Traum vom Häuschen im Grünen. Der Druck auf den Wohnungsmarkt lässt stark nach – eine Entwicklung, die sich erst im neuen Jahrtausend umgekehrt hat. Nun aber sind dem Wohnungsbau durch den Lärm-, Klima- und Umweltschutz engere Grenzen gesetzt, sodass neue Quartiere vermehrt auf ehemaligen Industrie- und Verkehrsflächen entstehen, wie etwa die HafenCity und die Neue Mitte Altona. Dass die Immobilienpreise bis in die Gegenwart extrem anziehen, ist auf den ersten Blick erstaunlich – denn bei etwa gleicher Einwohnerzahl (2021: 1,85 Millionen) gibt es aktuell ungefähr doppelt so viele Wohnungen wie noch in den 1960er-Jahren. Der Raumbedarf pro Person ist aber gewaltig gestiegen, außerdem hat Hamburg mehr als 50 Prozent Single-Haushalte.

Bevölkerung ein Umdenken. Gewaltige Großprojekte wie ein Autobahnring oder der Abriss ganz St. Georgs für einen Mega-Wohn- und Bürokomplex bleiben auch wegen der Kosten Planspiele. Dass Ottensen die Planierung erspart wird, liegt dann schon am massiven Widerstand der Bewohner, die ihr „Mottenburg" behalten wollen. Die Bezeichnung geht wohl auf die im 19. Jahrhundert unter den vielen Ottenser Glasbläsern weit verbreitete

Hamburgs neues Wahrzeichen, die Elbphilharmonie, mit dem Museumsschiff „Cap San Diego" im Vordergrund und links im Bild der Windjammer „Rickmer Rickmers". Das Konzerthaus ist auf dem 1960 gebauten Kaispeicher A errichtet worden.

An gleicher Stelle hat zuvor der berühmte und als Hafen-Wahrzeichen wahrgenommene „Kaispeicher" (auch Kaiserspeicher genannt) von 1875 gestanden.
Die „Elphi" dominiert die neu entstandene HafenCity.

Wer regiert die Stadt?

*Fürsten gegen Pfaffen,
Kaufleute gegen Handwerker,
Bürger gegen Arbeiter –
der ewige Kampf um die Macht*

Jahrhundertelang ist die Gesellschaft in drei Stände gegliedert: Adel, Klerus und Bauern beziehungsweise Bürger. Das Herrschaftsrecht des Adels wird lange nicht grundsätzlich infrage gestellt. Bei Kirchenfürsten sieht das manchmal schon anders aus, denen wird auch im Mittelalter bisweilen vorgehalten, sie sollten „weltlicher Herrschaft entsagen". Wenn aber Bürger über Bürger wie Adlige herrschen, dann ist es schon schwieriger zu begründen, warum das eigentlich so ist. Und das ist der Kern vieler Konflikte, die in Hamburg ausgetragen werden.

Kirche, Fürsten, Bürger:
Auf dem Weg zur Stadtrepublik

So wie in den meisten Firmen nicht eben Trauer herrscht, wenn der Chef oder die Chefin im Urlaub ist, sind die Menschen im Mittelalter in der Regel dann am glücklichsten, wenn der Herrscher möglichst weit weg ist.

Und so sind die Hamburger nicht übermäßig traurig, dass ihr nach dem Wikinger-Überfall 845 nach Bremen geflüchteter Bischof dort bleibt – und all seine Nachfolger auch. Bischöfe heißen ja nicht umsonst Kirchenfürsten, und manche von ihnen scheren sich weniger um das Seelenheil ihrer Schäfchen als darum, die eigenen Pfründe ins Trockene zu bringen. Vorsichtig formuliert sind sie machtbewusst. Da lebt es sich doch ein bisschen freier ohne Bischof. Präsent ist die Kirche dennoch mit dem Domkapitel in Hamburg, und natürlich beharrt sie darauf, Stadtherrin zu sein. Ob sich die einfachen Leute daran stören oder nicht, ist nicht überliefert – im Gegensatz zum Ärger der Herzöge aus dem Hause der Billunger und ab 1110 der Schauenburger Grafen: Die wollen schließlich selbst Stadtherren sein. Wie im Kapitel „Die wachsende Stadt" beschrieben, schafft es einer dieser Schauenburger, Adolf IV., die Kirche

Adolf IV. von Schauenburg (1205–1261) in Rittertracht. Er besiegt die Dänen und prägt wesentlich die Anlage der Stadt durch seine Ideen wie das Aufstauen der Alster.

Rathaus

Das 1897 fertiggestellte Rathaus ist wahrscheinlich das sechste der Stadtgeschichte. „Wahrscheinlich" deswegen, weil die Existenz der ersten beiden Rathäuser nicht gesichert ist. Laut schriftlichen Quellen (die mit Vorsicht zu genießen sind) soll es Ende des 12./Anfang des 13. Jahrhunderts zwei getrennte Rathäuser für die Altstadt und die Neustadt gegeben haben. Im Jahr 1216 jedenfalls gibt es ein gemeinsames Rathaus am Dornbusch, das allerdings 1284 bei einem Feuer abbrennt. Der Neubau wird 1290 an der Trostbrücke errichtet und mehrfach erweitert, bevor auch dieses Haus 1842 beim Großen Brand ein Opfer der Flammen wird. Beim Bau der an gleicher Stelle errichteten Patriotischen Gesellschaft werden einige Steine des alten Rathauses wiederverwendet; dort tagt auch die Bürgerschaft, bis 1897 endlich das neue Rathaus fertig wird. Der Senat zieht übergangsweise in das alte Waisenhaus an der Admiralitätstraße.

auszubooten. Da haben die Bürger längst das Recht, einen eigenen Rat zu wählen. Mit Geld, Fortune und Geschick gelingt es ihnen relativ rasch, die folgenden Generationen der Schauenburger ins Abseits zu stellen. Hamburg ist nun frei von Fürsten- und Pfaffenherrschaft und regiert sich selbst. Genauer gesagt: Die Reichen regieren – also die großen Kaufleute. Und somit ist der Weg bereitet für immer neue, teils sogar blutige Auseinandersetzungen.

Der Satz „Die da oben machen doch eh, was sie wollen" hat auch in der Stadtrepublik Hamburg viele Jahrhunderte lang seine Berechtigung. Der Rat (erst ab 1860 heißt er offiziell Senat) ist ursprünglich die Interessenvertretung der Bürger gegenüber dem Stadtherrn, also Kirche oder Fürsten. Als die ausgeschaltet sind, benehmen sich die Ratsmitglieder bald wie adlige Herrscher. Sie werden nicht gewählt, sondern bestimmen selbst, wer einem ausscheidenden Mitglied nachfolgt. So gehören dem 30- bis 60-köpfigen Gremium auch ausschließlich Kaufleute an. Jegliche Mitsprache der anderen Bürger lehnen sie ab – als ob sie von „Gottes Gnaden" herrschen würden. Der Rest der Bürger stellt lediglich ein beratendes Gremium: die „Wittigesten" (Weisesten). Reden dürfen sie, zu sagen haben sie aber fast nichts.

Politische Hamburgensien:
Rezesse, Kollegien, Deputationen

Lange regiert der Geldadel unangefochten, aber im Spätmittelalter begehren die Vielen dann doch gegen die Wenigen auf – natürlich wegen der Steuerlast. 1375 kann der Rat die Forderungen vor allem der Handwerker noch abwehren, 1410 muss er dann erstmals einen Kompromiss eingehen. „Rezess" nennt man so einen Vergleich. Nun dürfen Steuern nur noch mit Zustimmung der Bürgerschaft erhöht werden, auch einem Krieg muss sie zustimmen. Und willkürliche Verhaftungen ohne Gerichtsverfahren sind seither verboten – was darauf schließen lässt, dass es sie zuvor gegeben hat. Mit Bürgerschaft ist übrigens keineswegs ein Parlament gemeint, sondern die Gesamtheit der Bürger. Jeder darf zu Versammlungen kommen und abstimmen – aber nur, wenn er das Bürgerrecht hat. Dafür muss man einen Eid ablegen und das Bürgergeld zahlen. Die Armen – und das sind nicht wenige – sind also völlig ausgeschlossen. Und Frauen natürlich auch; es wird noch Jahrhunderte dauern, bis die ersten Frauen das selbst als falsch empfinden.

Dem ersten Rezess folgen noch weitere, Grundlegendes ändert sich erst 1529, nach der Reformation. Jetzt erhalten nur noch Grundeigentümer – in Hamburg nennt man sie „Erbgesessene" – das Bürgerrecht, also

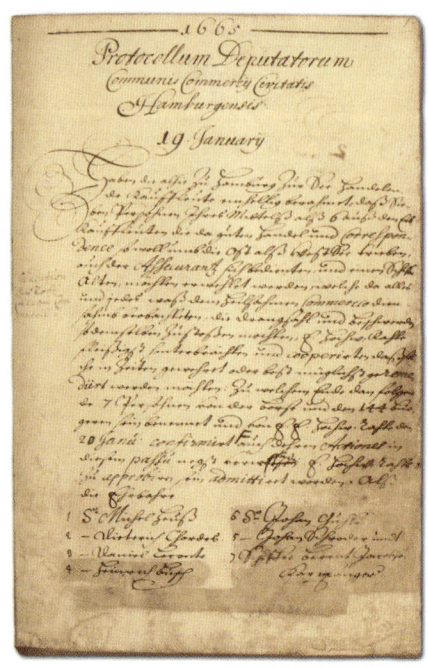

Die Deputationen – ehrenamtlich von Bürgern besetzte Ausschüsse zur Kontrolle der Ratsherren, später der Fachbehörden – gibt es seit dem 19. Januar 1665 (Abb.: Gründungsurkunde). Erst 355 Jahre später, am 7. November 2020, wird diese Hamburgensie abgeschafft.

noch weniger Leute als zuvor. Und es gibt nun eine enge Verquickung von Kirche und Staat. Das geschieht über die „Kollegien". Da gibt es zum Beispiel die zwölf „Oberalten", jeweils die drei ältesten der für die Armenpflege Zuständigen aus den vier Kirchspielen. Die Kirchspiele sind so eine Art Bezirk: St. Petri, St. Nikolai, St. Jacobi und St. Katharinen, später kommt dann St. Michaelis dazu. Aus den Bezirken werden dann noch Diakone in zwei Ausschüsse entsandt: die 48er und die 144er. Diese Kollegien sind die einzigen, die neue Gesetze vorschlagen dürfen.

Bald danach wird eine weitere Hamburgensie geschaffen: die

Deputation. Acht Bürger werden gewählt, um sich um die Finanzen zu kümmern. Ohne ihre Zustimmung darf der Rat nichts ausgeben. Dieser ersten Deputation folgen bald Dutzende. Erst im Juni 2020 wird mit einer Zweidrittelmehrheit von der Bürgerschaft eine Änderung der Hamburgischen Verfassung beschlossen. Die Deputationen sind seit dem 7. November 2020 aufgelöst.

Streit um die Bürgerschaft: *Die Jastram-Snitger-Rebellion*

Fassen wir mal kurz zusammen: Nur die Wohlhabenderen und nur Lutheraner haben das Bürgerrecht, nur die Reichsten bilden den Rat. Und die Oberalten und 48er sehen sich als eine Art Schiedsrichter. Schon bald sind diese Strukturen ziemlich verkrustet. Der Rat besetzt alle Posten gern mit Familienmitgliedern, manchen wird Korruption vorgeworfen, und aus den Oberalten werden im Volksmund bald die „Überalten", also ein verschlafenes Gremium aus Tattergreisen. Im 17. Jahrhundert geht es ohnehin eher wild zu. Zwar profitiert Hamburg vom Dreißigjährigen Krieg (siehe „Hamburgs Militärgeschichte"), aber die Verdopplung der Einwohnerzahl in wenigen Jahrzehnten auf 78 000 bei Kriegsende schürt die Unruhe. Die Bürgerschaft will dem Rat mehr Rechte abtrotzen, der aber sieht seine Herrschaft als gottgegeben an und die Bürger als Untertanen, die doch bitte glücklich sein sollten, so einen Rat zu haben. Da muss es wohl knallen.

Jetzt treten Cord Jastram und Hieronymus Snitger auf die Bühne. Jastram ist ein Aufsteiger: Eigentlich Färber, rüstet er mithilfe des Kaufmanns Snitger Walfangschiffe aus und wird reich. Er stellt sich an die Spitze der protestierenden Bürger und schafft es tatsächlich 1684, den Rat in Teilen aus dem Amt und der Stadt zu jagen. Die Geschassten suchen Hilfe von außen und finden sie mit dem Herzog von Braunschweig-Lüneburg, der damit droht, das alte Recht mit Gewalt wiederherzustellen. Jastram macht jetzt den Fehler, ausgerechnet den dänischen König um Unterstützung zu bitten – denn der kommt mit einem Heer und belagert die Stadt, auf die er ja immer noch Anspruch erhebt. Zwar können die Hamburger die Stadt halten, Jastram und Snitger sind aber unhaltbar geworden. Der alte Rat kehrt zurück, die beiden werden am

Auf diesem Kupferstich ist die Hinrichtung der Volksführer Cord Jastram und Hieronymus Snitger auf dem Köppelberg vor dem Steintor am 4. Oktober 1686 dargestellt. Die Köpfe der Verurteilten werden am Millern- und am Steintor zur Abschreckung aufgespießt.

Bürgermeister

Der Bürgermeister ist in Hamburg lange Zeit „Primus inter Pares" (Erster unter Gleichen) – und um Machtmissbrauch auszuschließen, gibt es schon von Beginn an immer zwei „Worthaltende Bürgermeister" (man könnte es wohl diensthabend nennen). Ab 1529, als der sogenannte Lange Rezess verabschiedet wird, gibt es sogar vier Bürgermeister, von denen im Wechsel immer zwei „worthaltend" sind. Mit der neuen Verfassung werden 1860 die Ämter des Ersten und Zweiten

Bürgermeisters geschaffen. Nun rotieren in der Regel die drei dienstältesten Senatoren; sie sind jeweils ein Jahr Erster und Zweiter Bürgermeister und pausieren dann ein Jahr lang. Den für ein Fachgebiet zuständigen Senatoren können sie zwar Ratschläge geben, aber keine Weisungen erteilen. Die Titel für den Regierungschef und die Stellvertretung sind bis heute erhalten. Seit der Reform von 1996 haben die Ersten Bürgermeister aber eine Richtlinienkompetenz, sind also nicht mehr nur Erste unter Gleichen.

wollen bei der Ratswahl mitbestimmen und auch Nicht-Grundeigentümer für die Bürgerschaft zulassen. Nach viel Hin und Her – sogar eine Kaiserliche Kommission wird hinzugezogen – gibt es 1712 mal wieder einen Rezess. Wenn Rat und Bürgerschaft uneins sind, wird jetzt per Los ein Ausschuss bestimmt, der entscheidet. Ansonsten bleibt es beim restriktiven Bürgerrecht.

Hamburgs Verfassung bleibt rückständig – *trotz Revolutionen und Reformen*

4. Oktober 1686 hingerichtet. Und das heißt: geköpft, ausgeweidet und gevierteilt, die Strafe für Verräter.

Der Kampf um die Macht ist aber noch nicht vorbei. Die Reformer

Lange herrscht Ruhe. Und das, obwohl das Missverhältnis zwischen privilegierten Bürgern und dem Rest der Einwohner immer krasser wird. Um 1800 haben etwa 3000 bis 4000 Hamburger das Bürgerrecht – bei

Der Unionsrezess von 1710 (Abbildung) und der Hauptrezess vom 1712 beenden jahrzehntelange Bürgerkämpfe um die Hamburger Verfassung und die Machtverteilung zwischen Rat und Bürgerschaft.

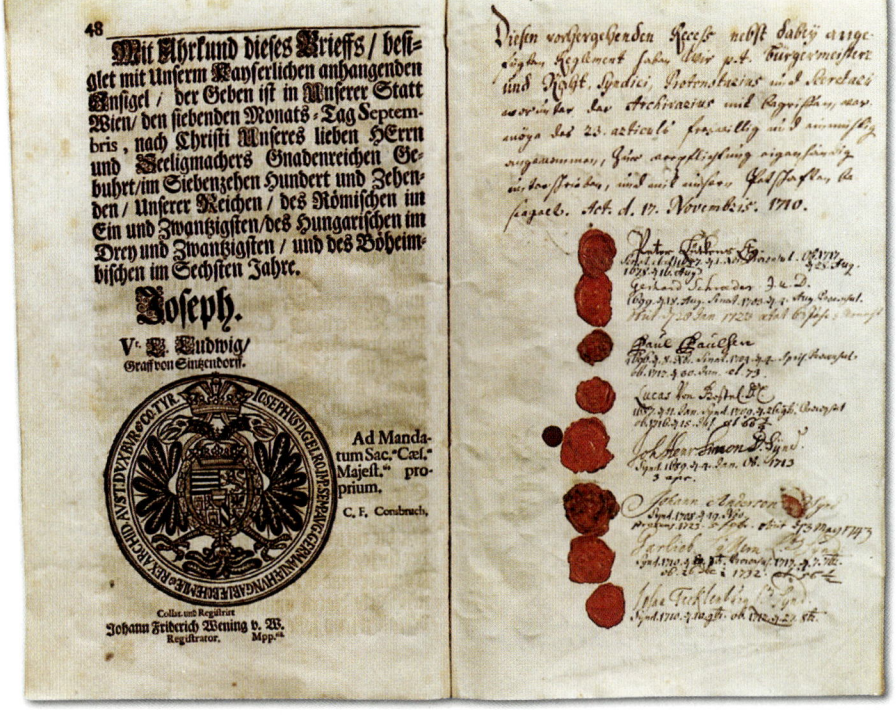

einer Einwohnerzahl von 130 000.
Daran ändert auch das kurze
Intermezzo der französischen Besatzung von 1806 bis 1814 nichts. Die
Einführung moderner Gesetze,
Trennung von Kirche und Staat,
Judenemanzipation – all das wird
nach dem Abzug der Franzosen
wieder abgeschafft. Bald bilden sich
politische Vereine, die aber erfolglos
Reformen fordern. Andere wie der an
der Gelehrtenschule des Johanneums
lehrende Jacob Gallois flüchten sich
in Spott: „Eigentlich gibt es 24 Senatoren, aber jetzt sind es 230 – bei
der jüngsten Neubesetzung wurde
eine Null hinzugefügt." Die Bürgerschaft nennt er eine Institution, die
an erster Stelle stehen sollte, aber an
letzter steht – „wohl wegen der
richtigen Selbsteinschätzung". Und
die Oberalten sind für ihn eine
„Körperschaft, die fürs Nichtstun
bezahlt wird – die einzige Tätigkeit,

der sie angemessen nachkommt".

Erst mit der europaweiten Revolution 1848 scheint sich etwas zu
ändern. Zwar verlaufen die Unruhen
in Hamburg weitgehend unblutig,
aber den Forderungen nach
Demokratisierung kann sich der Rat
nicht entziehen. Aus freien Wahlen
ohne Beschränkungen geht eine
„Konstituante" hervor, die eine Verfassung ausarbeitet. Doch schon bald
dreht sich der Wind. Überall sind die
Konservativen auf dem Vormarsch
und drehen das Rad der Zeit zurück.
Die Konstituante wird aufgelöst, jetzt
legen der Rat und die alte Bürgerschaft einen Entwurf vor. Doch auch
der ist den Konservativen noch zu
modern. Es folgt ein quälend
langes Hickhack unter massivem
preußischem Druck, ja nicht zu
radikal – also demokratisch – zu
werden, bis endlich 1860 eine neue
Verfassung in Kraft tritt.

Der Höhepunkt der
revolutionären
Unruhen: der Brand
am Steintor in
den Abendstunden
des 9. Juni 1848.
Der Protest richtet
sich gegen die
Torsperrgebühren
und die Abgaben-
und Steuerlast.

Hammonia

Es ist eine Mode der frühen Neuzeit und des Barock, Namen zu latinisieren und nach antikem Vorbild Göttinnen als Patronin einer Stadt zu „entdecken". So wird Luna für Lüneburg und eben Hammonia für Hamburg geschaffen. Das ist identitätsstiftend und auch geschickte PR im Stile der Zeit. 1624 wird Hammonia erstmals in einem Kupferstich dargestellt, ab da taucht die Figur immer öfter auf, gerne auch mit Steuerrad oder Merkurstab – an Portalen, auf Münzen, in Büchern. Spätestens als 1828 Albert Methfessel (Musik) und Georg Nikolaus Bärmann (Text) das Lied *Hammonia* schreiben, und so die Hamburg-Hymne schaffen, ist sie zum Allgemeingut geworden.

Nach einer Modifizierung 1879 gibt es in der Bürgerschaft, die nun ein Parlament ist, 160 Abgeordnete. Nur die Hälfte wird von den Bürgern gewählt, aber nur von Männern ab 25, die mindestens 1200 Mark pro Jahr versteuern und pünktlich zahlen. Die meisten Hamburger bleiben unter dieser Einkommensgrenze. Die andere Hälfte der Sitze teilen sich die von ihrem eigenen Verband gewählten Vertreter der Grund-eigentümer und die „Notabeln". Das ist eine kleine Gruppe aus Richtern, hohen Beamten und Mitgliedern der Handels- und der Gewerbekammer. Die Herrschaft der Reichen bleibt also gesichert. Das bringt aber auch Pflichten mit sich. Wer in ein Amt gewählt wird, darf diese Wahl nicht ablehnen, sonst verliert er sein Bürgerrecht. Doch nicht jeder hat Lust, denn die Arbeit in einer Deputation oder gar im Senat ist zeitaufwändig – und so tricksen einige: Sie zahlen ihre Steuer etwas verspätet oder zahlen eine Mark zu wenig, und das hat unweigerlich zur Folge, dass sie nicht mehr wählbar sind. Solchen unhanseatischen Menschen kann man ja kein Amt anvertrauen.

Die neue Bürgerschaft hat zwar durchaus etwas zu sagen, vor allem in Geldfragen, der Senat ist ihr gegenüber aber nicht verantwortlich. Senatoren werden auf Lebenszeit gewählt, außer Kaufleuten dürfen

Sitzung der Hamburgischen Bürgerschaft im großen Saal der Patriotischen Gesellschaft. Darstellung von 1876

Hugo Vogel Berlin

jetzt auch Juristen in das Gremium. Die bekommen das doppelte Gehalt (25 000 Mark pro Jahr), dürfen dafür aber keiner anderen Tätigkeit nachgehen. Die Wahl der Senatoren ist eher Schauspiel und Farce. Die Bürgerschaft darf zwar mitbestimmen, aber dank eines hochkomplizierten und Stunden dauernden Verfahrens setzt der Senat seine Kandidaten eigentlich immer durch. Der Senat bestimmt dann in der Regel die Dienstältesten als Ersten und Zweiten Bürgermeister, wobei sich drei Herren mit je einem „Ruhejahr" Pause abwechseln. Sie lassen sich als „Magnifizenz" anreden.

Wahlrechtsraub und Massenprotest: *Die SPD als die „rote Gefahr"*

In der Bürgerschaft entstehen im Laufe der Jahre drei Fraktionen: Die „Rechten", die „Linken" und die „Linke Mitte". Aus heutiger Sicht missverständliche Bezeichnungen, denn Lackschuhe tragen sie alle: Es sind Konservative, Liberale und Nationalliberale. Parteien im modernen Sinne gibt es nicht, und die Fraktionen sind ein nur lockerer Verbund. Um 1900 werden dann die Sozialdemokraten immer stärker. Bei den Reichstagswahlen, bei denen im Unterschied zu den Bürgerschaftswahlen alle Männer das gleiche Stimmrecht haben, gewinnt die SPD nun alle Hamburger Mandate. In der Bürgerschaft ist sie erstmals 1901 vertreten: mit einem einzigen Mandat, das Otto Stolten innehat. Als die SPD nach den Bürgerschaftswahlen 1904

Der Senat, angeführt von Bürgermeister Dr. Versmann, hält seinen Einzug ins neue Rathaus. Das Gemälde von Hugo Vogel aus dem Jahr 1904 befindet sich im Bürgermeistersaal des Rathauses.

Carl Wilhelm Petersen
(1868–1933)

Sein Großvater Carl Friedrich ist einer der bedeutendsten Hamburger Bürgermeister des 19. Jahrhunderts gewesen, und sein jüngerer Bruder Rudolf wird 1945 der erste Nachkriegsbürgermeister sein: wahrlich eine ehrwürdige Familie, der Carl Wilhelm Petersen entstammt. 1899 zieht der sehr wohlhabende Jurist in die Bürgerschaft ein, schließt sich nach dem „Wahlrechtsraub" 1906 den Vereinigten Liberalen an und wird 1919 Gründungsmitglied der Deutschen Demokratischen Partei, deren Reichsvorsitzender er zeitweise ist. Petersen ist von 1924 bis 1929 Erster Bürgermeister und leitet die Geschicke der Stadt in den kurzen Jahren der Blüte der Weimarer Republik, als Hamburg architektonisch und sozial umgebaut wird. 1932 erneut Bürgermeister, tritt er nach der Machtübernahme der NSDAP am 4. März 1933 zurück. „Die Entwicklungen, die jetzt vor sich gehen, scheinen mir an den Präsidenten des Hamburgischen Senats Forderungen zu stellen, die weder mit der hamburgischen Überlieferung noch mit der Besonderheit dieses Amtes verbunden sind", erklärt er. Kurz darauf stirbt Carl Petersen im Alter von 65 Jahren.

trotz der Wahlrechtsbeschränkungen 13 Abgeordnete stellt, herrscht in der Bürgerschaft Panik. Man beschließt eine Änderung des Wahlrechts mit noch höheren Einkommenshürden, obwohl sogar der Erste Bürgermeister Carl Petersen dagegen ist. Das Ganze geht als „Wahlrechtsraub" in die Geschichte ein und verursacht Massenproteste: Am 17. Januar 1906, dem „Roten Mittwoch", beteiligen sich 30 000 Arbeiter am ersten politischen Streik der Hamburger Geschichte. Er bleibt zwar erfolglos, aber in der Bürgerschaft bildet sich jetzt eine neue Fraktion der „Vereinigten Liberalen". Sie wollen – in engen Grenzen – mit der SPD zusammenarbeiten und lehnen Wahlrechtseinschränkungen entschieden ab.

Revolution von 1918:
Der verlorene Krieg bringt die Demokratie

Es sind politisch chaotische Tage, als am 9. November 1918 der Erste Weltkrieg verloren geht, das Kaiserreich zusammenbricht und damit auch in Hamburg ein Arbeiter- und Soldatenrat die Macht übernimmt. Nun weht kurzzeitig die rote Fahne auf dem Rathaus, doch die Sozialdemokratie ist längst gespalten. Die SPD, die während des Krieges die Politik des „Burgfriedens" mit der kaiserlichen Regierung betrieben hat, bekommt 1917 eine radikale Tochter: die USPD (Unabhängige Sozialdemokratische Partei Deutschlands), aus der an der Jahreswende 1918/19 die KPD hervorgehen

Otto Stolten (1853–1928)

In mancherlei Hinsicht ist Otto Stolten geradezu das Idealbild eines Sozialdemokraten. Aus kleinen Verhältnissen stammend, lernt er nach nur kurzem Schulbesuch den Schlosserberuf, wendet sich in den Gesellenjahren der SPD zu und zeichnet sich durch ungeheuren Bildungshunger aus – typisch für eine Zeit, in der Arbeiterkindern höhere Schulbildung versagt bleibt. Stolten wird Redakteur der Bürger-zeitung und des Hamburger Echos, gehört bald zu den führenden Köpfen der SPD und schafft es 1901, im Wahlkreis Hammerbrook als erster Sozialdemokrat in die Bürgerschaft gewählt zu werden – trotz des die Reichen geradezu absurd bevorzugenden Wahlrechts. Der Bürgerschaft gehört er durchgehend bis 1927 an, ab 1913 zusätzlich als Nachfolger August Bebels in dessen Hamburger Wahlkreis dem Reichstag, was damals möglich und nicht unüblich ist. Als die SPD 1919 in Hamburg die Mehrheit gewinnt, verzichtet er auf den Posten des Ersten Bürgermeisters und begnügt sich mit dem Amt des Zweiten – die Zeit sei noch nicht reif, die alten Eliten sollten nicht verschreckt werden, meint Stolten. Er stirbt 1928, von Zehntausenden betrauert. Noch zu seinen Lebzeiten wird die Bürgermeister-Stolten-Medaille gestiftet, bis heute die höchste Hamburger Auszeichnung nach der Ehrenbürgerwürde.

wird. Doch die Mehrheit der Hamburger Arbeiter hält treu zur „alten" SPD, die sich bald durchsetzen kann und auf ein Parlament setzt, statt wie in Russland „alle Macht den Räten" zu geben. Am 16. März 1919 wird die neue Bürgerschaft gewählt – das erste demokratische Parlament in Hamburgs Geschichte. Alle ab 21 Jahren dürfen wählen, endlich auch Frauen. Die SPD gewinnt die absolute Mehrheit mit 50,5 Prozent, die USPD kommt nur auf 8 Prozent. Stark schneidet die Deutsche Demokratische Partei (DDP), in der die Vereinigten Liberalen aufgehen, mit 20 Prozent ab. Und von den 160 Abgeordneten sind immerhin 17 Frauen. Eine von ihnen ist Helene Lange, eine Ikone der Frauenbewegung, die als Alterspräsidentin die erste Sitzung leitet.

Der Sieg der SPD hat auch damit zu tun, dass sie die einzige Partei im modernen Sinne ist, bestens organisiert und sehr diszipliniert. Alle anderen sind Neugründungen ohne erfahrenen „Apparat". Und gerade viele Konservative haben eine Abneigung gegen solche Parteien und hängen dem Alt-Hamburger Ideal nach, wonach Bürger sich für die Allgemeinheit engagieren und ihrem Menschenverstand folgen und nicht einem Parteiprogramm. Die alte Elite hat verloren – und gehört doch zu den Gewinnern. Denn die SPD will trotz Mehrheit keineswegs durchregieren, sie hat fast panische Angst, die alte Elite zu verschrecken, und glaubt, ohne die Hilfe des Geldadels und des konservativen Beamtentums zu scheitern. Und so verzichtet die Partei auch auf den Posten des Ersten Bürgermeisters und bestätigt den Parteilosen Werner von Melle im Amt, der vor allem als einer der Väter der erst jetzt endlich gegründeten Universität in Ham-

Die Universität Hamburg wird am 10. Mai 1919 eröffnet. Das Gebäude für das „Allgemeine Vorlesungswesen" wird schon in den Jahren 1909 bis 1911 erbaut. Foto um 1930

burgs Geschichte eingeht. Obwohl die SPD zwölf Jahre lang stärkste Kraft im Parlament bleibt, wird erst 1930 mit Rudolf Roß ein Sozialdemokrat Erster Bürgermeister. Die alte undemokratische Bürgerschaft beweist indes bei ihrer letzten Sitzung im März 1919 noch einmal, wes Geistes Kind sie ist: Eine Universität brauche man nicht, und auch die Einführung der schwarz-rot-goldenen Flagge lehnt sie ab. Nicht etwa aus politischen Gründen, aber Stoff sei doch gerade knapp und viel zu teuer …

Hamburg in der Weimarer Republik:
Chaotische Jahre und kurze Blüte

Die ersten Nachkriegsjahre sind bitter. Viele Hamburger hungern, und im Juni des ersten Friedensjahres kommt es zu den berühmt-berüchtigten Sülzeunruhen: Als vor einer Fleischerei ein Fass mit verfaulten Kadavern gefunden wird, die eigentlich für die Leimproduktion gedacht sind, glaubt die Menge, dass diese in der Sülze verarbeitet werden, und stürmt den Betrieb. Der Besitzer wird in die Alster geworfen und überlebt nur knapp, während die wütende Menge andere Fleischfabriken stürmt und tatsächlich üble Missstände vorfindet. Die ganze Stadt ist in Aufruhr, über Jahre angestauter Ärger bricht sich Bahn. Am Ende gibt es 80 Tote, auch weil kaisertreue Freiwilligenkorps wahllos Arbeiter aus den Wohnungen zerren, misshandeln und umbringen.

Der Frust über die harten Bedingungen des Versailler Friedensvertrages sitzt tief; Hamburg ist wegen der Auslieferung weiter Teile der Handelsflotte besonders betroffen (siehe „Handel über alles"). Konservative, Rechte und Kommunisten können mit der Demokratie nichts anfangen und bekämpfen sie von Beginn an. 1920 versuchen die Rechten mit dem „Kapp-Putsch" den Umsturz, der daran scheitert, dass der Hamburger Gewerkschaftsboss Carl Legien einen Generalstreik organisieren kann. Im Oktober 1923, während der Hyperinflation, kommt es zum kommunistischen „Hamburger Aufstand". Die KPD um Ernst Thälmann stürmt in Hamburg Polizeiwachen und blockiert Bahnstrecken – dieses Fanal soll zu

Aufständen in ganz Deutschland und dann Mitteleuropa führen und die Weltrevolution auslösen. Etwas zu groß gedacht: Der Aufstand wird blutig und schnell niedergeschlagen, es gibt mindestens 100 Tote und 300 Verletzte.

Wie angespannt das politische Klima ist, zeigt sich auch an einem eher banalen Vorfall aus dem Jahr 1921, als eine Segeljolle auf der Alster von Nationalkonservativen angegriffen und zum Kentern gebracht wird – weil sie auf den Namen

Protest gegen die „Heilsche Sülze" auf dem Rathausmarkt im Juni 1919. Auslöser ist der Verdacht, dass verfaulte Kadaver zu Sülze verarbeitet würden.

Carl Legien (1861–1920)

Er ist ein verschlossener, zu Rohheiten neigender, alkoholkranker Mensch, der aber durch ungeheuren Fleiß, Mut und Beharrlichkeit zu den ganz Großen der Arbeiterbewegung gehört. Legien, in Westpreußen geboren, kommt mit sechs Jahren ins Waisenhaus, wird früh Drechsler, lernt auf Wanderschaft den Hunger kennen und kommt nach der Militärzeit schließlich nach Hamburg, wo er sich der jungen Gewerkschaftsbewegung anschließt. Aus kleinsten

Anfängen und trotz immer neuer Rückschläge schafft es Legien, eine deutschlandweite Organisation der Drechsler und schließlich die Generalkommission der Gewerkschaften – ein Vorläufer des DGB – mit Sitz in Hamburg unter seinem Vorsitz aufzubauen. Legien ist Sozialist, aber Pragmatiker, dem konkrete Verbesserungen am wichtigsten sind. Er schließt 1918 mit dem Arbeitgebervertreter Hugo Stinnes ein Abkommen, das Tarifverträge, Betriebsräte und den Achtstundentag vorsieht – jahrzehnte-

lang haben die Arbeiter dafür gekämpft. Seine größte Stunde aber schlägt wohl im März 1920, als Militärs um Wolfgang Kapp gegen die demokratische Regierung putschen. Während Minister schon aus Berlin fliehen, organisiert er den Generalstreik, an dem sich auch die bürgerlichen Beamten beteiligen; der Putsch bricht zusammen. Carl Legien stirbt wenige Monate später in Berlin. Er wurde geachtet und respektiert – aber kaum geliebt.

Cutaway und Smoking trügen, und sich in der American Bar träfen, wo Cocktails bestellt würden. Sie nennt auch „Jumper", so werden Damenblusen genannt – woraus wir lernen, dass manche Anglizismen auch wieder verschwinden können.

Mit dem Ende der Inflationsprobleme 1924 beginnt eine nur fünfjährige Phase der Stabilität; diese Zeit ist gemeint, wenn von den „Goldenen Zwanzigern" die Rede ist. Die politischen Verhältnisse sind stabil – SPD und DDP behalten eine Mehrheit –, und jetzt ist auch etwas Geld da für die vielen Reformprojekte in den Bereichen Schule, Wohnungsbau und Verkehr. Dann ändert die weltweite Wirtschaftskrise ab 1929 alles. Kommunisten und Nationalsozialisten erstarken mit der Massenarbeitslosigkeit, 1932 wird die NSDAP knapp stärkste Fraktion in der Bürgerschaft.

Im Verlauf der Hyperinflation von 1923 kommt es zum „Hamburger Aufstand" der Kommunistischen Partei, der die Weltrevolution auslösen soll, aber schnell und blutig niedergeschlagen wird. Barrikaden in Barmbek

„Loving Smile" getauft ist, der Sprache der britischen Kriegsgegner. Als die DNVP (Deutschnationale Volkspartei) in der Bürgerschaft Verständnis äußert und gegen Anglizismen wettert, muss sie sich von Frieda Riedel (DDP) anhören, dass auch bei DNVP-Veranstaltungen Foxtrott getanzt werde, die Herren

1933:
*Problemlose Einnahme der
„Roten Festung"*

Als Adolf Hitler am 30. Januar 1933 zum Reichskanzler ernannt wird, rechnet er mit gewaltigen Schwierigkeiten, vor allem in Berlin und Hamburg, die als „Rote Festungen" gelten. Doch zum einen sind die

Ernst Thälmann (1886–1944)

Er ist der Sohn eines Knechts und Kleinhökers aus Eilbek und arbeitet schon als Zehnjähriger im Hafen, wo er den Großen Streik 1896/97 miterlebt. Seit 1903 SPD-Mitglied, schließt er sich nach seinem Fronteinsatz 1918 der USPD und bald der KPD an, deren Hamburger Vorsitzender er wird. Thälmann ist ein

Radikaler und Mitorganisator des „Hamburger Aufstands" 1923, der die Revolution bringen soll, aber kläglich und blutig scheitert. 1925 steigt Thälmann zum deutschen KPD-Vorsitzenden auf und bringt die Partei auf Stalins Kurs. Wegen dessen These vom „Sozialfaschismus" erklärt Thälmann die SPD zum größten Feind und ist so an der Zersetzung der Weimarer Republik

von links und rechts entscheidend beteiligt. 1933 verhaftet die Gestapo Thälmann, foltert ihn (unter anderem mit einer Nilpferdpeitsche), lässt den geplanten Schauprozess wegen der dünnen Beweislage für einen Umsturzversuch aber platzen. Thälmann bleibt in Einzelhaft und wird im August 1944, wahrscheinlich auf Befehl Hitlers, erschossen.

Roten gespalten (die KPD bekämpft
jahrelang auf Weisung Stalins die
SPD als Hauptfeind und paktiert
manchmal sogar mit den Schläger-
trupps der Nazis), zum anderen gibt
es wenig Lust am Aufstand. Und so
gelingt die braune Machtübernahme
fast völlig problemlos. Auf Druck
des neuen Reichsinnenministers
Wilhelm Frick treten zuerst die
sozialdemokratischen, ein paar Tage
später auch die bürgerlichen Senatoren zurück. Am 8. März wird ein
neuer Senat gewählt, mit sechs
Nationalsozialisten und einigen
anderen Rechten. Drei Monate später
tritt die Bürgerschaft zum letzten Mal
zusammen – Parlamente („Quatsch-
buden") werden nicht mehr gebraucht. Die Macht liegt jetzt beim

NSDAP-Gauleiter Karl Kaufmann,
dem „Reichsstatthalter" und
fanatischen Nazi; Bürgermeister Carl
Vincent Krogmann, ein devoter
Diener der Faschisten, fungiert als
bürgerliches Feigenblatt. Es gibt bald
Massenverhaftungen, Juden, Kommunisten und Sozialdemokraten
werden aus dem Beamtenapparat ent-
fernt; das Gefängnis Fuhlsbüttel und
die Gestapo-Zentrale an der Stadt-
hausbrücke werden Synonyme für
Willkür und Terror.

Nach 1945 hält sich lange die
Legende, Hamburg sei eine vergleichsweise liberale Stadt geblieben,
es sei alles nicht so grausam gewesen
wie anderenorts und Kaufmann habe
oft Schlimmeres verhindert – alles
Unsinn. Natürlich gibt es auch in

Hamburger
Studenten in SA-
Uniform verbrennen
am 15. Mai 1933 am
Kaiser-Friedrich-Ufer
Bücher der von den
Nazis verfemten
Autoren.

53

Adolf Hitler spricht am 29. März 1938 auf dem Balkon des Hamburger Rathauses vor Zehntausenden. Ganz links im Bild Reichsstatthalter Karl Kaufmann.

Hamburg aufrechte Menschen, die das Regime ablehnen und den Opfern helfen. Aber die große Masse besteht wie überall aus überzeugten Nazis und Mitläufern. Kaufmann ist brutal und korrupt, der Naziterror wütet auch in Hamburg ungebremst. Er selbst ergreift die Initiative und bittet Berlin darum, Hamburg „judenfrei" machen zu dürfen. Rund 5000 werden deportiert und ermordet, vieles geschieht in aller Öffentlichkeit: Auf dem Sammelplatz auf der Moorweide neben der Universität harren viele tagelang im Freien und für jeden sichtbar aus, bevor sie zum Hannoverschen Bahnhof gebracht und in die Vernichtungslager transportiert werden.

1938 wird das Konzentrationslager Neuengamme eingerichtet, dessen Insassen als Zwangsarbeiter in der eigenen Ziegelei und in Rüstungsbetrieben eingesetzt werden. Nach den verheerenden Bombenangriffen im Sommer 1943 müssen KZ-Häftlinge die verwesenden Leichen aus den Trümmern bergen und zum Ohlsdorfer Friedhof schaffen. Rund 50 000 der 100 000 bis 1945 in Neuengamme Inhaftierten sterben.

Nach 1945:
Demokratischer Neuanfang

Nur neun Monate nach der kampflosen Übergabe Hamburgs an die britischen Truppen am 3. Mai 1945 tagt im Februar 1946 erstmals wieder eine Bürgerschaft. Die Mitglieder sind nicht gewählt, sondern von den Briten ernannt. Viele Befugnisse haben sie nicht, aber sie bereiten die ersten Wahlen für den 13. Oktober 1946 vor. Aus denen geht die SPD mit 43 Prozent als Sieger hervor (CDU: 26, FDP: 18, KPD: 10 Prozent). Weil aber die Briten ein fast reines Mehrheitswahlrecht durchsetzen, profitiert die SPD ganz unverhältnismäßig und besetzt 83 der 110 Mandate.

Diesmal verzichtet die Partei nicht auf den Bürgermeisterposten und wählt einen alten Bekannten: Max Brauer, der bis 1933 Bürgermeister in Altona gewesen und dann

Hamburg kapituliert: Generalmajor Alwin Wolz „übergibt" dem britischen Generalmajor Douglas Spurling die Stadt am 3. Mai 1945 vor dem Rathaus.

in die USA geflohen ist. Er beruft unter anderem seine Parteikollegin Paula Karpinski als erste Frau in ein deutsches Landeskabinett und nimmt auch drei Freidemokraten und sogar einen Kommunisten in den Senat auf.

Es ist auch wirklich nicht die Zeit für parteitaktische Egoismen – zu gewaltig sind die Aufgaben. Brauer benennt die Prioritäten: Bekämpfung von „Hunger, Wohnungsnot und Kälte". Höhepunkt der Krise ist der extrem kalte Winter 1946/47, der viele Tote fordert. Zigtausende hausen in

Schreberhütten, Behelfswohnungen aus Wellblech („Nissenhütten"); wer eine intakte Wohnung hat, muss andere aufnehmen. Geheizt werden kann nur selten, Kohlen sind Mangelware. Das betrifft auch öffentliche Einrichtungen wie die Hamburger Theater, die sich für Direkthilfe aus dem Ruhrpott später mit Theateraufführungen in Recklinghausen bedanken (siehe „Hamburgs Theatergeschichte"). Erst nach der Währungsreform 1948 und der Einführung der Deutschen Mark wird es – langsam – besser.

Max Brauer (1887–1973)

In eine kinderreiche, arme Arbeiterfamilie in Ottensen geboren, verlässt Max Brauer mit 14 Jahren die Schule, um Glasbläser zu lernen. Von ungeheurem Wissensdurst getrieben, bildet sich der junge Arbeiter autodidaktisch fort. Er wird SPD-Mitglied, Gewerkschafter und arbeitet für eine Genossenschaft, wird 1916 nach einer Kriegsverwundung Stadtverordneter, Zweiter Bürgermeister und 1924 schließlich Oberbürgermeister in

Altona. Gemeinsam mit Baudezernent Gustav Oelsner gestaltet er die Stadt nach modernen Maßstäben, viele Parks und Sozialbauten entstehen. 1933 flieht Brauer vor den Nazis, lebt in Paris und China und emigriert 1936 in die USA. 1946 kehrt er zurück, gibt seine US-Staatsbürgerschaft auf und wird nach den Wahlen im Oktober Erster Bürgermeister Hamburgs. Der schnelle Wiederaufbau der zerstörten Stadt ist untrennbar mit seinem Namen verbunden. Angeblich lässt er als erste Amtshandlung Fenster-

scheiben in die Straßenbahnen einbauen, um den Bürgern zu vermitteln, dass es wieder bergauf gehe. 1953 abgewählt, kehrt er nach dem Wahlsieg 1957 auf seinen Posten zurück, den er 1960 absprachegemäß, aber zögernd an Paul Nevermann weitergibt. Brauer geht in den Bundestag, kämpft gegen die Atombewaffnung der Bundeswehr, wird von den Hamburger Genossen nicht wieder aufgestellt und zieht sich verbittert zurück. Der Ehrenbürger stirbt 85-jährig nach längerer Krankheit.

Kulissen einer
Geisterstadt: Große
Teile Hamburgs sind
durch die Bomben-
angriffe der Alliierten
nach der „Operation
Gomorrha" vom
Juli / August 1943
dem Erdboden
gleichgemacht. Das
Bild zeigt die Umge-
bung der Schule
Von-Essen-Straße in
Barmbek.

Die Währungsreform
vom 20. Juni 1948:
Die Reichsmark wird
ungültig, die D-Mark
kommt. Die Ham-
burger drängen sich,
um ihre 40 DM „Kopf-
geld" zu erhalten.

Auch bei den Wahlen im Oktober 1949 werden noch 72 der nun 120 Bürgerschaftsmandate im Mehrheitswahlrecht vergeben; das sichert der SPD trotz nur 42,8 Prozent der Stimmen die absolute Mehrheit. Die bürgerliche Opposition hat sich zu einem „Vaterstädtischen Bund" mit CDU, FDP und DKP zusammengeschlossen. DKP? Nein, nicht die Partei der Kommunisten – die gründet sich erst 1968. Das Kürzel steht für Deutsche Konservative Partei. Weil aber die DP (Deutsche Partei) nicht mitmacht, reicht es nicht zum Sieg.

1953 sieht das anders aus, jetzt treten die Konservativen geschlossen im „Hamburg-Block" an. Und obwohl die SPD mit 45,2 Prozent ihr bestes Nachkriegsergebnis erzielt, muss sie erstmals in die Opposition. Es wird ein kurzes Intermezzo. Bürgermeister Kurt Sieveking (CDU) genießt zwar hohes Ansehen, doch viele Senatoren geben ein eher schlechtes Bild ab. Das Klima in der Bürgerschaft ist aber von Respekt geprägt; hitzige Auseinandersetzungen, persönliche Angriffe und polemische Attacken gibt es kaum – alle sind auch wegen der bitteren Erfahrungen aus der Weimarer Republik bemüht, die Gemeinsamkeiten der Demokraten zu betonen, und geben sich in der Regel hanseatisch-pragmatisch.

Die Stadt bleibt jahrzehntelang sozialdemokratisch

Die Wahlen 1957, auf dem Höhepunkt des wirtschaftlichen Aufschwungs, werden zum Triumph für die SPD. Obwohl jetzt erstmals ein reines Verhältniswahlrecht gilt, erringt sie mit

53,9 Prozent der Stimmen die absolute Mehrheit und wählt Max Brauer erneut zum Senatschef. Die Bürgerschaft mit der CDU und FDP als Opposition ist ein Drei-Parteien-Parlament, das wird sich erst 1982 mit den Grünen ändern. Auch unter den Bürgermeistern Paul Nevermann (ab 1960) und Herbert Weichmann (ab 1965) behält die SPD die absolute Mehrheit.

Die Studentenunruhen ab 1967 verändern mittelfristig auch die Hamburger Politik entscheidend. Im Massengedächtnis bleibt aber keine Straßenschlacht, sondern eine gewitzte Aktion der Studenten Detlev Albers und Gert Hinnerk Behlmer. Bei

Bei der Bürgerschaftswahl 1953 gewinnt der aus CDU, FDP, DP (Deutsche Partei) und BHE (Bund der Heimatvertriebenen und Entrechteten) bestehende „Hamburg-Block" 62 der 120 Mandate. Bürgermeister wird Kurt Sieveking (CDU).

Die Studenten Detlev Albers (links) und Gert Hinnerk Behlmer demonstrieren beim Rektorenwechsel an der Universität Hamburg am 9. November 1967 gegen den „Muff von 1000 Jahren", eine der Kernparolen der deutschen Studentenbewegung der 1960er-Jahre.

der feierlichen und sehr altbackenen Amtsübergabe an den neuen Universitätsrektor Werner Ehrlicher am 9. November 1967 ziehen die ganz brav in Anzug und Krawatte vor den Professoren ins Audimax marschierenden Studenten ein Spruchband aus der Tasche. Den Text „Unter den Talaren Muff von 1000 Jahren" können die Professoren zunächst nicht sehen, dafür haben die Fotografen beste Sicht. Mit der Aktion wollen die beiden Studenten auf die verkrusteten Strukturen und die völlig mangelhafte Aufarbeitung der NS-Vergangenheit („Tausendjähriges Reich") aufmerksam machen. Wie um sie zu bestätigen, ruft ihnen ein Ordinarius zu: „Sie gehören ins Konzentrationslager."

Zwei Jahre später verabschiedet die Bürgerschaft das bundesweit erste Hochschulreformgesetz, und die massenhaft in die SPD eintretende Jugend verändert die Partei. Bis in die 2000er-Jahre werden in der traditionell konservativen Hamburger Partei teils erbitterte Flügelkämpfe mit den Linken toben. Einige finden eine neue politische Heimat in der Grün-Alternativen Liste (GAL), die es 1978 erstmals ins Parlament schafft und dessen Bild radikal verändert – nicht nur wegen der Strickpullis und Latzhosen. 1986 tritt sie mit einer reinen Frauenliste an und macht deutlich, wie männerdominiert die anderen Parteien noch immer sind. Lange haften bleibt auch die Aktion der Grünen 1991, als die Fraktion geschlossen in Frack und Zylinder erscheint, während es von der Besuchertribüne Geldscheine regnet – es ist der Höhepunkt des sogenannten Diätenskandals. SPD, CDU und FDP hatten sich satte Erhöhungen und eine völlig überdimensionierte Altersversorgung genehmigt. Das muss später wieder zurückgezogen werden.

CDU-Comeback mit Rechtspopulisten und direkte Demokratie

1997 kommen die Grünen, bei denen die „Realpolitiker" langsam die Mehrheit gegenüber den „Fundamentalisten" erobern, erstmals in die Regierung, doch nach vier Jahren wird das rot-grüne Bündnis abgewählt. Dass 2001 mit Ole von Beust nach 44 Jahren ein Christdemokrat Bürgermeister wird, verdankt er einem von Beginn an umstrittenen Bündnis mit einem politischen Newcomer: Ronald Schill. Der – wie man später erfährt: stinkfaule – Amtsrichter lässt sich gern „Richter Gnadenlos" nennen und ist berühmt für seine zum Teil absurd harten Urteile, die meist in der nächsten Instanz wieder kassiert werden. Er gründet die „Partei Rechtsstaatlicher Offensive", setzt voll auf Law and Order und hat gigantischen Erfolg: Aus dem Nichts erreicht seine Partei 19,4 Prozent. Schill wird Innensenator und sorgt im Sommer 2003 für den wohl größten Politskandal der Hamburger Nachkriegsgeschichte, als er von Beust wegen dessen Homosexualität erpressen will und entlassen wird. Es zeigt sich, dass den Wählern die sexuelle Orientierung von Politikern längst egal ist – die CDU holt bei der Neuwahl 2004 die absolute Mehrheit. Erst als von Beust aufhört und sein Nachfolger Christoph Ahlhaus sehr unglücklich agiert, kehrt die SPD 2011 mit Olaf Scholz an die Macht zurück. Da hat sich mit der Linken eine neue politische Kraft etabliert, und bald gibt es mit der AfD auch eine rechte Partei in der Bürgerschaft.

Stark verändert wird die Politik aber nicht von einer Partei, sondern von einem kleinen Verein: „Mehr Demokratie" heißt er und nutzt die 1996 eingeführten und auf seinen Druck hin mehrfach erweiterten Möglichkeiten für Volksentscheide klug aus. Auch das Wahlrecht wird vom Volk so geändert, dass die Hamburger bei Bürgerschaftswahlen nun zehn Stimmen haben und sie und nicht mehr die Parteilisten darüber entscheiden, wer ins Parlament einzieht. Weil das Volk eigentlich immer anders entscheidet, als der jeweilige Senat es möchte – etwa 2010 bei der Schulreform oder 2015 bei der Olympia-Bewerbung –, kommt der Senat mittlerweile den Volksinitiativen oft schon im Voraus so weit entgegen, dass keine Abstimmung mehr notwendig wird.

Hamburg hat sich für die Olympischen Sommerspiele 2024 beworben. Die Pläne sind weit fortgeschritten. Das Olympische Dorf und die wichtigsten Sportstätten sollen auf dem Kleinen Grasbrook im Hafen entstehen. Der Name für den neuen Stadtteil: Olympiacity. Die Politik hat die Rechnung jedoch ohne die Bürger gemacht. Diese stimmen 2015 mehrheitlich dagegen.

Handel über alles:

Die Kaufleute geben in Hamburgs Wirtschaft lange den Ton an – aber die Industrie hält mit

Es gibt ja die schöne Anekdote: Als Kaufmann Johann (John) Berenberg-Gossler, 1889 von Kaiser Wilhelm II. in den preußischen Adelsstand versetzt wird, kommentiert seine Schwester Susanne dies empört: „Aber John, unser guter Name!" Ja, ein Hamburger Kaufmann kann nicht mehr erhoben werden, er ist ja schließlich schon ganz oben. Dieses Selbstverständnis zeigt die dominante Stellung, die der im „Ehrbaren Kaufmann" und in der 1665 gegründeten Commerzdeputation – seit 1867 „Handelskammer" – vertretene Kaufmannsstand gesellschaftlich, politisch und natürlich auch wirtschaftlich in der Stadt hat. Dabei spielen schon früh neben den Handwerkern und Fischern auch größere Produktionsbetriebe eine wichtige Rolle: die vielen Brauer, Tuchhersteller, Zuckersieder und ab dem 19. Jahrhundert die Industrie – die allerdings lange einen schweren Stand hat.

Bescheidene Anfänge:
Im Schatten von Haithabu und Bardowick

Die Sache mit der Hamburger Wirtschaftsgeschichte wäre ein bisschen einfacher, wenn Handelsregister und Statistisches Landesamt 1000 Jahre früher gegründet worden wären. Aber die Ur-Hamburger hatten einfach keinen Sinn für Bürokratie ... So bleibt für die Frühzeit nur die philosophische Erkenntnis: Wir wissen, dass wir nichts wissen. Was ja aber nicht an Mutmaßungen hindert. Auf jeden Fall ist das Wirtschaftsleben im frühen Hamburg eines: bescheiden. Da gibt es keine schwerreichen Kaufleute, keine großen Märkte, keine hochspezialisierten Handwerker, keine durchorganisierten Produktionsstätten. Selbst Geld ist für den Handel keine Selbstverständlichkeit – die meisten Güter werden wohl noch getauscht. So etwas wie Ökonomie auch im nur halbwegs modernen Sinne existiert ohnehin nicht. Inflation, der Zusammenhang von Angebot und Nachfrage, Produktionskosten – all dies ist den Menschen nicht klar und spielt kaum eine Rolle. Ohnehin sind die meisten zumindest zum Teil Selbstversorger, allein vom Handel kann wohl keiner leben. Auch die Hamburger haben Gemüsegärten, fangen Fisch und treiben ihr Vieh auf die nahen Marschinseln Grimm und Cremon. Die Bauern des Umlands sind in erster Linie Selbstversorger und verkaufen oder tauschen Überschüsse, wenn es sie denn gibt.

Ein bedeutendes Handelszentrum ist Hamburg im 9. und 10. Jahrhundert jedenfalls nicht. Die gibt es aber in relativer Nähe: im Norden Haithabu nahe Schleswig, wo sogar arabische Kaufleute verkehren, und

Ehrbarer Kaufmann

1517, als die Hanse fast schon bedeutungslos geworden ist, gründen Hamburger Kaufleute den „Gemeinen Kaufmann", ein achtköpfiges Gremium, das sich um Ehrengerichtsbarkeit, Organisatorisches und die 1558 gegründete Börse kümmert. Ende des 16. Jahrhunderts wird als Versammlung der seehandelnden Kaufleute der „Ehrbare Kaufmann" als Nachfolger gegründet und bekommt schnell politischen Einfluss, etwa indem er Mitglieder in die Admiralität entsendet. 1665 folgt die Gründung der Commerzdeputation, die seit 1867 Handelskammer heißt und deren Mitglieder von den Ehrbaren Kaufleuten gewählt werden. Von den Nazis zurückgedrängt und schließlich auf-

gelöst, besteht die „Versammlung Eines Ehrbaren Kaufmanns zu Hamburg" seit 1954 als Verein wieder. Alljährlich zu Silvester wird zur Jahresschlussansprache geladen, bei der der Handelskammerpräses traditionell die Arbeit des Senats beurteilt – der Bürgermeister ist anwesend, darf aber nicht erwidern. Neben diesen Strukturen ist der Ehrbare Kaufmann auch ein Leitbild für unternehmerisches Handeln: „Ein Ehrbarer Kaufmann ist davon überzeugt, dass sein Handeln ethischen Ansprüchen genügen muss, um erfolgreich zu sein. Diese beziehen sich sowohl auf kaufmännische Tugenden als auch auf ein Verantwortungsbewusstsein für die Rahmenbedingungen seines Wirtschaftens." Ob alle diesen Ansprüchen genügen, steht auf einem anderen Blatt.

Bündnisvertrag der Hansestädte mit den Königen von Schweden und Norwegen gegen den dänischen König Waldemar II. von 1361.

im Südosten Bardowick, das von den Kaisern gefördert und schnell sehr wohlhabend wird. Güter aus beiden Orten dürften auch in Hamburg gelandet sein. Nahe Haithabu führt der alte Ochsenweg vorbei, eine Nord-Süd-Handelsstraße, die in Wedel und später in Hamburg endet. Bardowick wiederum ist theoretisch über Elbe und Ilmenau leicht zu erreichen. Aber: Das sind eben nur Mutmaßungen.

Gesichert ist, dass sich das archaische Wirtschaftsleben ändert, als im 11. Jahrhundert eine ganz andere Dynamik entsteht. Wegen günstiger klimatischer Verhältnisse steigt die Bevölkerungszahl in Mitteleuropa stark an. Neu erschlossene Silbererzvorkommen, etwa im Harz, sorgen dafür, dass viel mehr Geld in den Umlauf kommt. Erst dies ermöglicht weitgehendere Arbeitsteilung und Spezialisierung – neue Handwerksberufe entstehen. Die Bauern aus dem Umland spezialisieren sich ebenfalls und können durch bessere Anbaumethoden und Geräte höhere Bodenerträge erreichen, die der Ernährung der Stadtbevölkerung dienen, die wiederum kaum noch selbst Nahrung produziert. Im Hochmittelalter liefern die Bauern, vor allem aus den Vier- und Marschlanden und dem Alten Land, dann Milch und Fleisch, Gemüse und Obst, während Getreide über die Elbe aus Brandenburg nach Hamburg kommt. Bedeutend ist in diesem Zusammenhang das Hamburger „Stapelrecht". Es besagt, dass alle Schiffe in Hamburg stoppen und die Waren zum Verkauf anbieten müssen – das stärkt nicht nur den Handelsplatz, sondern sichert auch die Getreideversorgung der Bevölkerung.

Dank der Hanse wird Hamburg Boomtown und Bierhauptstadt

So richtig dynamisch nach vorne geht es im 13. Jahrhundert, als sich Hamburg eng an Lübeck anlehnt und beide zum Kern der Hanse werden. Entstanden ist diese aus der Kooperation einzelner Kaufleute, die sich zusammentun, um besser gegen Räuber und Piraten geschützt zu sein und als Gemeinschaft Handelsprivilegien zu erhalten. Die Hanse wird dann zu einem eher lockeren Städtebund, der zur Not aber auch Kriege führt, um Monopole und Handelsvorteile zu sichern. 1230 geht Hamburg eine Währungsunion mit Lübeck ein – die Hamburg-Lübische Mark wird zu einem sicheren und anerkannten Zahlungsmittel. Hamburg mit seinem Elbzugang zum Atlantik wird das „Tor zum Westen", die Händler sind vor allem in Friesland, den Niederlanden und England aktiv – in Brügge und London gibt es feste Handelsstützpunkte der Hanse, ebenso im norwegischen Bergen und in Nowgorod, die für Hamburg aber keine große Rolle spielen. Exportiert werden vor allem Waren aus dem Ostseeraum: Holz, Honig, Felle, während Textilien zu den Importgütern gehören.

Bald entwickelt Hamburg einen eigenen Exportschlager: Bier. Es entstehen Hunderte Brauhäuser in der Hansestadt – im 15. Jahrhundert mehr als 500. Hauptabnehmer sind die Niederlande. Das Hamburger Bier gilt als besonders gut, und vor allem ist es lange haltbar, weil Hopfen beige-

mischt wird – das war zuvor unüblich. Hamburg entsendet in viele
Städte eigene Vertreter, die sich nur
um die Förderung des Bierverkaufs
kümmern, und beschäftigt zwei
Biertester, ohne deren Einwilligung
kein Fass die Stadt verlassen darf.
Daran erkennt man, wie wichtig Bier
als Wirtschaftsgut ist. Und mal so
nebenbei: In Bayern gibt es lange
wenig und wenn, dann furchtbares
Bier. Sie müssen das Handwerk erst
in Norddeutschland, vor allem in Ein-
beck, lernen, auch wenn sie heute so
tun, als hätten sie's erfunden.

Hamburgs Wirtschaft wird
„modern" – auch durch Flüchtlinge

Ab dem 13. Jahrhundert ist Nord-
italien wirtschaftlich das Maß aller
Dinge. Hier werden die kaufmännische „doppelte Buchführung" entwickelt und der Wechsel eingeführt,

hier entstehen die ersten europäischen Banken. Das Wort Bank ist
übrigens ein „Re-Import". Mit den
germanischen Eroberern aus der
Völkerwanderungszeit – unter
anderem den Langobarden, die an der
Elbe nahe Hamburg gesiedelt haben
und der Lombardei den Namen geben
– kommt das Wort Bank für eine
Sitzgelegenheit nach Italien. Die
Geldwechsler wiederum sitzen auf
den Plätzen der italienischen Städte
auf solchen Bänken und machen ihre
Geschäfte – so wird „banco" zum Synonym für Geldgeschäfte. Als dann
nördlich der Alpen Geldinstitute
gegründet werden, heißen sie nach
italienischem Vorbild „Banken", und
„Lombarde" wird zum Synonym für
Pfandleiher und Geldgeschäfte aller
Art. Ein Leihhaus an Hamburgs
späterer Stadtbefestigung zwischen
Binnen- und Außenalster wird allgemein Lombard genannt – und gibt

Die Börse (links)
neben dem alten
Rathaus: Die
Tuchhändler haben
das 1577 bis 1588
errichtete Gebäude
gestiftet. Das Gemälde
von Elias Galli (wahr-
scheinlich aus dem
Jahr 1682) befindet
sich im Museum für
Hamburgische
Geschichte.

der Brücke bis heute ihren Namen.
Die modernen Methoden aus Italien
werden bald im Norden übernommen, zuerst in Flandern, dann
auch in Hamburg, wenn auch
bisweilen arg spät. So bekommt die
Hansestadt erst 1558 eine Börse – etwa
150 Jahre nach Brügge und 100 Jahre
nach Antwerpen.

Dass Hamburg trotz des schon im
15. Jahrhundert einsetzenden Nieder-
gangs der Hanse seine Stellung nicht
nur halten, sondern ausbauen kann,
hat viel mit der Aufnahme von
Flüchtlingen zu tun. Niederländische
Calvinisten und Mennoniten sowie
spanische und portugiesische Juden
kommen im 16. und 17. Jahrhundert
nach Hamburg und Altona und
bringen sehr viel Geld, Wissen und
Handelskontakte mit. Dank den
Niederländern entstehen neue
Produktionszweige, vor allem Zu-
ckersiedereien und Textilgewerbe –
Straßennamen wie Große Bleichen
oder Caffamacherreihe erinnern
heute noch daran (Caffa ist ein samt-
ähnliches Gewebe).

Die sephardischen Juden – so
nennt man Juden von der iberischen
Halbinsel, im Gegensatz zu den kon-
tinentaleuropäischen „Aschkenasim"
– bringen neben Zucker auch Kaffee,
Kakao, Tabak und Gewürze aus den
Kolonien der spanischen Weltmacht
nach Hamburg. Juden und Niederländer sind mit ihrem Geld und
Wissen auch entscheidend an der
Gründung der Hamburger Bank 1619
beteiligt. Mit der „Mark Banco" entsteht eine neue Verrechnungseinheit,
die gestützt durch städtischen Silber-
vorrat ein Hort der Stabilität wird.
Als Zahlungsmittel gibt es nun die
„Mark Courant". Eine stabile

Währung ist alles andere als selbstverständlich. Gerade viele Fürsten
greifen in Zeiten von Finanz-
problemen – also oft – zum Mittel der
Münzverschlechterung und reduzieren den Silbergehalt. Das bringt
ihnen kurzfristig Geld und mittelfristig Inflation und Wirtschaftskrise.
Sie tun es dennoch immer wieder.
Nicht so Hamburg.

Von Meistern und Böhnhasen:
Handwerk und Gewerbe

Viele Branchen bleiben lange dem
Althergebrachten verpflichtet. Wie
fast überall ist das Handwerk struk-
turkonservativ. Die Meister haben es
sich ja auch schön eingerichtet. Sie
sind in Zünften – in Hamburg heißen
sie Ämter – organisiert, teilen den
Markt unter sich auf, arbeiten zu fest-
gelegten Preisen und begrenzen die
Zahl der Betriebe. Da der Zugang erb-
lich ist, gibt es für Außenstehende
nur die Chance, einzuheiraten oder
ein Leben lang als Geselle zu arbeiten.
Wie jede Regel wird auch diese
umgangen. Zum einen gibt es viele
„Böhnhasen": So werden Handwerker
genannt, die im Stillen im Dach-
boden („Böhn") werkeln und ihre
Waren und Dienste halblegal, aber
billiger, anbieten. Trotz aller, auch ge-
waltsamen Versuche, diese „Schwarz-
arbeit" zu unterbinden, blüht das Geschäft. Konkurrenz kommt auch aus
Altona, wo Gewerbefreiheit gilt und
Zünfte keine Monopole bilden
können.

Nicht im Halb-, sondern ganz im
Illegalen steckt ein Gewerbe, das in
Hamburg seit dem Mittelalter weit
verbreitet ist: die Prostitution. Zunächst vor allem in der östlichen Alt-

stadt beheimatet, verlagert sich der Schwerpunkt später in die Neustadt und nach St. Pauli. Trotz aller mal mehr, mal weniger ernsthaft betriebenen Eindämmungsversuche gehen sehr viele Frauen dieser Beschäftigung nach, meist von der Armut getrieben. Letztlich wird es geduldet, schon aus Mangel an Möglichkeiten der Unterbindung. Selbst die Nationalsozialisten können das von ihnen ausgesprochene Verbot nicht durchsetzen – und bauen Sichtschutztore an der Herbertstraße. Denn was man nicht sieht, das gibt es ja auch nicht …

Zwischen Boom und Krise:
Bedeutendste Handelsstadt Europas

Klar, es gibt immer wieder Krisen – nicht umsonst hat dieses Buch ein Kapitel „Die leidgeprüfte Stadt". Die letzte große Pestwelle von 1712 bis 1714 etwa oder der Bankenkrach von 1763, ausgelöst durch eine preußische Währungsreform nach dem Siebenjährigen Krieg (1756–1763). Die Ursache liegt damals in windigen Geschäften und neuartigen Finanzprodukten Amsterdamer Banken, die vom Kriegsboom profitieren – meist abgewickelt über Hamburger Banken, die enge Beziehungen zu Berlin haben und nun dutzendfach bankrott gehen. Manche Volkswirte sehen erstaunliche Parallelen zu den Finanzkrisen des 21. Jahrhunderts.

Hamburg erholt sich davon aber erstaunlich schnell und wird gegen Ende des 18. Jahrhunderts die bedeutendste Handelsstadt Europas. Dazu trägt der Handel mit den jungen USA bei. Vor deren Unabhängigkeit 1776 hat es ein britisches Monopol gegeben. Jetzt

Der älteste jüdische Friedhof im Hamburger Raum an der Altonaer Königstraße ist mit seinen über 8000 Grabdenkmälern ein einzigartiges kulturhistorisches Zeugnis. Der 1611 angelegte Friedhof gilt als ältester portugiesisch-jüdischer Friedhof in Nordeuropa. Hier wurde auch Samson Heine, der Vater des Dichters begraben.

Das „Brandt'sche Säulenhaus" (Elbchaussee 186) plant der dänische Architekt Axel Bundsen 1817 im klassizistischen Stil für den in Hamburg, London und Russland tätigen Reeder Wilhelm Brandt.

können die Hamburger erstmals direkt mit Übersee handeln und die Waren ohne Zwischenhändler anlanden. Binnen weniger Jahre verdoppelt sich die Einfuhr von Zucker und Kaffee, bei Baumwolle verdrei- und bei Pfeffer vervierfacht sie sich sogar. Die Flotte der Hamburger Reeder wächst zwischen 1788 und 1799 von 159 auf 280 Schiffe, die Godeffroys, Slomans, Sievekings, Voghts machen fulminante Geschäfte – und einige beginnen, sich am Elbufer hochherrschaftliche Landhäuser zu bauen. Als die Briten 1799 im Zuge

der Napoleonischen Kriege Hamburgs Hafen blockieren, platzen viele mit kurzfristigen Wechseln finanzierte Geschäfte und die nächste Pleitewelle ist unaufhaltsam. Was aber nur ein Vorgeschmack ist, denn als die Franzosen 1806 Hamburg besetzen und jeglichen Handel mit Großbritannien untersagen, bricht das Wirtschaftsleben fast völlig zusammen. Als die Franzosen kurz vor ihrem Abzug 1814 auch noch die Staatsbank plündern, ist die Stadt am Abgrund. Abermals erholt sie sich erstaunlich schnell.

Hafenumschlag und Speicherstadt auf einem Foto von Strumper & Co., 1890. Die Speicherstadt wird zwischen 1883 und 1888 auf der Kehrwiederinsel errichtet, weitere Bauabschnitte folgen bis 1925/27.

Hamburg bleibt lange Zollausland und fremdelt mit der Industrie

Gewerbefreiheit und Zollunion sind die großen wirtschaftlichen Themen des 19. Jahrhunderts – doch Hamburg verweigert sich beidem. Die großen Handelshäuser lehnen einen Beitritt zum deutschen Zollgebiet ab, weil sie um den Hafenstandort fürchten. Auch als Hamburg 1871 dem Deutschen Reich beitritt, bleibt die Stadt Zollausland – erst die Schaffung des 1888 eröffneten Freihafens mit dem Bau der Speicherstadt löst das Problem. Nun können Waren im Hafen umgeladen und wieder ausgeführt werden, ohne dass Zölle erhoben werden.

Dass die Stadt so lange Zollausland ist, hat einen gewaltigen Nachteil: Als Industriestandort ist Hamburg kaum konkurrenzfähig. Denn die Industrie produziert zunächst vor allem für den deutschen Markt (für den Export sind die Produkte noch zu schlecht) und will natürlich keine Zölle zahlen, wenn die Waren Hamburger Gebiet verlassen. Das führt dazu, dass viele Hamburger Unternehmer nach Altona, Wandsbek oder Harburg abwandern.

Und auch mit der Gewerbefreiheit, die in Altona schon immer und in Preußen seit 1815 gilt, tut sich Hamburg schwer, weil die politisch einflussreichen Handwerker ihre alten Vorrechte nicht aufgeben wollen. Immerhin gibt es ab 1825 Ausnahmen: Für alle Neuerfindungen, für Wissenschaft und Kunst gibt es keinen Zunftzwang. Und für alles, „was die Zünfte nicht hinbekommen". Das ist zum Beispiel der Schiffbau, was für eine so große Hafenstadt eigentlich ziemlich peinlich ist. So gehört es für die Reeder noch lange zum guten Ton, neue Schiffe in Großbritannien zu bestellen. Und lange Zeit dominiert der Handel. Mitte des 19. Jahrhunderts ist Hamburg mit 162 Konsuln im Ausland vertreten, und von den 393 deutschen Übersee-Handelsniederlassungen sind 70 Prozent hansisch, also in der Regel bremisch oder hamburgisch.

Blütezeit der Reedereien im Kaiserreich

Das Kaiserreich bringt einen gewaltigen Aufschwung für Hamburg, es sind die goldenen Jahre für viele

Johan Cesar Godeffroy VI (1813–1885)

Kometenhafter Aufstieg, märchenhafter Reichtum, dramatischer Fall – dafür steht Johan Cesar Godeffroy VI, den Zeitgenossen den „Südseekönig" nennen. Er stammt aus einer Hugenottenfamilie, die im 17. Jahrhundert nach Hamburg geflohen ist. Aus bescheidenen Anfängen baut er Hamburgs größtes Handelshaus; Schwerpunkt der Aktivitäten ist zunächst die Karibik, dann die Südsee, wo Godeffroy auf Dutzenden Inseln, wie Tonga und Samoa, den Warenverkehr kontrolliert und riesige Plantagen errichtet. Godeffroy ist so gar nicht der hanseatische Kaufmann, der seinen Reichtum nicht zeigt, sondern er hält eher Hof und macht sein Haus zum Zentrum der Gesellschaft. 1861 gründet der Lebemann ein naturkundliches Museum am Wandrahm und beauftragt auch selbst Forscher, die für ihn in aller Welt unterwegs sind (darunter die Autodidaktin Amalie Dietrich, nach Maria Sibylla Merian die bedeutendste Naturforscherin und Forschungsreisende Deutschlands). Warum sein Handelshaus plötzlich unterging, ist nie so recht geklärt worden, 1879 ist er zahlungsunfähig, alle Rettungsbemühungen scheitern. Kurz vor seinem Tod 1885 gefragt, ob er es nicht bereue, so viel Geld ausgegeben zu haben, sagt er: „Nein, überhaupt nicht."

Reedereien. Da gibt es illustre Gestalten wie den „Südseekönig" Johan Cesar Godeffroy VI, der durch Auswandererschiffe nach Südafrika und Australien sagenhaft reich wird und eigene Kokosplantagen betreibt. Er gründet ein Museum und beschäftigt Naturforscher, die Exponate heranschaffen, bevor er 1879 einen spektakulären Bankrott hinlegt.

Da ist die Laeisz-Reederei, die bis weit ins 20. Jahrhundert auf Segelschiffe setzt und die legendären „Flying-P-Liner" baut: sehr schnelle Vier- und Fünfmaster, die vor allem nach Südamerika unterwegs sind und deren Namen alle mit P beginnen, weil der Chef seine Frau liebevoll „Pudel" nennt. Eine Pudelskulptur ist heute noch am Reederei-Gebäude im Nikolaiquartier zu sehen.

Da sind die Slomans, 1791 aus England eingewandert, die als weltweit Erste dampfgetriebene Kühlschiffe einsetzen, um neuseeländisches Lamm frisch nach London zu bringen. Die von Robert Miles Slomans Vater 1793 in Hamburg gegründete, heute älteste deutsche Reederei hat ihren Sitz inzwischen in Bremen.

Da ist Adolph Woermann, der an vorderster Stelle Reichskanzler Otto von Bismarck dazu drängt, den afrikanischen Handelsniederlassungen „Schutz zu gewähren", also Kolonien zu gründen. Später verdient die Firma daran, Soldaten nach Namibia zu bringen, die dort die aufständischen Einheimischen massakrieren – der Völkermord an den Herero und den Nama. Des Betrugs bezichtigt, stirbt Woermann verbittert – für die Nachwelt personifiziert er die Schattenseiten der Hamburger Kolonialver-

Ferdinand Laeisz (1801–1887)

Reeder wird der aus vergleichsweise bescheidenen Verhältnissen stammende Ferdinand Laeisz eher aus Versehen. Er lernt Buchbinder und geht als Geselle auf die Walz, bei der er in Berlin die Hutmacherei erlernt. Zurück in Hamburg, stellt Laeisz Seidenhüte her, die er mit großem Erfolg vor allem nach Südamerika exportiert. 1840 bestellt er sein erstes Schiff, um Hüte aus- und Kaffee, Zucker, Kakao und Tabak einführen zu können. Treibende Kraft in der Reederei wird schnell sein Sohn Carl, der später die legendären, „Flying-P-Liner" genannten Segelschiffe bauen lässt. Ferdinand Laeisz engagiert sich zunehmend politisch in der Bürgerschaft und noch mehr im Sozialen. Er gründet Volksküchen und Volksbäder, ein Altenstift und einen Vorgängerverein der Gesellschaft zur Rettung Schiffbrüchiger. Er stirbt mit 86 Jahren als hochangesehener Bürger. Sohn Carl und dessen Frau Sophie (genannt „Pudel") stiften Hamburg die von Martin Haller und Emil Meerwein 1904 bis 1908 erbaute Musikhalle, die ihnen zu Ehren den Namen Laeiszhalle trägt.

Robert Miles Sloman (1783–1867)

In England geboren, kommt Robert Miles Sloman als Achtjähriger nach Hamburg, wo sein Vater William 1793 eine kleine Reederei gründet, die heute die älteste in Deutschland ist. Als er die Geschäfte übernimmt, expandiert das Unternehmen schnell. Sloman ist ein Modernisierer: Er ist der Erste, der mit Dampfschiffen Liniendienste nach Großbritannien und später in die USA einführt, er lässt das erste Trockendock in Deutschland bauen. 1859 ist seine Reederei mit 21 Schiffen die größte in Hamburg. Doch er macht nicht nur Geschäfte, sondern sitzt auch in der Bürgerschaft und ist Mitbegründer der Deutschen Gesellschaft zur Rettung Schiffbrüchiger. Kurz nach seinem 60. Hochzeitstag mit Gundalena stirbt er mit 83 Jahren und hinterlässt fünf Kinder – sein gleichnamiger Sohn führt die Reederei weiter. Sein Neffe, der Unternehmer und Bankier Henry Brarens Sloman, lässt 1922 bis 1924 das Chilehaus erbauen, das heute zum Unesco-Weltkulturerbe zählt.

gangenheit. Es ist die dunkle Seite des Booms, und an der Ausbeutung afrikanischer und pazifischer Völker verdienen viele Hamburger gut.

Im Gegensatz zu diesen familiengeführten Unternehmen verkörpert Albert Ballin den Typus des modernen Managers. Er tritt 1886 als Angestellter in die 1847 gegründete Hapag ein und revolutioniert das Passagiergeschäft. Mit immer größeren, schnelleren und luxuriöseren Dampfern wird die Hapag die Nummer eins im Transatlantikgeschäft und zu Beginn des 20. Jahrhunderts die größte Reederei

Das Fünfmast-Vollschiff „Preussen" gehört zu den „Flying-P-Linern" der Reederei F. Laeisz. Am 6. November 1910 strandet das größte und schnellste Segelschiff der Welt vor Dover.

Albert Ballin (1857–1918)

Er ist ein genialer Manager, macht die Hapag zur größten Reederei der Welt und wird doch als Jude und „nur" Angestellter von den Reedern und Kaufleuten nie recht akzeptiert. Schon mit 22 Jahren ist er Mitinhaber einer Auswandereragentur, die Passagen nach England und dann weiter in die USA vermittelt. Er regt die Belegung der Zwischendecks an – die Fahrt wird so konkurrenzlos billig. Ballin initiiert die Zusammenarbeit mehrerer Linien mit der Hapag, wo er Abteilungsleiter wird und sich durch perfektes Benehmen, hohe Sachkenntnis und neue Ideen auszeichnet: Er führt einen Schnelldampferdienst in die USA ein, erfindet die Kreuzfahrten, baut die Auswandererstadt für die auf die Weiterfahrt Wartenden und versorgt sie medizinisch, sodass die Zahl der wegen Krankheiten Zurückgeschickten rapide sinkt. Seit 1899 ist er Generaldirektor der Hapag, lässt immer größere Schiffe bauen (1913 baut die Hamburger Vulkan-Werft mit dem „Imperator" das größte Schiff der Welt) und schmiedet internationale Kartelle, um einen ruinösen Preiskampf zu verhindern. Der marinevernarrte Kaiser Wilhelm II. trifft sich oft mit Ballin, der aber vergeblich versucht, das deutsch-britische Wettrüsten zur See zu beenden. Weil er den U-Boot-Krieg ablehnt, fällt er in Ungnade. Als das Kaiserreich zusammen- und die Revolution ausbricht, stirbt Albert Ballin am 9. November 1918 an einer Überdosis Schlafmittel.

Unter der Leitung von Albert Ballin lässt die Hapag für die Nordatlantik-route drei Riesenschiffe bauen, den „Imperator" (1913), die „Vaterland" (1914) und die „Bismarck" (1914). Das Plakat von 1913/14 soll englischsprachige Passagiere werben.

der Welt. Für die Auswanderer schafft Ballin auf den Schiffen Zwischendecks, um mehr Menschen an Bord nehmen zu können. Die Unterbringung steht im krassen Gegensatz zum Luxus der Ersten Klasse, ist aber der eigentliche Gewinnbringer. Auf der Veddel lässt Ballin Auswandererhallen errichten, wo die auf die Ausreise Wartenden (viele aus Osteuropa) schlafen und essen können. Es gibt auch Kirchen und eine Synagoge, ein Bad, einen Musikpavillon – und strenge ärztliche Untersuchungen, um zu vermeiden, dass Auswanderer wegen Krankheiten wieder zurückgeschickt werden. Ballin ist zwar nicht alleiniger Erfinder der Kreuzfahrten, lässt aber als Erster eigene Schiffe dafür bauen und macht diese neue Form des Reisens zum gigantischen Erfolg.

Es ist auch die Zeit der prestigeträchtigen Wettkämpfe. Wer bekommt das „Blaue Band" für die schnellste Atlantik-Überquerung und wer hat das größte Schiff? In diesem Wettbewerb zwischen der Hapag, dem Bremer Lloyd und Cunard und der White Star Line aus Großbritannien hat die Hapag mehrfach die Nase vorn. 1906 mit der „Kaiserin Luise Auguste" und 1913 mit dem „Imperator" (auf Wunsch des Kaisers in männlicher Form) entstehen in Hamburg auf den längst konkurrenzfähigen Werften wie Blohm & Voss, Vulkan oder der Reiherstiegwerft die größten Schiffe der Welt.

Kehrseiten:
Das Proletariat und die Selbsthilfe

Dieser Glanz der kaiserzeitlichen Wirtschaft und der ungeheure Reichtum einiger weniger werden mit dem Elend vieler bezahlt. Weil es keinen Kündigungsschutz, keine Be-

Der „Imperator"
läuft 1913 zu seiner
Jungfernreise aus.
Das auf der Ham-
burger Vulkan-Werft
erbaute Schiff
ist das erste der
gigantischen
Passagierdampfer der
Reederei Hapag
und seinerzeit das
größte der Welt.

triebsräte und keine Tarifverträge gibt, gelten auf dem Arbeitsmarkt die rohen Gesetze von Angebot und Nachfrage. Als Folge entsteht ein Proletariat. Zwar gibt es seit 1840 erste Arbeitsschutzgesetze, die die Kinderarbeit einschränken und Höchstarbeitszeiten festlegen, auch erkämpfen die Arbeiter manche Erfolge, aber viele leben im Elend. Standesbewusstsein gibt es jedoch auch hier: Stolze Facharbeiter schauen verächtlich auf das „Lumpenproletariat" herab.

Hamburg wird nicht nur Hochburg der Sozialdemokratie, sondern auch Hauptstadt der Genossenschaften. Es werden eigene Betriebe gegründet, um die Arbeiter besserzustellen und ohne Gewinnstreben billigere Waren anzubieten. Vorreiter der Genossenschaftsbewegung und fast abgöttisch verehrt wird Adolf von Elm, der selber eine Zigarren-

Manufaktur gründet und zum Erfolg führt, obwohl zunächst kein Händler von der „roten" Genossenschaft Tabak kaufen will. Die Zigarrenmacher sind vor der Massenverbreitung der Zigaretten ein sehr wichtiger Wirtschaftszweig.

Das Ganze macht Schule. Bald gibt es genossenschaftliche Groß-Bäckereien, Fleischereien und vieles mehr. Und ab 1900 werden die Waren in eigenen Läden verkauft – der erste am Großneumarkt – und 1948 in Hohenfelde im ersten Supermarkt Deutschlands. Die Einzelhändler schäumen vor Wut, können den Siegeszug aber nicht verhindern. Im 1899 gegründeten „Konsum-, Bau-, und Sparverein Produktion" – kurz Pro genannt – fassen die Genossenschaftler alle Zweige zusammen und stellen bald fast alle Artikel des täglichen Bedarfs selbst her, bauen aber auch moderne Wohnungen. 1913 steigen die Genossen in den Versicherungsmarkt ein: mit der Volksfürsorge. Bis dahin verfällt jede Versicherung, wenn nur eine Prämie verspätet gezahlt wird – selbst Kapital-Lebensversicherungen. Für die Konzerne ein Riesengeschäft, für kleine Leute eine Katastrophe. Deshalb wird die Volksfürsorge schnell ungemein erfolgreich. (Detail am Rande: Als das Aufsichtsamt in Berlin die Gründung genehmigt, fordert der Chef des Verbands der Versicherer den zuständigen Beamten zum Duell, was der aber geflissentlich ignoriert.)

Die Weltkriege treffen Hamburg besonders schwer

Mit dem Kriegsausbruch 1914 bricht die Wirtschaft fast völlig zusammen. Die Beschlagnahmung deutscher Schiffe im Ausland und die britische Seeblockade führen zum Erliegen der Handelsschifffahrt. Die Werften leiden zwar unter Rohstoffknappheit, haben aber dank Bestellungen der Kriegsmarine volle Auftragsbücher. Nach der Niederlage 1918 haben die Reedereien ihr Kapital aufgebraucht,

ihr gesamter Auslandsbesitz wird konfisziert und sie verlieren laut den Bestimmungen des Versailler Friedensvertrages fast den gesamten Schiffsraum: Die deutsche Handelsflotte schrumpft von 5,4 Millionen BRT 1914 auf 317 000.

Für die Werften ist dieser Neubaubedarf ein Segen, und den Reedereien hilft der junge demokratische Staat mit einem gewaltigen Hilfsprogramm über 12 Milliarden Mark.

Insgesamt ist Hamburgs Lage aber bis 1924 katastrophal. 1919 herrscht blanke Hungersnot, die Spanische Grippe fordert viele Tausend Opfer unter der geschwächten Bevölkerung (siehe „Die leidgeprüfte Stadt"). Als sich die Lebensmittelversorgung gebessert hat, vernichtet die Hyperinflation von 1923 die gesamten Ersparnisse. Und weil es weltweit jetzt zu viel Schiffsraum gibt, schlingern die Werften in die Krise. Es folgen wenige Jahre allgemeinen Aufschwungs, bis die Weltwirtschaftskrise 1929 alles zunichtemacht.

Auch vom Anziehen der Konjunktur nach der Machtübernahme der Nationalsozialisten 1933, die aller-

Auf dem Höhepunkt der Inflation im Herbst 1923 lässt die Reichsbank diese 100-Billionen-Mark-Banknote drucken. Die 100 000 Milliarden sind dennoch fast nichts wert.

So sieht der
Hamburger Hafen
kurz nach Ende des
Zweiten Weltkriegs
aus. Die meisten
Hafenbecken und
-anlagen sind
zerstört. Der
Wiederaufbau geht
dann aber dank vieler
günstiger Umstände
schneller als gedacht.

Alfred Beit (1853–1906)

Es ist wahrscheinlich eine der unwahrscheinlichsten Karrieren des 19. Jahrhunderts, denn Alfred Beit ist wenig in die Wiege gelegt. Zwar gibt es viel Reichtum in seiner weit verzweigten sephardisch-jüdischen Verwandtschaft – sein Onkel, der Chemiker Ferdinand Beit, gründet 1846 zusammen mit Johan Cesar Godeffroy VI das Hamburger „Elbkupferwerk", Vorläufer der heutigen Aurubis AG –, aber nicht in Alfred Beits Teil der Familie. Er ist ein mäßiger Schüler, hat keine Leidenschaften und lässt keine Talente erkennen. Er lernt in einer Im- und Exportfirma und kommt in den Niederlanden mit dem Diamantengeschäft in Berührung. Als ihn die Firma 1875 nach Südafrika schickt, ändert sich sein Leben. In Kimberley sind Diamantenminen entdeckt worden und Beit wird reich, ohne selber zu schürfen: Er errichtet Häuser und vermietet sie, er zahlt als Aufkäufer die besten Preise für Diamanten, weil er Qualität und Wert erkennen kann. Bald spielt der kleine, zurückhaltende Hamburger im großen Monopoly mit und wird zu einem der reichsten Männer der Welt. Beit nimmt 1888 die britische Staatsbürgerschaft an, lebt in London und macht Geschäfte mit den Rothschilds und seinem Freund und Partner Cecil Rhodes, dem berüchtigten Imperialisten, nach dem später der Apartheidsstaat Rhodesien benannt wird. Beit ist ein großzügiger Mäzen: Sein Geld ist der Grundstock zur Gründung der Hamburger Universität, seine Stiftungen sind vor allem in Afrika tätig, wo er Schulen und Universitäten stiftet, Eisenbahnlinien bauen lässt und Armen das Studium ermöglicht. Beit stirbt kinderlos auf seinem Landsitz nördlich von London mit nur 53 Jahren.

---

dings mit massiver Verschuldung und den Kriegsplänen einhergeht, profitiert Hamburg nur verspätet. Hitler will Deutschland autark machen, darunter leidet die vom Welthandel abhängige Wirtschaft besonders. Noch bis 1937 ist Hamburg offiziell „Wirtschaftliches Notstandsgebiet". Mit Beginn des Zweiten Weltkriegs 1939 wird dann alles der Rüstung untergeordnet. Viele Hamburger Unternehmen spielen eine unrühmliche Rolle, beteiligen sich an der brutalen Ausbeutung der Menschen in den zunächst eroberten Ostgebieten und beschäftigen in Hamburg Zwangsarbeiter unter menschenunwürdigen Bedingungen. Die Werft Blohm & Voss etwa unterhält eine eigene Außenstelle des KZ Neuengamme mit extrem hoher Todesrate.

Die Stunde Null – und ein Grieche hilft

Als britische Truppen am 3. Mai 1945 einrücken, gehört Hamburg zu den am meisten zerstörten deutschen Städten (siehe „Die leidgeprüfte Stadt"). Auch der Hafen ist ein Trümmerfeld. Rohstoffe aller Art sind knapp und zunächst werden auch noch intakte Industrieanlagen demontiert. Das ändert sich mit dem sich zuspitzenden Ost-West-Konflikt: Die Westmächte wollen (West-) Deutschland nun integrieren, wirt-

---

Werner Otto (1909–2011)

In der brandenburgischen Provinz geboren, versucht sich Werner Otto nach einer kaufmännischen Ausbildung als Einzelhändler mit Zigarren und später Schuhen. Weil er Flugblätter verteilt, verurteilt ihn die Nazi-Justiz zu zwei Jahren Gefängnis, spät wird er eingezogen und erlebt das Kriegsende im Lazarett, bevor er in Hamburg einen Neuanfang startet: mit einem Versandhandel für Schuhe. Daraus entsteht der weltweit operierende Otto-Konzern. Außerdem gründet er die ECE, die einer der weltweit größten Betreiber von Einkaufszentren wird, und eine Immobiliengruppe in Kanada. Seine Söhne Michael und Alexander übernehmen das Versandhaus beziehungsweise die ECE. Werner Otto, der fünf Kinder aus drei Ehen hat, ist ein typisches Beispiel für den sozial engagierten Nachkriegsunternehmer. Er gründet mehrere soziale, kulturelle und wissenschaftliche Stiftungen und erhält zahlreiche Auszeichnungen und Ehrungen. Er stirbt mit 102 Jahren in Berlin.

schaftlich aufbauen und gegen den
Kommunismus in Stellung bringen.
Ein für ganz Westeuropa geltendes,
milliardenschweres Aufbau-
programm – der Marshall-Plan –, die
Einführung der D-Mark und die
Gründung der Bundesrepublik legen
den Grundstein für die wirtschaftliche Erholung. Es ist weniger
die Politik des zur Legende er-
hobenen Wirtschaftsministers
Ludwig Erhard, sondern vielmehr der
1950 wegen des Koreakrieges ein-

setzende Boom, der das „Wirtschaftswunder" befeuert. Außerdem verzichten die Westmächte weitgehend
auf Reparationen und erlassen
Deutschland Schulden in
Milliardenhöhe.

Für Hamburg spielt eine ganz
andere schillernde Figur eine wichtige
Rolle: der griechische Tankerkönig
Aristoteles Onassis, der später wegen
seiner Beziehungen mit Maria Callas
und Jackie Kennedy Liebling der internationalen Klatschpresse werden

---

Aristoteles Onassis (1906–1975)

Der in Izmir geborene Grieche ist der
Inbegriff des Selfmade-Milliardärs
und Playboys. Als 16-Jähriger flüchtet
er vor den Türken nach Argentinien,
macht mit Tabakhandel Geld und
exportiert Rinderhäute (die weg-
geworfen wurden) nach Europa – in
solchen Mengen, dass er bald sein

erstes Schiff kauft. Onassis handelt
oft gegen den Trend, setzt früh auf Öl-
tanker und wird im Zweiten Weltkrieg
mit seiner Flotte zum Multimillionär.
Nach dem Krieg nutzt er das brach-
liegende Know-how in Deutschland,
heuert Seeleute an und bestellt in
großem Stil bei den Werften in
Bremen und Hamburg, denen er damit wieder ins Geschäft verhilft – er

ist einer der entscheidenden Helfer
beim „Wirtschaftswunder". Der
Milliardär, der zeitweise 900 Schiffe
besitzt, wird wegen seiner Affären
zum Liebling der Boulevardpresse. Er
hat eine Liaison mit Maria Callas und
heiratet 1968 die Kennedy-Witwe Jackie. Onassis stirbt 1975 überraschend
an einer Lungenentzündung.

wird. Er ist es, der die ersten großen Aufträge an die Hamburger Werften erteilt und den Wiederaufstieg dieser Branche einleitet.

Indes ist es der Wirtschaftssenator Karl Schiller, der Hamburg neue Wege weist. Weil die Stadt wegen des „Eisernen Vorhangs" ihr klassisches mittel- und osteuropäisches Hinterland verloren hat, erkennt er, dass Hamburg nicht mehr nur auf den Hafen setzen dürfe, und leitet eine Förder- und Ansiedlungspolitik für – oft mittelgroße – Industriebetriebe ein. Dies ist die Grundlage für den Branchenmix, der Hamburg über Jahrzehnte erfolgreich macht. Neben dem Hafen und „Riesen" wie Airbus und Lufthansa Technik (Hamburg ist drittgrößter Luftfahrtstandort der Welt), dem Otto-Versand, Beiersdorf oder der Kupferhütte „Norddeutsche Affinerie" (heute Aurubis) stellt der Mittelstand eine tragende Säule dar. Dazu kommen Banken, Versicherungen, Handelsunternehmen und die seit den 1990er-Jahren wachsende Gesundheitsbranche, die Hamburg relativ krisenunabhängig machen. Und auch wenn der Zusammenbruch des Ostblocks 1989/90 dem Hafen viele Boom-Jahre beschert, hat dieser heute längst nicht mehr die dominierende Rolle, die er über Jahrhunderte gehabt hat.

Erste Landung des A380, des größten Passagierflugzeugs der Welt, auf dem Airbus-Gelände in Finkenwerder. Auf dem Werksflugplatz starten neben den dort endmontierten Maschinen nur Flugzeuge zur hauseigenen Versorgung, wie der Airbus Beluga, sowie Verkehrsflugzeuge, die Werksangehörige von und nach Toulouse bringen.

Die leidgeprüfte Stadt:
Katastrophen verändern Hamburg

Seuchen, Brände, Fluten, Kriege – immer wieder erlebt Hamburg auch Katastrophen. Und häufig fürchten die Einwohner dann, dass es sehr lange dauern würde, bis die Stadt sich erholt. Doch werden sie immer eines Besseren belehrt. Es ist erstaunlich, welche Widerstands- und Aufbaukräfte die Hamburger entwickeln können, wenn es sie hart getroffen hat. Und meistens werden die Stadtväter auch klug aus den Schäden: Nach dem Großen Feuer 1842 wird der Brandschutz endlich ernst genommen; nach der Cholera-Epidemie 1892 werden Slums abgerissen und die Trinkwasserversorgung verbessert, nach der Flut 1962 die Deiche modernisiert.

Tausende von Juden werden überall in Europa ermordet, weil man in ihnen die Schuldigen der Pest sieht. Auf dem Bild von Émile Schweitzer aus dem Jahr 1894 ist das Pogrom von Straßburg abgebildet, bei dem am 14. Februar 1394 zahlreiche jüdische Einwohner der Stadt umgebracht werden. In Hamburg leben damals noch keine Juden.

Die Pest: *Der schwarze Tod kommt in Hamburg an*

Jeder Tod ist eine Katastrophe. Ob Krankheit oder Unfall, wir empfinden jeden Verlust eines Lebens, das nicht mindestens 70 Jahre gewährt hat, als Tragödie, als etwas Unerwartetes, Vermeidbares. Um zu verstehen, was Mitte des 14. Jahrhunderts in Hamburg und ganz Europa passiert und wie die Menschen darauf reagieren, müssen wir das alles vergessen. Für den Hamburger im späten Mittelalter ist der Tod viel gegenwärtiger und viel selbstverständlicher. Schon die Kindersterblichkeit ist dramatisch hoch. Eltern, die „nur" jedes zweite Kind verlieren, dürfen sich glücklich schätzen. Niemand rechnet damit, 70 oder gar 80 Jahre alt zu werden, solch biblisches Alter erreichen nur sehr, sehr wenige.

Der Blickwinkel vieler ist ohnehin aufs Jenseits gerichtet. Der meist frühe Tod ist unabänderlich und offenbar Gottes Wille. Und was sind schon ein paar Jahrzehnte voller Mühsal und Ungerechtigkeiten gegen das ewige Leben im Himmelreich?

So lehrt es die Kirche und so denken auch fast alle Menschen im 14. Jahrhundert, das schon vor der Pest viele kleinere Katastrophen bereithält. Mehrere Hungersnöte gibt es in Europa, das unter einem Klimawandel mit niedrigeren Temperaturen und extremen Niederschlägen leidet: Immer häufiger gibt es Missernten, die die seit Jahrhunderten stetig anwachsende Bevölkerung treffen und schwächen. Ein Faktor, der zur extrem hohen Sterblichkeit beitragen wird.

Als in Hamburg 1350 die Pest ausbricht, geschieht dies nicht überraschend. Seit drei Jahren schon wütet die Seuche in Europa, die vermutlich von genuesischen Kaufleuten eingeschleppt worden ist. Langsam bewegt sie sich von Süden nach Norden und hat vor allem in den dicht bevölkerten Städten verheerende Folgen. Die ohnehin katastrophalen hygienischen Bedingungen tun ihr Übriges. Die Menschen stehen der Pandemie weitgehend hilflos gegenüber: Weder kennt man die Ursachen, noch gibt es

Nach einem Drehbuch von Fritz Lang entsteht 1919 der Stummfilm *Die Pest*, in dem eine Personifikation der Pest als eine Form des Totentanzes durch Florenz zieht. Die Darstellung zeigt Bezüge zu Arnold Böcklins Gemälde *Die Pest*, 1898, Kunstmuseum Basel.

In diesem Dekret vom 26. Oktober 1713 warnt der Senat die Bürger davor, allzu sorglos mit der Pest-Gefahr umzugehen – bei Zuwiderhandlung drohen empfindliche Strafen. Schon die Existenz der Verordnung zeigt, dass die Vorsichtsmaßnahmen von vielen missachtet werden. Das Wissen um die Krankheit ist allerdings kaum größer als 400 Jahre zuvor. Neue Theorien, etwa dass die Seuche eine Folge von „Miasmen" ist, also stinkender Luft oder krankmachender Ausdünstungen des Bodens, kommen immer wieder auf. Sie haben eines alle gemeinsam: Sie sind falsch.

Behandlungsmethoden. Oft dauert es nur wenige Stunden von den ersten Symptomen bis zum Tod.

Wie viele Hamburger der Seuche zum Opfer fallen, kann nur geschätzt werden. Von den etwa 10 000 Einwohnern sterben mindestens ein Drittel, wahrscheinlich mehr als die Hälfte. Die Reichen trifft es genauso wie die Armen. So geht aus den Stadtbüchern hervor, dass von den 21 Ratsherren des Jahres 1349 zwei Jahre später nur noch fünf am Leben sind – die meisten dürften Pestopfer gewesen sein. Gemessen an der Todesrate ist die Pest die mit Abstand größte Katastrophe in der Geschichte Hamburgs.

Die Begleiterscheinungen und Folgen der Seuche sind im ganzen Reich dramatisch. Viele noch Gesunde hören auf zu arbeiten und geben sich Ausschweifungen hin – in der sicheren Erwartung des Todes. Andere tun sich in „Geißlerzügen" zusammen und peitschen sich selbst öffentlich aus, um Gott zu besänftigen. Tausende Juden werden überall in Europa ermordet, weil man in ihnen die Schuldigen sieht – und

sich ihren Besitz aneignen beziehungsweise Schulden loswerden will. In Hamburg gibt es 1350 allerdings noch keine jüdische Gemeinde.

Der europaweite Tod so vieler Menschen hat große Umwälzungen zur Folge. Tausende Dörfer werden aufgegeben, die hohe Nachfrage nach Arbeitskräften führt zu Einwanderung und höheren Löhnen. Auch in Hamburg lockern die Handwerkszünfte ihre rigide Aufnahmepraxis und locken so Arbeitskräfte aus dem Umland an, in dem die Pest wegen der geringeren Bevölkerungsdichte weniger stark gewütet hat. Hamburg kann den Bevölkerungsverlust so relativ schnell zumindest teilweise wieder ausgleichen. Gleichzeitig wird die Gesellschaft etwas durchlässiger und es gibt bessere Aufstiegschancen für die vielen Neu-Hamburger.

Die Zeit der Pest ist aber keineswegs vorbei. Noch rund 150 Jahre lang gibt es fast alle zehn Jahre Pestausbrüche in Hamburg mit insgesamt Zehntausenden Opfern; das Ausmaß von 1350 wird aber nicht mehr erreicht. Das liegt auch an verbesserten Quarantänemaßnahmen, die man zu ergreifen gelernt hat – Erkrankte werden möglichst schnell isoliert und außerhalb der Stadt untergebracht.

Franzosentid:
Die Hälfte der Bevölkerung stirbt oder flieht

Siebeneinhalb Jahre lang ist Hamburg von französischen Truppen besetzt, drei Jahre lang ist die Stadt als „Hambourg" sogar offiziell Teil des französischen Kaiserreichs (Departement Nr. 125). Eine einzige Katastrophe sind diese Jahre sicherlich nicht – es gibt durchaus Positives –, wirtschaftlich leidet Hamburg aber enorm. Und am Ende ereignet sich ein Drama, das nach heutigen Maßstäben ein Kriegsverbrechen ist.

Die Besetzung beginnt 1806. Gerade hat Napoleon die preußischen Armeen vernichtend geschlagen und ist unumstrittener Herr über Kontinentaleuropa, nur Großbritannien leistet noch Widerstand. Napoleon will die Insel wirtschaftlich in die Knie zwingen – und bei diesem Plan spielt Hamburg eine entscheidende Rolle. „Kontinentalsperre" nennt der Kaiser seine Blockade gegen die Briten, mit denen jeglicher Handel verboten wird. Und weil Hamburg einer der wichtigsten Häfen ist, rücken am 19. November französische Truppen in Hamburg ein. Widerstand gibt es nicht: Schon zwei Jahre zuvor hat sich Hamburg für neutral erklärt und die Befestigungsanlagen einreißen lassen – wohlwissend, dass die Stadt gegen eine große moderne Armee ohnehin nicht zu verteidigen wäre. So verhindern die Stadtväter sinnloses Blutvergießen.

Viele Handelshäuser aber müssen in den nächsten Jahren ihren Bankrott erklären, die Wirtschaft liegt danieder. Außerdem müssen ja die fremden Truppen einquartiert und versorgt werden. Es gibt aber auch einen Modernisierungsschub, denn als Hamburg 1811 französisch wird, tritt auch der „Code Napoléon" in Kraft. Dieses hochmoderne Gesetzbuch, das in Teilen heute noch gilt, trennt Verwaltung und Justiz, es macht alle vor dem Gesetz gleich – auch die Juden, die bis dahin offen diskriminiert worden sind –, und es führt Geschworenengerichte ein.

Kontinentalsperre

Im November 1806, kurz nach dem Sieg über Preußen, verkündet Napoleon in Berlin die Kontinentalsperre. Damit ist ganz Europa jeglicher Handel mit Großbritannien verboten. Auf diese Weise will der Kaiser den damals einzig verbliebenen Feind in die Knie zwingen. Alle offiziellen Geschäfte mit den Briten kommen zum Erliegen, was Hamburg und Dutzende andere Hafenstädte hart trifft. Weil Frankreichs Marine den Seehandel aber nicht kontrollieren kann, blüht der Schmuggel, vor allem das von den Briten besetzte Helgoland wird plötzlich zum Handelsknotenpunkt mit britischen und Hamburger Händlern, die sogar Lagerhäuser auf der Insel erbauen lassen. Als die Russen den Handel mit Großbritannien wieder aufnehmen, marschiert Napoleon gen Moskau – der Anfang seines Endes. 1813 ist die Kontinentalsperre faktisch beendet. Einige Historiker sehen in ihr einen Ausgangspunkt der Industrialisierung in Deutschland, weil bisher importierte Waren nun selbst hergestellt werden müssen.

Am 18. März 1813 ziehen russische Truppen als umjubelte Befreier in Hamburg ein, nachdem die Franzosen wenige Tage zuvor abgezogen sind. Doch Oberst Karl-Friedrich von Tettenborn (1778–1845) betrachtet Hamburg offensichtlich als günstigen Standort, um sich persönlich zu bereichern und einen ausschweifenden Lebenswandel zu führen. Als die Franzosen erneut anrücken, nehmen der frisch ernannte Ehrenbürger und seine 1400 Kosaken feige Reißaus.

Dass dies im kollektiven Gedächtnis heute kaum eine Rolle spielt, liegt an den Ereignissen der Jahre 1813/14. Zunächst scheint das Glück auf Hamburgs Seite, denn am 12. März 1813 ziehen die Franzosen ab, um gegen Preußen und die Russen zu kämpfen. Und russische Truppen kommen als

Kosaken auf dem Jungfernstieg: Der Jubel kennt keine Grenzen, als am 18. März 1813 der russische Oberst von Tettenborn mit 1400 Kosaken in die Stadt einzieht. „Die Franzosenzeit ist zu Ende", rufen die Hamburger – und freuen sich zu früh. Das Schlimmste steht noch bevor, als die zurückgekehrten Franzosen Weihnachten 1813 alle Armen vor die Tore der Stadt treiben: Tausende sterben an Hunger und Kälte.

Marschall Louis-Nicolas Davout (1770–1823), Herzog von Auerstedt, Fürst von Eckmühl, Generalgouverneur während der Franzosenzeit. Er handelt ausschließlich nach militärischer Logik – ohne Rücksicht auf zivile Opfer. Nach der erneuten Besetzung Hamburgs im Mai 1813 lässt er die Stadt zur Festung ausbauen. 4000 Bürger werden dazu täglich zu Schanzarbeiten kommandiert.

bejubelte Befreier in die Stadt. Der befehlende General Tettenborn aber hat lediglich 1400 Mann, fordert von Hamburg Geld und die Ehrenbürgerwürde (beides bekommt er) und lässt es sich gutgehen. Dann rücken die Franzosen erneut an. Und was macht Tettenborn, der heldenhafte Ehrenbürger? Er nimmt Reißaus.

Nun beginnt die düstere Periode. Der Befehlshaber Marschall Davout, ein ebenso fähiger wie skrupelloser Militär, konfisziert den Staatsschatz und lässt Hunderte Häuser einreißen und die Bewohner vertreiben, um ein freies Schussfeld zu haben. Und als der Winter naht, muss jeder Hamburger nachweisen, ausreichend Lebensmittel für vier Monate zu haben – alle anderen müssen die Stadt verlassen. Rund 30 000 Menschen werden in den Weihnachtstagen des Jahres 1813 vor die Tore getrieben. Und trotz der großen Hilfsbereitschaft vor allem der Altonaer sterben Tausende vor Hunger und Kälte. Es folgen Monate der Belagerung durch alliierte Truppen. Fast alle europäischen Staaten haben sich mittlerweile gegen Napoleon verbündet. Erst Ende Mai 1814 räumen die Franzosen die

Am eiskalten Heilig-
abend 1813 beginnt
die Austreibung
der Armen aus der
Stadt. Die Heilige
Nacht verbringen die
Menschen in der
Petrikirche, die als
Sammelstelle dient.
Tausende Hamburger
– Alte, Kinder, Kranke
unter ihnen – werden
von Bewaffneten
bei Tagesanbruch aus
der Stadt getrieben.
Manche finden in
Altona Rettung, doch
viele sterben elendig.
Gemälde von
Siegfried Bendixen,
Petrikirche Hamburg

ausgehungerte Stadt, in der längst
Seuchen grassieren.

Durch Flucht und Tod hat sich die
Bevölkerungszahl halbiert. Auch
wegen des großes Hasses auf die
Franzosen werden alle Reformen
zurückgedreht, und die alte – und vor
allem hoffnungslos veraltete – Verfassung wird wieder in Kraft gesetzt.
Wirtschaftlich und demografisch
erholt sich die Stadt aber erstaunlich
rasch. 1814 haben nur noch etwa

45 000 Menschen in der Stadt gelebt,
1826 sind es bereits 122 000.

Der Große Brand:
Katastrophe und Chance zugleich

Die spannendste Variante der Ge-
schehnisse ab dem 5. Mai 1842 hat
sicherlich Boris Meyn geliefert. Der
Kunsthistoriker und Autor erzählt in
„Der Tote im Fleet" die Ereignisse um
Hamburgs großen Stadtbrand als

Am Morgen des 6. Mai 1842 steht bereits ein großer Teil des Nikolaiviertels in Flammen, am Abend ist die Nikolaikirche verloren. Heute markiert die Straße Brandsende diese Stelle. Gemälde „Brand der St. Nikolaikirche" aus dem Jahr 1842 von Hans Detlev Christian Martens

Verschwörung von Grundstücksspekulanten. Beweise dafür gibt es natürlich nicht; dass nach dem Feuer sehr lukrative Immobiliengeschäfte gemacht werden, stimmt allerdings.

Wenn binnen vier Tagen rund ein Drittel der Stadt niederbrennt, dann ist das Wort Katastrophe sicherlich angebracht. Und es erscheint fast wie ein Wunder, dass die Zahl der Opfer so gering bleibt: 51 Hamburger lassen ihr Leben. Aber gut 20 000 werden obdachlos. Und es wird Jahre dauern,

bis die Letzten die rasch eingerichteten Notquartiere verlassen können.

Das Feuer bricht an der Deichstraße aus und scheint zunächst keine große Sache zu sein. Doch obwohl es rasch bemerkt wird und die Feuerwehr schnell vor Ort ist, greifen die Flammen auf benachbarte Häuser über – begünstigt durch die Trockenheit der vergangenen Wochen und böige Winde. Das Feuer gerät völlig außer Kontrolle und erreicht

---

Salomon Heine (1767–1844)

Mit 16 kommt der Hannoveraner Salomon Heine mittellos nach Hamburg und lernt in einem Bankhaus. Er macht sich als Makler für Wechsel selbstständig und gründet mit einem Kompagnon 1797 eine Bank, die er bald allein übernimmt. Heine agiert überaus geschickt und wird schnell sehr reich. Berühmt ist Heine für sein Mäzenatentum und sein angespanntes Verhältnis zu seinem Neffen Heinrich Heine, dem er eine Bankausbildung bietet und eine Firma

überlässt, die der nur am Dichten Interessierte bald in den Bankrott führt. Der wütende Salomon hält die Neigungen seines hochbegabten Neffen für Unfug, unterstützt ihn aber immer wieder finanziell. Seinen herausragenden Ruf erwirbt sich Salomon Heine mit seiner fast schon sprichwörtlichen Hilfsbereitschaft. Vor allem rettet das Eintreten seiner Bank unmittelbar nach dem Großen Brand Kredit und Liquidität der Hamburger Kaufmannschaft. Er stiftet ein Krankenhaus, spendet für Schulen und Kirchen und hilft oft im Stillen.

Als ihm, der als Jude kein Hamburger Bürger werden darf, 1843 die Ehrenmitgliedschaft in der Patriotischen Gesellschaft angetragen wird, ist das die Anerkennung seiner Leistungen für Hamburg, aber auch ein Hinweis auf die veralteten Strukturen der Stadt. Heine stirbt bald darauf 77-jährig.

schnell das Nikolaiquartier; verzweifelt sprengt man das Rathaus (heute steht dort das Gebäude der Patriotischen Gesellschaft), doch die Flammen finden weiter Nahrung.

Der Bankier Salomon Heine lässt sogar sein Wohnhaus am Jungfernstieg sprengen, um dem Feuer Einhalt zu gebieten; später verzichtet er auf die Auszahlung der Versicherung, um den Zusammenbruch der Hamburger Feuerkasse zu verhindern, und hilft zahllosen Obdachlosen mit Spenden. Überhaupt schlägt jetzt seine Stunde: Während die Kaufmannschaft in Panik gerät und die Börse zu kollabieren droht, behält er die Ruhe, betont, dass seine Bank weiter Geld zu unveränderten Konditionen biete, und rettet so die Situation: „Was ist denn verloren? Ist die Elbe abgebrannt? Es ist doch nichts verloren, solange wir die Elbe noch haben", soll er gesagt haben. Dennoch akzeptieren die Kaufleute Heine nicht als ihresgleichen, als

Jude bleibt ihm das Bürgerrecht verwehrt.

Erst an der Alster (daher der Straßenname Brandsende) und am Gänsemarkt kann das Feuer endgültig gestoppt werden, am 8. Mai werden die letzten Flammen gelöscht. Die Nikolai- und die Petrikirche, das Rathaus und die Alte Börse haben nicht gerettet werden können – so wie insgesamt gut 1700 Häuser. Da ist es nur noch eine Randnotiz, dass die

Salomon Heine.
Gemälde von
Carl Gröger, 1822,
Altonaer Museum

Durch den Großen Brand wird 1842 ein Drittel des alten Hamburgs zerstört. Vier Tage lang wüten die Flammen, 1750 Häuser und 100 Speicher brennen nieder. Da ist es fast ein Wunder, dass „nur" 51 Menschen ums Leben kommen – aber 20 000 verlieren ihre Wohnung. Die kolorierte Lithografie von G.F. Wurzbach zeigt die brennenden Quartiere vom Wall bei der Lombardsbrücke aus gesehen.

Nach dem Großen Brand: Die unter Führung des Kommerzdeputierten Theodor Dill gerettete Neue Börse überragt wie ein Tempel das niedergebrannte Umfeld. Die Katharinenkirche (links) bleibt wie durch ein Wunder unversehrt. Gemälde von Jacob Genssler, 1842, Hamburger Kunsthalle

für den 7. Mai angesetzte große Feier zur Eröffnung von Hamburgs erster Eisenbahnlinie nach Bergedorf natürlich abgesagt wird. Ist dies ebenso wie der nun kommende rasche Ausbau des Schienennetzes schon ein Meilenstein auf dem Weg in die Moderne (siehe „Hamburgs Verkehrsgeschichte"), so sorgt auch das Feuer für einen Modernisierungs-schub. Statt der alten Häuser und verwinkelten schmalen Gassen entstehen nun moderne Bauten, die das Stadtbild bis heute prägen. Alexis de Chateauneuf plant die italienisch anmutenden Alsterarkaden und die Gestaltung des künftigen Rathausmarkts (auch wenn es 55 Jahre dauern wird, bis das neue Rathaus endlich fertig ist). Auch verschafft er mit Ge-

---

Alexis de Chateauneuf (1799–1853)

Seine Bauten kennt jeder Hamburger, denn mit den Alsterarkaden und der Alten Post prägen sie das Bild der Innenstadt bis heute. Der Sohn französischer Einwanderer eröffnet nach Zimmermannslehre, Studium und Reisen nach Italien und Griechenland ein Architekturbüro in Hamburg. Den mediterranen Einfluss erkennt man sofort an seinen Bauten. Alexis de Chateauneuf ist es aber auch, der dem unverputzten Backstein in Hamburg wieder Geltung verschafft, was zunächst hochumstritten ist. Entsprechend ist die Auftragslage lange enttäuschend, die fehlende Anerkennung setzt ihm zu. Er geht nach London, erlebt auch da viele Rückschläge und kehrt zurück. Erst mit der Brandkatastrophe 1842 ändert sich alles: Nun wird er Vorsitzender der Kommission für den Wiederaufbau und gestaltet gemeinsam mit Gottfried Semper und William Lindley die neue Stadt. Er entwirft den Berliner und den Bergedorfer Bahnhof, Post und Alsterarkaden und zahlreiche Bauten für die Wasserwerke. Nun erhält er Aufträge in Oslo, erkrankt dann aber an einem Nervenleiden. Zurück in Hamburg stirbt er nach einem Schlaganfall mit 54 Jahren.

William Lindley (1808–1900)

Was macht Hamburg mit einem Mann, der die erste Eisenbahn, die erste Kanalisation und das Gaswerk geplant hat? Man jagt ihn aus der Stadt. Es ist eine bis heute unfassbare Undankbarkeit, mit der Hamburg den großen britischen Ingenieur und Stadtplaner William Lindley behandelt hat. Als er 1860 Oberbaurat werden will, lehnt die Bürgerschaft das ab – und nimmt ihm die Aufsicht über die von ihm erbaute „Stadtwasserkunst" auf der Elbinsel Kaltehofe. Lindley, der aus London stammt, seit 1833 in Hamburg gewirkt hat und als der große Modernisierer in die Stadtgeschichte eingegangen ist – insbesondere nach dem Großen Brand von 1842 –, kehrt mit seiner Familie nach London zurück, plant die Kanalisationen in Dutzenden europäischen Städten und verlegt sein Büro dann nach Frankfurt am Main, wo seine Söhne das Geschäft übernehmen. 1879 zieht sich Lindley ins Privatleben zurück, lebt wieder in England und stirbt 91-jährig als einer der angesehensten Ingenieure des Kontinents.

bäuden wie der Alten Post dem Backstein in Hamburg neue Geltung. Die wichtigste Neuerung aber ist gar nicht zu sehen, denn Hamburg baut unter der Leitung von William Lindley die erste Kanalisation Kontinentaleuropas. In Rothenburgsort entsteht das Wasserwerk Kaltehofe, allerdings wird entgegen Lindleys Rat keine Filtration gebaut – ein folgenschwerer Fehler.

Und eine weitere technische Neuerung ist mit dem Feuer verbunden. Denn Hermann Biow macht während und kurz nach dem Brand die ersten Fotos der Stadt, oder genauer gesagt: Daguerreotypien. Von seinen 47 Bildern sind leider nur drei erhalten geblieben.

Die Cholera oder:
Das große Versagen

Im Mittelalter und der frühen Neuzeit sind Seuchen in Europas Städten eher Regel denn Ausnahme. Im Jahre 1892 ist ein großer Choleraausbruch aber in der zweitgrößten Stadt eines der reichsten und modernsten Länder der Welt nicht nur eine medizinische Katastrophe, sondern auch eine große Peinlichkeit. Hamburg verliert mehr als 8600 Menschenleben, seinen Ruf und fast sogar seine Eigenständigkeit, weil sich die Behörden als so offensichtlich unfähig erweisen.

Dabei geht es um eine grundsätzliche Frage: Was hat oberste Priorität? Die Gesundheit der Menschen oder die Aufrechterhaltung der Wirtschaft? Die Antwort damals lautet nicht Gesundheit. So ist die Epidemie von 1892 bis heute ein Lehrstück darüber, was passiert, wenn Politiker falsche Prioritäten setzen und wissenschaftliche Erkenntnisse ignorieren.

Der August 1892 ist besonders heiß. Dass im Hochsommer vermehrt Durchfallerkrankungen auftreten, ist nicht ungewöhnlich, das kommt jedes Jahr vor. Als am 15. August ein Kanalarbeiter namens Sahling mit solchen Symptomen ins Krankenhaus kommt und wenige Stunden später stirbt, diagnostiziert der Arzt Hugo Simon allerdings die „asiatische Cholera". Sein Vorgesetzter aber ignoriert das und lässt „Brechdurchfall" als Todesursache in den Totenschein eintragen. Doch die Zahl der Fälle nimmt in den nächsten Tagen dramatisch zu. Immer mehr Kranke, immer mehr Tote. Der Senat will die Sache „unter dem Deckel halten". Der zuständige Senator Gerhard Hachmann will von

William Lindley ist maßgeblich am Wiederaufbau Hamburgs nach dem Großen Brand beteiligt.

Wasserwagen versorgen während der Cholera-Epidemie 1892 die Hamburger mit Trinkwasser. Aus dem Umland wird tonnenweise frisches Wasser nach Hamburg gebracht.

Robert Koch (1843–1910), der berühmte Entdecker der Cholerabakterien, wird von der Reichsregierung nach Hamburg entsandt, weil die Behörden nicht mehr Herr der Lage sind. Als er die Elendsquarticrc sieht, ist er entsetzt: „Ich habe noch nie solche ungesunden Wohnungen, Pesthöhlen und Brutstätten für jeden Ansteckungskeim angetroffen, wie in den sogenannten Gängevierteln ...“

Cholera nichts wissen, der Seuchenausbruch soll verheimlicht werden. Das hat handfeste wirtschaftliche Gründe: Kein Schiff dürfte mehr den Hafen anlaufen oder verlassen, die Verluste wären gewaltig. Und die Reedereien machen Druck: Die Hapag droht sogar mit dem Umzug nach Bremen, sollte der Hafen geschlossen werden. So wird die letzte

Chance vertan, die Seuche einzudämmen.

Dass sich die Cholera fast ungehindert, vor allem in den Armenquartieren, verbreiten kann, liegt an den katastrophalen hygienischen Verhältnissen in den engen Gängevierteln, die man getrost als Slums bezeichnen kann. Vor allem über das verseuchte Wasser, das ungefiltert aus der Elbe in die Leitungen fließt (es gibt nur große Becken, in denen sich Schwebeteilchen absetzen können), verbreitet sich die Krankheit. Obwohl der britische Arzt John Snow schon Jahrzehnte zuvor nachgewiesen hat, dass sich die Cholera über das Trinkwasser verbreitet, ignorieren die Hamburger Behörden diese Tatsache; das sei ja nur eine Theorie.

Dabei braucht man nur nach Altona zu schauen, das damals noch eigenständig ist. Dort ist längst eine Wasserfiltration gebaut worden, während Hamburg die Kosten scheut. Und obwohl beide Städte nahtlos ineinander übergehen, gibt es in Altona kaum Krankheitsfälle. Hamburg aber bleibt untätig, bis es zu spät ist. Als immer mehr Menschen sterben, bricht Panik aus. Wer kann, verlässt die Stadt. Die Berliner Reichsregierung schickt den Bakteriologen Robert Koch nach Hamburg, der fassungslos über die Verhältnisse ist. Beim Anblick der Slums sagt er: „Ich vergesse, dass ich in Europa bin." Gegen alle Widerstände setzt er einschneidende Quarantäne-Maßnahmen durch. Vor allem soll mit Hunderttausenden Flugblättern die Bevölkerung informiert werden, dass Wasser unbedingt abgekocht werden muss. Dass mangels eigener Kapazitäten die verhassten, aber hervorragend organisierten Sozialdemokraten mit der Verteilung beauftragt werden müssen, schmerzt Senator Hachmann besonders.

Die Stadt steht nun völlig still, niemand darf rein oder raus. Hunderte Arbeiter schaufeln pausenlos Gräber auf dem Ohlsdorfer Friedhof, die Krankenhäuser errichten Notlazarette. Und die halbe Stadt ist volltrunken – denn es geht das Gerücht um, Alkohol schütze vor Ansteckung. Das hat seinen Ursprung wahrscheinlich in London, wo zuletzt 1854 die Cholera aus

Bekanntmachung.

Vor dem Genuß ungekochter Speisen, namentlich ungekochten Elb- und Leitungs-Wassers sowie ungekochter Milch wird dringend gewarnt.

Hamburg, den 1. September 1892.

Die Cholera-Commission des Senats.

gebrochen ist. Der schon erwähnte Arzt John Snow findet damals heraus, dass kein Arbeiter einer Brauerei mitten im Seuchengebiet erkrankt – sie alle trinken kein Wasser, sondern Bier, das sie fast umsonst bekommen. Natürlich schützt sie nicht das Bier, sondern der Verzicht auf das verseuchte Wasser.

Während die allgemeine Panik auch absurde Blüten treibt (viele weigern sich aus Angst vor Ansteckung, Briefe und sogar Telefonanrufe aus Hamburg anzunehmen), dauert es quälende zehn Wochen, bis Hamburg die Cholera endlich überwunden hat. Da haben viele Länder längst die Grenzen geschlossen, und Hamburgs Ruf ist weltweit gründlich

Auf Plakaten wird vor ungekochten Lebensmitteln gewarnt. Garküchen auf öffentlichen Plätzen geben Gratis-Mahlzeiten aus. Trotzdem sterben viele in den überfüllten Krankenhäusern ohne Beistand. Besuche sind verboten, und das überforderte Personal muss sich um diejenigen kümmern, die vielleicht noch zu retten sind.

Bernhard Nocht (1857–1945)

In Schlesien geboren, studiert Nocht Medizin in Berlin, wird Arzt bei der Kaiserlichen Marine und arbeitet in Berlin mit Robert Koch als Bakteriologe. 1892 wird Nocht nach Hamburg geschickt, um bei der Cholera-Epidemie die überforderten Hamburger Behörden zu beraten. Er fordert die Schaffung eines medizinischen Überwachungsdienstes für den Hafen und wird dann selbst als dessen Leiter eingestellt. Er setzt die Gründung eines Tropeninstituts durch und wird 1900 Gründungsdirektor und Chefarzt. Ab 1919 lehrt er auch als Professor an der neu gegründeten Universität und arbeitet für den Völkerbund in der Hygiene-Kommission. Die Stelle am Tropeninstitut gibt Nocht 1930 auf. Zur Wahrheit über den herausragenden Forscher und Arzt gehört auch, dass er 1933 das „Bekenntnis der deutschen Professoren zu Adolf Hitler" unterschreibt. An seinem 85. Geburtstag 1942 wird das Tropen- in Bernhard-Nocht-Institut umbenannt. Am 5. Juni 1945, einen Monat nach Kriegsende, nimmt er sich das Leben – weil er sich „dem Wiederaufbau nicht gewachsen" fühle, wie er in einem Abschiedsbrief schreibt.

ruiniert. In Berlin gibt es sogar Überlegungen, Hamburg die Eigenständigkeit zu nehmen und es zur preußischen Stadt zu machen, was aber bald nicht mehr verfolgt wird.

Immerhin: Der Senat hat seine Lektion gelernt und handelt entschlossen. Die Wasseraufbereitung wird nun zügig gebaut, die Gängeviertel werden nach und nach abgerissen, es gibt strenge Bau- und Hygienevorschriften, eine Müllverbrennungsanlage wird errichtet, ein Hygieneinstitut mit Bernhard Nocht an der Spitze gegründet. Erst jetzt wird Hamburg eine wirklich moderne Stadt.

Die Spanische Grippe:
Die vergessene Pandemie

Wen interessieren ein paar Tausend Krankheitsopfer, wenn über 30 000 Hamburger im Krieg gefallen sind? Wer will etwas von Quarantänemaßnahmen wissen, wenn gerade eine Revolution ausgebrochen ist? Wer soll sich um eine Grippe kümmern, wenn die halbe Stadt nicht genug zu essen hat? Obwohl die „Spanische Grippe" – die ihren tatsächlichen Ursprung in den USA hat und 1917 mit den US-Truppen Europa erreicht – bis 1920 mindestens so viele Menschenleben in Hamburg fordert wie die Cholera-Epidemie mit ihren über 8600 Toten, spielt sie im kollektiven Gedächtnis kaum eine Rolle. So sehr wird sie von anderen weltgeschichtlichen Ereignissen überlagert.

Die ersten Fälle treten im Sommer 1918 in Hamburg auf, dramatisch wird es aber erst ab November. Die deutschen Truppen sind nach mehr als vier Jahren Krieg geschlagen und müssen um Waffenstillstand bitten. Erst in Kiel, dann in Hamburg und Berlin meutern Matrosen, Soldaten und Arbeiter – die Revolution fegt das kaiserliche Regime hinweg. Wilhelm II. flüchtet in die Niederlande, über dem Hamburger Rathaus weht die Rote Fahne, es herrscht Chaos. Das Virus hat leichtes Spiel, auch weil große Teile der Bevölkerung seit Längerem mangelernährt sind und keine koordinierten Gegenmaßnahmen ergriffen werden.

Noch bis 1920 gibt es immer neue Wellen der Pandemie, die global weit mehr Menschenleben kostet als der gesamte Erste Weltkrieg. Moderne Untersuchungen gehen davon aus, dass weltweit mindestens 50 Millionen Menschen Opfer der Grippe werden.

Operation Gomorrha:
Der Bombenkrieg trifft Hamburg

Die Luftangriffe zwischen dem 24. Juli und 3. August 1943 treffen Hamburg wohlvorbereitet – und dennoch völlig überraschend. Dass Deutschlands zweitgrößte Stadt früher oder später Ziel eines großen Angriffs werden würde, ist den Nazi-Machthabern immer klar gewesen. Luftschutzübungen hat es schon seit Jahren gegeben, Dutzende Bunker sind gebaut, Flugabwehrkanonen in Stellung gebracht worden. Mehrere Jagdgeschwader stehen zur Verfügung, um die Angreifer weit vor der Stadtgrenze zu bekämpfen. Was dann aber binnen zehn Tagen über Hamburg hereinbricht, hat apokalyptische Ausmaße und trifft die Stadt weitgehend schutzlos.

Eilbek nach der „Operation Gomorrha" – eine apokalyptische Trümmerlandschaft, mehr als 90 Prozent der Häuser sind zerstört. In Hamm, Rothenburgsort, Barmbek und vielen anderen Stadtteilen sieht es genauso aus. Bei den bis dahin beispiellosen Angriffen im Sommer 1943 sterben schätzungsweise 34 000 Hamburger – doch der von den Briten erhoffte Aufstand gegen die Nazi-Diktatur bleibt aus.

Die Angriffe beginnen mit einer gelungenen Täuschung: Britische Flugzeuge werfen massenhaft Metallschnipsel ab und sorgen so für völlig falsche Anzeigen der deutschen Radarstationen. In der Folge fliegen die Bomberverbände unbehelligt von der Luftwaffe nach Hamburg. In immer neuen Wellen kommen die Angriffsverbände: Die Briten bombardieren nachts gezielt Wohnviertel, die Amerikaner oft auch tagsüber den Hafen und Industrieanlagen. Besonders heftig betroffen sind Altona, Eimsbüttel, St. Pauli, Eilbek und Barmbek – am verheerendsten aber ist die Wirkung in Hamm und Hammerbrook, wo der Feuersturm entfacht wird. Durch die enorme Hitze der Feuer und eine besondere Luftdruckkonstellation über der Stadt jagen die Flammen durch die Häuserschluchten und entziehen der

Luft fast den gesamten Sauerstoff. Wer nicht in den Flammen umkommt, erstickt in den Kellern, die zu Todesfallen werden.

Die Luftangriffe sind die bis dahin größten und verheerendsten der Geschichte und fordern mindestens 34 000 Todesopfer. Ganze Stadtteile werden komplett zerstört, Hunderttausende obdachlos. Wegen der

Der Feuersturm hinterlässt kaum mehr als Menschen erkennbare Leichen. „Bombenbrandschrumpfleichen" nennen die Bürokraten diese kaum fassbare Schrecklichkeit: Die Opfer sind bis auf die Hälfte ihrer Größe geschrumpft.

Im Frühjahr 1945 ist mehr als die Hälfte des Hamburger Wohnraums zerstört. Besonders die Stadtteile östlich der Alster wie Barmbek, Eilbek, Wandsbek bis nach Hammerbrook und Rothenburgsort sind Trümmerwüsten. Im Feuersturm nach der alliierten „Operation Gomorrha" vom Juli/August 1943 sind hier Tausende von Menschen umgekommen. Das Bild zeigt „Nissenhütten", Notwohnungen oft für mehrere Dutzend Menschen, hier in Hamburg-Eilbek.

Auch der Nahverkehr, wie hier am Nagelsweg in Hammerbrook, ist in weiten Teilen im wahrsten Sinne des Wortes zusammengebrochen. Gleiches gilt für Wasser- und Stromversorgung, die aber erstaunlich schnell wiederhergestellt wird.

Verzweifelte Menschen bahnen sich in Altona ihren Weg durch die Trümmer. Schwerer Brandgeruch liegt über **der Stadt.**

Seuchengefahr müssen die Opfer schnellstens geborgen und beerdigt werden – diese kaum adäquat zu beschreibende, grauenvolle Arbeit müssen Zwangsarbeiter aus dem KZ Neuengamme erledigen.

Für die Alliierten ist die „Operation Gomorrha" Erfolg und Misserfolg zugleich. Das zynische Kalkül, möglichst viele Zivilisten zu töten und die Lebensgrundlagen einer Großstadt zu zerstören, geht auf. Die Briten tun das, was die Deutschen vor allem 1940 und 1941 in Coventry und immer wieder in London versucht haben, und perfektionieren es. Die Hoffnung aber, dass sich die Überlebenden des Infernos vom Nazi-Regime abwenden würden, erfüllt sich nicht mal ansatzweise. Bis zum Mai 1945, als endlich Frieden ist, kommt es nirgends im Deutschen Reich zu Aufstandsbewegungen. Heute ist unbestritten, dass der Bombenkrieg gegen deutsche Städte nur wenig zur Beendigung des Krieges beigetragen hat. Der gleiche Einsatz gegen Industrie und Verkehrswege wäre wesentlich effektiver gewesen. Begonnen haben den Krieg gegen Zivilisten aber die Deutschen.

Die Flut:
Stunde der Bewährung

Die Rolle Helmut Schmidts als Krisenmanager und Organisationsgenie, der bei der Flutkatastrophe im Februar 1962 Schlimmeres verhindert, gehört in Hamburg zum Allgemeinwissen. Zumindest in Teilen ist sie allerdings eine Legende, die sich über die Jahrzehnte verselbstständigt hat. Nun

Mahnmal St. Nikolai

Sie ist eine offene Wunde im Stadtbild und deshalb als Mahnmal so beeindruckend: die Ruine der Hauptkirche St. Nikolai. Allerdings ist dies zunächst nur dem Pragmatismus geschuldet. Die bei den Bombenangriffen im Sommer 1943 zerstörte und in ihrer letzten Ausführung 1874 fertiggestellte neogotische Kirche, die bereits 1195 begründet wird, könnte man nach dem Krieg durchaus wiederaufbauen – die tragende Struktur des Hauptschiffs ist damals noch intakt. Da aber immer weniger Menschen in der Innenstadt leben, zieht die Nikolai-Gemeinde nach Harvestehude um, Teile der Ruine werden gesprengt. Nur Turm und Chor bleiben stehen. Pläne für eine Gedenkstätte werden verworfen, stattdessen soll die Ruine für sich wirken, bis sich 1987 der Verein „Rettet die Nikolaikirche" gründet. Mit Spenden wird der Bau gesichert und ein Veranstaltungsraum in der Krypta eingerichtet. Seit 2005 gibt es einen Panoramalift.

soll Schmidts Rolle nicht kleingeredet oder marginalisiert werden. Die Geschichte der Sturmflut, die 315 Hamburgern das Leben kostet, ist aber zuerst eine des behördlichen Versagens und schlechter Vorbereitung. Hamburg verfügt nur über völlig unzureichende Katastrophenpläne, hat die Pflege und Modernisierung der Deiche sträflich vernachlässigt und erste Warnungen in den Tagen und Stunden zuvor fahrlässigerweise nicht ernst genommen. Das wird vor allem im Vergleich zu Bremen deutlich, wo Feuerwehr, THW, Polizei und auch Bundeswehreinheiten sowie Truppen der Briten längst im Einsatz sind, als in Hamburg noch weitgehend Untätigkeit herrscht. So gehen die meisten Menschen in Wilhelmsburg oder Neuenfelde am 16. Februar, einem Freitag, einfach schlafen, ohne zu ahnen, dass wenige Stunden später die Flut über sie hereinbrechen wird. Denn im Radio ist zwar von Sturmflutwarnungen die Rede, aber nur für die Küste.

Sturmflut 1962: Mit einem Boot wird diese Hamburger Familie aus ihrem überfluteten Haus gerettet. Bereits in den Morgenstunden des 17. Februar ist es Bundeswehr-einheiten gelungen, in das Katastrophen-gebiet vorzudringen – doch für viele kommt die Hilfe zu spät.

Bundeswehrsoldaten suchen mit Schlauchbooten nach Überlebenden der großen Sturmflut vom 16. auf den 17. Februar 1962. Wie ein Rückhaltebecken ist die ganzjährig bewohnte Kleingartenkolonie am Niedergeorgswerder Deich im dichtbesiedelten Wilhelmsburg vollgelaufen.

Bereits kurz nach Mitternacht brechen die Deiche in Neuenfelde. Als wenig später das Wasser mit Urgewalt über den Wilhelmsburger Reiherstiegdeich strömt, ist die Katastrophe nicht mehr aufzuhalten. Die 70 000 Einwohner sind nicht gewarnt worden und nun in höchster Gefahr.

Schon kurz nach Mitternacht werden die ersten Deiche in Wilhelmsburg, Moorburg, Francop und Neuenfelde überspült und brechen – die Wassermassen, die der Sturm in die Elbe drückt, sind zu gewaltig. Schnell bricht die Stromversorgung zusammen, Telefone fallen aus. Viele der im Schlaf Überraschten retten sich auf die Hausdächer. Als Polizeisenator Helmut Schmidt gegen 6.30 Uhr in der Behörde eintrifft (Bürgermeister Paul Nevermann ist im Urlaub in Österreich), hat niemand auch nur ansatzweise einen Überblick. Feuerwehren und THW sind längst alarmiert, auch die Bundeswehr ist bereits um Hilfe gebeten worden, doch die am meisten betroffenen Gebiete sind nur noch aus der Luft oder mit Booten zu erreichen. Reserveoffizier Schmidt kennt viele Militärbefehlshaber persönlich und bittet auch Briten, Amerikaner, Belgier, Dänen und Niederländer um Hilfe. Vor allem Hubschrauber werden gebraucht, um die Menschen auszufliegen. Die Piloten riskieren dabei ihr eigenes Leben, das Fliegen in so einem Sturm ist extrem riskant. Schnell werden Auffanglager improvisiert, um die Geretteten zu versorgen.

In den folgenden 48 Stunden werden Tausende aus den Fluten gerettet, Zehntausende vor Ort versorgt und geimpft – es herrscht große Seuchengefahr. Damit das Wasser schneller abfließt, werden Deiche und Schleusen gesprengt; am darauffolgenden Tag sind viele Straßen wieder passierbar. Es folgt eine Welle großer Hilfsbereitschaft in und außerhalb Hamburgs, Tausende Obdachlose werden privat untergebracht. So groß die Katastrophe auch ist, Schmidt

selbst hat zunächst mehr als 10 000 Tote befürchtet, sind letztlich 315 Tote in Hamburg zu beklagen.

Wie auch bei früheren Schicksalsschlägen handelt die Stadt anschließend konsequent. Der Hochwasserschutz erhält oberste Priorität, das komplette Deichsystem wird erneuert und bis heute permanent verbessert. Das gilt auch für die Katastrophenschutzpläne – Unklarheiten und Hickhack um Kompetenzen soll es nie wieder geben. Ein Ernstfall dieser Größenordnung ist der Stadt allerdings bis heute erspart geblieben.

Der Krisenmanager: Der damalige Polizeisenator Helmut Schmidt übernimmt am Morgen des 17. Februar das Kommando. Aus einem Helikopter macht er sich ein Bild der Lage.

Helmut Schmidt (1918–2015)

Lehrersohn aus Hamburg, Lichtwarkschüler, Soldat, Volkswirt, Politiker. Hochintelligent, sehr musisch, manchmal aufbrausend und nahe der Arroganz, ungemein kompetent, aber auch herzlich und ausgestattet mit dem, was bald „Schmidt-Schnauze" genannt wird und zu seiner Popularität beiträgt. Helmut Schmidt ist ein dynamischer Macher. Sein Antrieb: Dass die „Scheiße und das Elend, das wir im Krieg erlebt haben", sich nie mehr wiederholt. 1946 tritt er in die SPD ein, wird 1953 in den Bundestag, 1961 zum Polizeisenator in

Hamburg gewählt, wo er die Rettungseinsätze bei der Sturmflut 1962 managt. Zurück im Bundestag, wird er Fraktionsvorsitzender, 1969 Verteidigungs- und dann Finanzminister, bevor er 1974 die Nachfolge von Willy Brandt als Kanzler antritt. Öl- und Wirtschaftskrise, Terror der RAF, Massenarbeitslosigkeit – Schmidt wird zum Krisenkanzler, initiiert die G7-Treffen, genießt hohes internationales Ansehen. Und erntet wegen seiner Haltung zur Nachrüstung mit atomaren Mittelstreckenraketen viel Kritik aus den eigenen Reihen. Im Stich gelassen von der FDP, verliert er 1982 sein Amt und beginnt sein drittes

Leben als ZEIT-Herausgeber, Buchautor, Mahner und Elder Statesman. Nach 67 Jahren Ehe stirbt 2010 seine Ehefrau Loki, die er schon als Schüler kennengelernt hat. Sie hat drei Jahrzehnte als Lehrerin gearbeitet und sich später große Verdienste als Botanikerin erworben. Helmut Schmidt, zuletzt fast taub, stirbt kurz vor seinem 97. Geburtstag. Beim Trauergottesdienst im Michel wird auf seinen Wunsch das Lied des Hamburger Dichters Matthias Claudius gesungen: *Der Mond ist aufgegangen.*

Die Lebensader:

Bei Hafen und Elbe ist Hamburg fast jedes Mittel recht

Da hört der Spaß nun wirklich auf. Hamburgs Wohlstand, Macht und Bedeutung hängen jahrhundertelang so eng mit dem Hafen und der freien Schifffahrt auf der Elbe zusammen, dass die Stadt alles tut, um dies zu schützen. Es ist nicht eben freundlich, wie da mit Gegnern und Konkurrenten umgegangen wird, aber es gilt: Es kann nur eine Metropole an der Unterelbe geben! Und so werden Harburg, Stade und später Glückstadt mit List, Tücke und Gewalt klein gehalten.

Hafengeburtstage:
*Bescheidene Anfänge und
Fake News im Mittelalter*

Wer heute an die Stelle geht, an der Hamburgs erster Hafen lag – zwischen Großer Reichenstraße und Hopfensack beziehungsweise Willy-Brandt-Straße –, der sieht nicht einmal Wasser, denn das später so genannte Reichenstraßenfleet, ein

ehemaliger Alsterarm, ist 1877 zugeschüttet worden und aus dem Stadtbild verschwunden. Dieser Ur-Hafen feiert auch keinen Geburtstag, obwohl er um 900 entstanden und somit ein paar Jahrhunderte älter ist als der Hafen, dessen angeblicher Jahrestag jedes Frühjahr mit einer großen Party und einer Million Gästen begangen wird. Gemeinsam ist beiden „ersten" Hamburger Häfen: Sie werden nicht an der Elbe, sondern an der Alster gegründet.

Etwas südlich der Hammaburg gelegen, besteht der Ur-Hafen aus nicht viel mehr als einem langen Landungssteg. Ein bescheidener Anfang in einer bescheidenen Siedlung. Und so wird der neue Hafen bei der ab 1021 errichteten Neuen Burg auch eine Nummer größer. Er liegt nun weiter westlich am Nikolaifleet, dem Hauptmündungsarm der Alster in die Elbe – also in der späteren Neustadt, die 1188 gegründet und mit Privilegien ausgestattet wird, deren

Bestätigung durch Kaiser Friedrich Barbarossa wohl durch dessen Tod auf dem 1189 begonnenen Kreuzzug verhindert wird. Hier gibt es um 1200 auch ein Zollhaus, eine Waage und einen Kran. Und zwei Probleme, die in den kommenden Jahrhunderten immer wiederkommen werden: Der Hafen wird zu klein, und der Fluss ist nicht tief genug.

Das Flussproblem ist hausgemacht, denn wegen der 1235 erfolgten Aufstauung der Alster mit dem Reesendamm fließt zu wenig Wasser. Das andere ist ein Zeichen des Erfolgs, denn mit dem Wachsen der Stadt steigt auch das Handelsvolumen, und in der Neustadt wird der Lagerraum knapp. Davon zeugt eine städtische Verordnung, dass die Waren nicht auf Straßen und Wegen gelagert werden dürfen. Die Lösung beider Schwierigkeiten ist die Erweiterung des Hafens an die Elbe – dorthin, wo heute der Binnenhafen an der Speicherstadt liegt.

Und noch eine dritte Herausforderung beginnt in diesen Anfangsjahren und wird die Stadt noch lange und immer wieder beschäftigen. Es ist die Frage, wer auf der Niederelbe das Sagen hat. Schon das auf den 7. Mai 1189 datierte Kaiserprivileg Friedrich Barbarossas, das als Gründungsdokument des neustädtischen Hafens gilt, ist ein Indiz dafür, dass die Hamburger in dieser Frage wenig Skrupel kennen. Durch das Privileg bekommt Hamburg weitgehende Rechte: Zollfreiheit auf der Elbe bis zur Mündung und die Erlaubnis zu roden und Fisch zu fangen. Außerdem müssen die Hamburger keine Truppen stellen, und es darf im Umkreis von 15 Kilometern keine Burg gebaut werden. Heute weiß man allerdings, dass die Urkunde eine Fälschung vermutlich aus der Zeit um 1225 ist. Ob die Hamburger nun einfach Betrüger sind oder aber ein tatsächlich gegebenes Versprechen des Kaisers

Diese Lithografie der Gebrüder Suhr von 1835 soll Hamburg um 1150 darstellen, umgeben von drei Burgen: Alsterburg (ganz links), Hammaburg (im Hintergrund) und Neue Burg (vorn rechts). Heute weiß man, dass die Hammaburg und die Neue Burg nacheinander bestanden haben und eine Alsterburg nie existiert hat. Auch der Alstersee ist anachronistisch: Er ist erst 1235 durch einen Dammbau entstanden. Sehr schön ist auf der Zeichnung die exponierte Lage der Stadt zwischen den drei Flüssen Alster, Elbe und Bille zu erkennen.

verschriftlichen, lässt sich wohl nie mehr klären. So oder so: Es funktioniert. Und es ist ganz entscheidend für die Entwicklung zur Handelsmetropole. Ohne diese Privilegien hätte sich womöglich das konkurrierende Stade zur Metropole entwickelt und Hamburg wäre heute eine mittelgroße schleswig-holsteinische Kreisstadt …

Hamburg beansprucht nämlich das Stapelrecht, wonach alle Schiffe den Hafen anlaufen und dort ihre Waren anbieten müssen. Das ist nicht nur für den Handel und die Stadtversorgung wichtig, sondern bringt auch schönes Geld: Hafengebühren und Zölle. Der Erzbischof in Bremen aber sagt 1259, dass Stade – zu diesem Zeitpunkt größer als Hamburg – dieses Stapelrecht habe. Dabei ist er auch Hamburger Bischof, hat aber in der Stadt nichts mehr zu sagen – und

zum Glück auch nicht auf der Elbe. Hamburg kann diesen Angriff auch mithilfe der Schauenburger Grafen abwehren.

Um Hamburgs Position zu untermauern, schafft man an der Elbmündung Fakten: Die kleine Insel „Nige O" – heute Neuwerk – wird gekauft und ein 35 Meter hoher Turm darauf erbaut. 1310 vollendet, ist er heute das älteste nicht-kirchliche Gebäude auf Hamburger Gebiet. Die Anlage dient nicht nur zur Orientierung, sondern hat auch militärische Funktion: Von hier aus sollen Piraten bekämpft werden. Und wenn man schon mal da ist, kann man ja auch gleich Zölle kassieren. Ende des Jahrhunderts gründet Hamburg dann das „Amt Ritzebüttel" (siehe „Die wachsende Stadt"), das heutige Cuxhaven, um die Elbmündung zu kontrollieren.

Das nach seinem Einband so genannte rote Stadtbuch von 1301 ist die älteste erhaltene Handschrift des Hamburger Stadtrechts. Es bildet die Grundlage für die Rechtsprechung und wird mehrfach überarbeitet. Aufgeschlagen ist die Registerseite, links eine Miniatur, oben thront Christus als Weltenrichter.

Ein Baumwall und:
Hamburg first

Der Hafen wird indes ausgebaut, 1353 entsteht ein neuer, größerer Kran. Und der Hafen wird gesichert: Die Hamburger vertäuen Baumstämme, die ihn nachts oder bei Gefahr absperren können. Dieser „Baumwall" gibt dem Ort seit 1351 seinen Namen. Überhaupt wird jetzt alles ganz genau geregelt. Sobald die Ware an Land ist – das Ausladen müssen die Seeleute selber machen –, ist exakt festgelegt, wer was zu tun hat beziehungsweise tun darf. Erstmal wird Zoll gezahlt, dann kommt der (Achtung: schöner Name!) „Bestätter" und verteilt die für den Weitertransport ins Hinterland bestimmten Waren an die Fährleute oder die Träger. Und die „Ballaster" zeigen den Kapitänen, wo sie Ballast und Abfall ins Wasser kippen dürfen. Für Zuwiderhandlungen gibt es einen Bußgeldkatalog. Das ist keineswegs sehr früher Umweltschutz, vielmehr darf das Wasser nicht zu flach werden.

Der Kran wird übrigens für jeweils ein Jahr an einen Betreiber verpachtet – für diesen Job wie für alle anderen im Hafen gilt: Wer ihn haben will, muss Hamburger sein. Auch die Werften dürfen nur für Hamburger bauen – und die nirgendwo anders bauen lassen. An den Schiffen darf sich ebenfalls kein Auswärtiger beteiligen. Beteiligungen sind aber üblich: Ein Kaufmann hat lieber an fünf Schiffen je 20 Prozent statt an einem Schiff 100 Prozent, um das erhebliche Verlustrisiko durch Sturm und Piraten zu minimieren. Selbst die Größe der Schiffe (im Mittelalter erst oft Koggen, dann die größeren Holks)

Fleete und Fleetenkieker

Bis ins 19. Jahrhundert ist Hamburg von 29 Fleeten, also Kanälen, durchzogen. Sie dienen als Transportwege, Wasserquelle und auch als Mülleimer und Kloake. Seit 1555 hat die Düpe-Kommission (Düpe heißt niederdeutsch „Tiefe") dafür zu sorgen, dass Hafen und Fleete schiffbar bleiben, es also genug Wassertiefe gibt. Das machen die „Fleetenkieker", die auf den oft erbärmlich stinkenden Gewässern ihrer Arbeit nachgehen. Später geht der Begriff auf private Abfallsammler über, die bei Ebbe im Schlick nach Brauchbarem suchen. Heute gibt es in der Innenstadt nur noch fünf Fleete, viele andere sind nach dem Großen Brand 1842, als die Kanalisation gebaut wird, und nach dem Zweiten Weltkrieg zugeschüttet worden.

wird reglementiert, damit nicht zu viel Holz verbraucht wird und der Preis für Bauholz nicht steigt. Im Mittelalter werden überall die unendlich scheinenden Wälder abgeholzt, sodass die Ressource Holz knapp wird. Während in Deutschland früh mit Wiederaufforstungen begonnen wird, sind England und Irland bald weitgehend kahl.

Sturmfluten und der Mensch prägen die Landschaft

Mal ganz unabhängig von der Bebauung: Wer per Zeitreise von heute auf der Elbe des 12. Jahrhunderts an Hamburg vorbeischippern würde, der würde auch den Fluss nicht wiedererkennen. Fluten und menschliche Eingriffe haben den Strom und seine Inseln seither extrem verändert. So gibt es bis 1248 noch eine riesige Elbinsel namens Gorieswerder, die von Georgs- bis Finkenwerder reicht. Die Endung -werder oder -wärder steht übrigens für Flussinsel, daran kann man noch heute gut erkennen, welcher Stadtteil mal von Wasser umgeben gewesen ist. Durch Sturmfluten, Ablagerungen, Eindeichungen und Durchstiche wird

1568 zeichnet Melchior Lorichs im Auftrag Hamburgs diese Elbkarte – als Beweisstück vor dem Reichsgericht. Der Senat will seine Herrschaft über die Elbe (und damit Einnahmen) sichern. Deswegen werden alle Schiffe gezwungen, über die Norderelbe zu fahren – die in Lorichs' Karte (Ausschnitt rechts) besonders breit dargestellt ist, obwohl die Süderelbe mehr Wasser führt. Dagegen klagen Hamburgs Konkurrenten – dank Lorichs gewinnt Hamburg.

Gorieswerder immer mehr zerrissen, sodass neue Inseln entstehen. Vor allem der Mensch greift seit dem Hochmittelalter immer häufiger ein. Am berühmtesten und heute am besten sichtbar ist natürlich die Aufstauung des Alstersees. Die Elbnebenflüsse Alster und Bille, die ursprünglich mäandern und ein Marschgebiet schaffen, werden mit Durchstichen und Deichen umgeleitet und gebändigt – zahlreiche Fleete entstehen. Straßennamen wie Deichstraße erinnern noch an diese frühen Wasserbaumaßnahmen.

Die Hamburger werden im Lauf der Zeit zu Experten im Wasserbau. 1555 gründen sie die „Düpe-Kommission", deren Mitglieder – die Düpe-Herren – dafür zu sorgen haben, dass das Wasser den Wünschen des Rats gehorcht. Diese Einrichtung ist übrigens ein direkter Vorläufer der heutigen HPA (Hamburg Port Authority). Manchmal wird auch ent-

ein Nebenarm, abgetrennt. Auch tut Hamburg alles, um die Norderelbe wasserreicher zu machen – ursprünglich ist die Süderelbe tiefer und eigentlich der Hauptarm. Im 15. und 16. Jahrhundert zielen viele Maßnahmen dahin: die Eindeichung der Vier- und Marschlande, ein Durchstich des Grasbrooks (ursprünglich auch eine Insel) und eine Flussbegradigung bei Spadenland. So wird der Süderelbe buchstäblich das Wasser abgegraben – sie versandet nun ihrerseits langsam. Wenn es um Hafen und Elbe geht, ist Hamburg nie zimperlich.

Die Kraft der Bilder:
Lorichs' Elbkarte

All dies stärkt den Hafen und den Handelsstandort, und kriegerische Methoden kommen dazu. Damit ja kein flussabwärts fahrendes Schiff auf die Idee kommt, die Süderelbe und Harburg anzusteuern, stationiert

wässert und eingedeicht, um Land zu gewinnen. Meist geht es aber darum, eine Versandung des Hafens und der Fahrrinnen zu verhindern, auch in den Fleeten. Mahnendes Beispiel ist Brügge, die so mächtige Handelsstadt, die Ende des 15. Jahrhunderts ihren Zugang zum Meer verliert, weil der Zwin versandet, ein Jahrhunderte zuvor bei einer Sturmflut entstandener Seearm. So wird in Hamburg deswegen die Dove-Elbe,

Hamburg an der Bunthäuser Spitze, wo sich Norder- und Süderelbe trennen, bewaffnete Schiffe, die allen den „richtigen" Weg weisen. Das schmeckt Hamburgs Konkurrenten verständlicherweise wenig. 1568 tun sich Lüneburg, Harburg, Buxtehude und Stade zusammen und klagen vor dem Reichsgericht. Hamburg setzt zu seiner Verteidigung auf die Kraft der Bilder und beauftragt den Maler Melchior Lorichs aus Flensburg mit

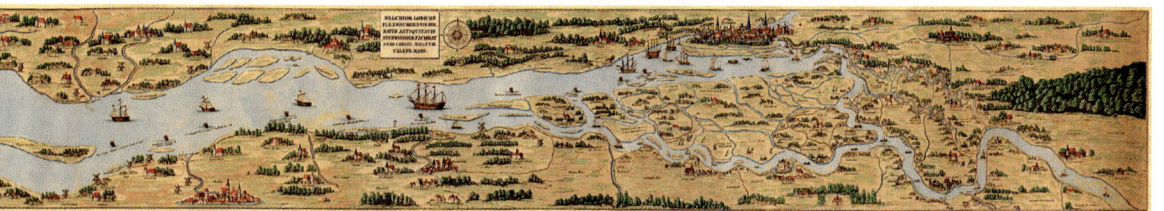

dem Erstellen einer Elbkarte. Es wird ein Opus magnum: 1,09 Meter hoch und 12,15 Meter breit. Um es vorsichtig zu formulieren: Sie ist manipulativ. Harburger würden wohl sagen: falsch. Vor allem ist sie beeindruckend, kunstvoll und sehr detailreich. Alle Fahrrinnenmarkierungen und Leuchtfeuer sind eingezeichnet, um zu belegen, wie sehr sich Hamburg um die Schifffahrt bemühe. Vor allem aber ist die Süderelbe ver-

kleinert dargestellt und die Norderelbe entsprechend größer, um zu belegen, dass der nördliche schon immer der Hauptarm gewesen ist. Die Karte beeindruckt die Richter. Irgendwann. Denn eilig hat es die Justiz in diesen Zeiten wahrlich nicht. 50 (!) Jahre nach Klageeinreichung ergeht das Urteil zugunsten Hamburgs.

Die zwölf Meter lange Elbkarte von 1568 des Flensburger Malers Melchior Lorichs zeigt den Flussverlauf vom Amt Bergedorf bis zur Elbinsel Neuwerk. Sie wird heute im Hamburger Staatsarchiv verwahrt und nur zu besonderen Gelegenheiten gezeigt.

Die Admiralität:
Hamburg rüstet zur See auf

1616 ist kein gutes Jahr für die Stadt. Zum einen machen mal wieder die Dänen Ärger, die elbabwärts Glückstadt gründen. Als Handelszentrum spielt der Ort kaum eine Rolle und ist keine Konkurrenz. Viel schlimmer ist, dass die Dänen Zoll kassieren und mit dieser Teuerung Hamburgs Position schwächen. Im selben Jahr zerstören dann auch noch holländische Kaperfahrer vor Neumühlen englische Schiffe, die auf dem Weg nach Hamburg sind. Die Engländer fordern Schadenersatz: von Hamburg, das für die Sicherheit auf der Elbe zuständig sei. Und tatsächlich muss die Stadt zahlen, um nicht den so wichtigen England-Handel zu gefährden.

Das Zollproblem lässt sich nicht mit Geld lösen. Hamburg verhandelt und gründet 1623 – nicht nur, aber auch deswegen – die Admiralität, eine Art maritime Superbehörde, die für Hafen und Lotsen, Seezeichen, Versicherungen und auch für das Militär und die Piratenbekämpfung zuständig ist. An sie erinnert heute die Admiralitätstraße, und ganz gelegentlich ertönt auch noch einmal die 1723 von Georg Philipp Telemann zum 100. Jubiläum komponierte Admiralitätsmusik.

1629 trauen sich die Ratsherren in die Offensive: Dänische Schiffe werden angegriffen, Glückstadt wird blockiert. Es ist eine Machtdemonstration, die nur möglich ist, weil Dänemark durch Kriege gegen Schweden und die Kaiserlichen im Dreißigjährigen Krieg (1618–1648) geschwächt ist (siehe „Hamburgs Militärgeschichte"). Erfolg hat sie dennoch nicht. Erst 1645, auf schwedischen Druck, wird der dänische Elbzoll aufgehoben.

Störtebeker & Co.:
Piraten vor der Haustür und im Mittelmeer

Klaus Störtebeker („Stürzdenbecher") kann bekanntlich einen Vierliter-Humpen Bier auf ex trinken. Er bestiehlt die Reichen und gibt den Armen, wird nur durch Verrat gefangen und rennt, nachdem ihm der Kopf abgeschlagen worden ist, noch an seinen Kameraden vorbei – weil Hamburgs Bürgermeister Kersten Miles ihm für diesen Fall deren Begnadigung versprochen hat. Aber der Schurke hält sich nicht daran, sodass alle Piraten sterben. Und dann gibt es natürlich noch einen riesigen Schatz, den blöderweise bis heute niemand hat finden können.

Keine andere Person der Hamburger Geschichte ist durch jahrhundertelange Legendenbildung so sehr der Realität entrückt wie Klaus Störtebeker. Bis heute streiten Historiker darüber, wer und was er war und ob es ihn überhaupt gab. Nach jüngsten Forschungen handelt es sich um einen Danziger Kaufmann, Kapitän und Schuldeneintreiber. Da die Hansestädte kollektiv haften, werden gerne mal irgendwelche Schiffe aus einer Stadt aufgebracht, in der der Schuldner lebt. Das passiert oft gewaltfrei, für die konfiszierte Ware gibt es manchmal sogar eine Quittung.

Für die einen ein ganz normales Geschäft mit rustikalen Methoden, für andere schon Piraterie. Die Über-

gänge sind fließend und Piraterie ist Ansichtssache. Es gibt ja noch kein internationales Seerecht. Und da Fürsten gerne Kaperbriefe ausstellen, um eine feindlich gesinnte Macht zu schwächen, handeln die Kapitäne subjektiv ganz legal, wenn sie Schiffe kapern, was der Gekaperte natürlich anders sieht. In der zweiten Hälfte des 14. Jahrhunderts wächst aber auch die Zahl echter Outlaws, die – analog zu den Raubrittern zu Lande – Freibeuterei auf eigene Rechnung betreiben. Die berüchtigten Vitalienbrüder (Vitalien sind Lebensmittel) sind wohl beides. In fürstlichem Auftrag bringen sie Lebensmittel ins belagerte Stockholm, später entwickeln sie sich zur Plage besonders für die Hansestädte. Wobei „Vitalienbrüder" vor allem von den Städten verwendet wird, es ist ein Propagandabegriff. Es ist auch keine feste Gruppe, sondern ein Sammelbegriff für Seeräuber, die sich Ende des 14. und Anfang des 15. Jahrhunderts vermehrt zu Bruder-

schaften zusammentun und den Handel ernsthaft beeinträchtigen.

Zunächst operieren die Piraten vor allem in der Ostsee, werden zeitweise sogar von den mecklenburgischen Handelsstädten unterstützt, weil ihr Herzog mithilfe der Vitalienbrüder Krieg führt. Schließlich werden sie aber doch entschlossen bekämpft und vertrieben. Nun treiben sie in der Nordsee ihr Unwesen – und werden zum Hamburger Problem. Die Piraten finden in Ostfriesland eine Operationsbasis, denn die dortigen Häuptlinge (ja, die nennen sich selber so) leben meist von Raub und Handel. Hamburg und Lübeck rüsten mehrere Flotten aus, 1401 gelingt unter dem Kommando der beiden Ratsherren Hermann Lange und Nikolaus Schoke vor Helgoland ein spektakulärer Erfolg: Eine Piratenflotte wird besiegt, und der berühmte Anführer Godeke Michels gefangengenommen. Er und seine Kameraden werden auf dem Grasbrook hinge-

Das Bild zur Legende: Am 21. Oktober 1401 werden 71 Seeräuber auf dem Grasbrook enthauptet, unter ihnen angeblich Klaus Störtebeker. Ihre Köpfe werden auf Pfähle gesteckt und am Elbufer aufgereiht. Das ist allerdings nur fast richtig: Denn Störtebeker ist nicht unter den Hingerichteten – nach neuen Forschungen ist er nicht mal Pirat, sondern Kaufmann mit „robusten" Geschäftsmethoden gewesen. Tatsächlich gefangen und geköpft wird aber der Pirat Godeke Michels, dessen Name auch in den Akten steht.

richtet, das ist in den Akten belegt, in denen der Name Störtebeker übrigens nicht auftaucht.

Das Problem ist aber noch lange nicht gelöst. Noch 1435 landet eine hansische Flotte in Ostfriesland und erobert Emden und manche Burgen, um nun endgültig den Piraten die Operationsbasis zu entziehen. Piraterie gibt es vereinzelt auch weiterhin auf Nord- und Ostsee, eine ernsthafte Gefährdung des Handels ist die aber nun nicht mehr.

Das gilt aber keineswegs für das Mittelmeer, wo ab dem 16. Jahrhundert die sogenannten Barbaresken-Piraten zur gewaltigen Bedrohung werden. Sie rauben europäische Schiffe aus und nehmen die Seeleute gefangen, um Lösegeld zu erpressen oder sie als Sklaven zu verkaufen. Auch hier spielt die große Politik eine Rolle, denn die

türkischen Sultane verbünden sich mit den von Algier, Tunis und Tripolis aus agierenden Barbaresken. Hamburg ist nicht in der Lage, seine Schiffe so fern der Heimat zu schützen. 1624 wird eine Sklavenkasse eingerichtet, die mit Spenden und Abgaben der Seeleute finanziert wird und gefangene Hamburger freikauft. Zeitweise ist die Gefahr so groß, dass die Mittelmeerfahrten ganz eingestellt werden, und Hamburg zahlt Schutzgelder, damit die eigenen Schiffe verschont werden.

Zum besseren Schutz der Handelswege betreibt die 1665 gegründete Commerzdeputation – die heutige Handelskammer – den Bau des ersten Hamburger Konvoischiffs, der „Wapen von Hamburg", die 1669 in Dienst gestellt wird. Ihr folgen weitere, unter anderem 1690 die „Admiralität von Hamburg". Prächtige Modelle davon sind heute in der Handelskammer und im Internationalen Maritimen Museum Hamburg zu bestaunen. Bis 1747 schützen diese Kriegsschiffe mit 138 Konvoifahrten Hamburger Handelsschiffe.

Doch erst als Großbritannien und sogar die jungen Vereinigten Staaten von Amerika zu Beginn des 19. Jahrhunderts regelrechte Kriege gegen die Barbaresken führen, wird die Piratengefahr endgültig gebannt.

Unter Dampf:
Der Hafen wächst

Im 18. Jahrhundert erfolgt eine deutliche Steigerung des Hamburger Handelsvolumens. 1767 werden wegen des Platzmangels die ersten Duckdalben gebaut, an denen die

Modell der „Wapen von Hamburg I". Die Konvoischifffahrt entsteht im letzten Drittel des 17. Jahrhunderts als Reaktion auf die großen Verluste, die die Hamburger Schifffahrt durch Kaperer hinnehmen muss. Die Kriegsschiffe begleiten jeweils 20 bis 50 Handelsschiffe. Das Modell wurde der Handelskammer als Dauerleihgabe überlassen.

Schiffe festmachen können. Die Waren werden dann von Bord in Schuten verladen, das sind flache Ladekähne ohne eigenen Antrieb. Die großen Veränderungen aber kommen im 19. Jahrhundert, der Warenverkehr nimmt durch den Direkthandel mit Übersee und die Industrialisierung ganz neue Dimensionen an. Und es gibt jetzt einen revolutionären neuen Antrieb: Dampf. Schon 1816 macht mit der „Lady of the Lake" der erste Raddampfer in Hamburg fest. Das schottische Schiff soll im Liniendienst nach Cuxhaven fahren, das Publikum ist aber skeptisch und fährt lieber traditionell, sodass nach wenigen Monaten schon wieder Schluss ist. Doch Dampfschiffe machen jetzt regelmäßig fest: 1835 bekommen sie eine eigene Anlegestelle auf Höhe Hamburger Berg – in sicherer Entfernung zu den Segelschiffen, aus Angst, sie könnten in Brand gesetzt werden. Fünf Jahre später entstehen dort die ersten St. Pauli-Landungsbrücken. Der Schaufelradantrieb bleibt noch einige Jahrzehnte vorherrschend, bis sich der Schiffspropeller durchsetzt, den übrigens – echtes Klookschieterwissen – der österreichische Forstbeamte Josef Ressel in Triest erfindet.

Entscheidung mit Weitblick:
Der Bau des Tidehafens

Jetzt ist klar, dass der Hafen grundlegend erweitert und modernisiert werden muss. Und wenn man nicht mehr weiterweiß …, genau: Es gibt einen Arbeitskreis, Kommission genannt. Mit dabei ist der geniale Ingenieur William Lindley, der nach dem Großen Brand von 1842 gerade die Kanalisation plant, übrigens die erste auf dem europäischen Kontinent. Er spricht sich 1845 für einen Dockhafen aus, der durch den Bau von vielen Schleusen tidenunabhängig wäre. Doch das hat neben den hohen Kosten auch Nachteile: Schleusenverkehr ist zeitauf-

In der zweiten Hälfte des 19. Jahrhunderts wird der Hafen modernisiert und massiv ausgebaut – der Sandtorhafen, ein Werk des Wasserbaudirektors Johannes Dalmann, wird 1866 in Betrieb genommen. Das Foto entsteht etwa zwölf Jahre später.

Johannes Dalmann (1823–1875)

Man darf diesen Mann getrost als den Schöpfer des modernen Hamburger Hafens bezeichnen. Die entscheidenden Anpassungen an das Industriezeitalter fallen in seine Amtszeit als Wasserbaudirektor ab 1857. Der in Lübeck geborene Ingenieur lernt sein Handwerk gründlich: Er ist Zimmerer, Landvermesser, befasst sich mit Mathematik, geht an die Bauakademie Berlin und macht sich mit der Hydrotechnik vertraut. In die Hamburger Wasserbaudirektion berufen, glänzt er mit einer Schrift über „Stromkorrektionen" und entscheidet damit den erbitterten Streit, ob Hamburg einen Tide- oder einen Dockhafen bekommen solle. Bald wird er Behördenleiter und arbeitet unermüdlich: Er reguliert die Elbe mit Deichen und Durchstichen, er lässt Kaimauern für die neuen Dampfschiffe bauen, deren Waren per Kran entladen und ab 1872 gleich mit der Bahn weitertransportiert werden können. Den Ruf, ein besonders schneller Hafen zu sein, verdankt Hamburg ihm, der als Berater bald international gefragt ist, aber der Hansestadt treu bleibt. Er stirbt mit nur 52 Jahren und wird in Eilbek beerdigt.

Der Zollkanal zwischen Neuem Wandrahm (links) und Zippelhaus mit seinem Gewirr aus Schuten und kleinen Booten um die Wende zum 20. Jahrhundert. Im Hintergrund die Katharinenkirche.

wändig, und wie sich bald zeigen wird, werden die Schiffe immer größer, sodass bald gewaltige Schleusen notwendig würden. Nach langen Abwägungen entscheidet sich die Stadt 1860 für ein Konzept von Wasserbaudirektor Johannes Dalmann, das die Commerz-deputation vorlegt. Es bleibt beim Tidehafen, und es werden lange Kai-anlagen gebaut, zunächst am Sandtor-, Magdeburger und Gras-brookhafen, an denen die Schiffe dank riesiger Kräne schnell entladen werden können. Per Gleisanschluss werden viele Güter direkt per Bahn weitertransportiert – Hamburg be-gründet so seinen Ruf als besonders schneller Hafen. Durch neue Kanäle und einige wenige Schleusen werden

die Strömungen außerdem so re-guliert, dass es möglichst wenige Sedimentablagerungen gibt – Ver-schlickung ist ein großes Problem und wird es auch im 21. Jahrhundert noch sein.

Genauso wie die Tiefe der Fahr-rinne der Unterelbe. Die reicht schon zu Beginn des 19. Jahrhunderts nicht mehr aus, weshalb es bereits 1818 zur ersten Elbvertiefung kommt. Eine mühsame Arbeit: Mit auf Ewern in-stallierten Ketschern wird der Fluss-grund abgetragen. Nach sieben Jahren ist eine durchgängige Tiefe von mindestens 3,5 Metern erreicht. Was nicht lange reichen wird. Als von 1850 bis 1862 auf 4,8 Meter vertieft wird, gibt es aber bereits einen dampf-betriebenen „Eimer-Ketten-Bagger" –

eine Konstruktion, die genauso aussieht, wie man sich sie vorstellt. Im Hafen selbst wird fast ständig gebaggert. Den ersten beiden Elbvertiefungen folgen noch sieben weitere. Nach der vorerst letzten (2021 abgeschlossen) ist die Fahrrinne heute 15,9 Meter tief.

Der Hafen erobert die Südseite der Elbe: *Speicherstadt und Freihafen entstehen*

Mit dem Großen Grasbrook wird in den 1860er-Jahren der letzte freie Platz auf der Elb-Nordseite zum Hafengebiet. Die dort ansässigen Werften müssen auf die Südseite umziehen: auf den Kleinen Grasbrook und nach Steinwärder. Der Hafen folgt ihnen bald. Als Erstes verlegt man den Petroleumhafen wegen der Feuergefahr auf die Südseite, bald auch den Segelschiff- sowie den Holzhafen. Noch vor der Jahrhundertwende entstehen der Hansa- und der Indiahafen auf dem am Südufer gelegenen Kleinen Grasbrook, auf der Veddel werden Moldau- und Saalehafen für die Binnenschiffe gebaut.

Da sind zwei uralte Stadtteile bereits Geschichte: Alter Wandrahm und Kehrwieder, ehemalige Elbinseln, die schon im 16. Jahrhundert in die befestigte Stadt einbezogen worden sind. 20 000 Menschen haben dort gelebt, bevor 1883 für den Bau der Speicherstadt die alte Bebauung abgerissen wird und sie alle umziehen müssen. Damals prägt Kunsthallendirektor Alfred Lichtwark sein berühmtes Bonmot von der „Freien und Abrissstadt Hamburg". Der letzte Teil des heutigen Weltkulturerbes Speicherstadt, hinter

Der Freihafen

Hamburg ist ab 1871 zwar Teil des neu gegründeten Deutschen Reichs, aber dennoch bleibt die Stadt „Zollausland". Im Hafen können also Waren umgeschlagen werden, ohne dass dafür Zölle gezahlt werden müssen. Das ist zunächst auch kein Problem, weil das Reich eine Freihandelspolitik betreibt. Ende der 1870er-Jahre aber wehrt sich die Agrarlobby gegen die billigen Importe und kann Zölle durchsetzen – und nun drängt Reichskanzler Otto von Bismarck Hamburg, den Zollanschluss Hamburgs ans Reich zu betreiben. Hamburg lehnt das ab. Nun setzt Bismarck den Zollanschluss des preußischen Altona durch – und weil die Städte faktisch längst zusammengewachsen sind, verläuft die Zollgrenze gefühlt mitten durch die Stadt. Hamburgs Wirtschaft und Politik sind gespalten; einige Großkaufleute befürworten den Anschluss bei gleichzeitiger Schaffung eines Freihafens. Genau das erreicht Verhandlungsführer Johannes Versmann 1881 nach langwierigen Verhandlungen mit Bismarck, die Bürgerschaft stimmt schließlich mit 106 zu 46 Stimmen zu.

Es entsteht mitten im Hafen ein 15 Quadratkilometer großes Gebiet, in dem ohne Zölle gehandelt werden kann. Erst wenn Waren dieses Gebiet verlassen, werden Zahlungen fällig. Das Reich beteiligt sich mit 40 Millionen Mark an den Kosten (106 Millionen). 1888 wird der Freihafen von Kaiser Wilhelm II. eröffnet. Mehrfach wird das Gebiet erweitert, zuletzt bis zu den Containerterminals Waltershof und Altenwerder. Seit dem 1. Januar 2013 ist er aber Geschichte, die Zäune sind abgerissen. Möglich gemacht haben das ein modernisiertes EU-Recht und moderne Technik, die Abfertigung erfolgt digital und mit mobilen Zolleinheiten.

dessen neugotischem Backsteinkleid sich eine hochmoderne Skelettbauweise verbirgt, wird übrigens erst 1927 fertig. Gegen den 1888 eingeweihten Freihafen – Voraussetzung für die Integration ins deutsche Zollgebiet – wehren sich viele Kaufleute lange. Er wird aber schnell eine wirtschaftliche Erfolgsgeschichte.

Stauerviez und Kaffeeklappe: *Die Welt der Hafenarbeiter*

Um 1900 ist der Hafen ein Moloch mit Zehntausenden Beschäftigten geworden. Zwar wird die kommerzielle Segelschifffahrt erst in den 1950er-Jahren endgültig aussterben,

So sieht der Hafen um die Wende zum 20. Jahrhundert aus: Links der Zollkanal, der die Stadt vom Freihafen trennt. Rechts davon die neue Speicherstadt, dahinter der Sandtorhafen mit seinen modernen Kais, Schuppen, Kränen und einem Gleisanschluss. In der Bildmitte links das Gaswerk mit seinem großen Schornstein. Im Hintergrund die beiden Norderelbbrücken, eine für die Eisenbahn und eine für Straßenfahrzeuge. Rechts der Speicherstadt ist der Kaispeicher (auch Kaiserspeicher genannt) mit seinem markanten Turm zu sehen – dort steht heute die Elbphilharmonie.

Baas

Niederdeutsch für Vermittler, spielen die Baase lange eine wichtige (und unrühmliche) Rolle im Hafen. Sie haben das Monopol für die Vermittlung der Seeleute („Heuerbaas") und der Tagelöhner und nutzen dies aus. Sie kassieren hohe Vermittlungsgebühren, arbeiten mit Kneipiers zusammen, bei denen die Arbeitssuchenden warten (und trinken) müssen, und bringen viele Arbeiter und Seeleute gezielt in die Verschuldung, um deren Abhängigkeit zu erhöhen. Die Abschaffung dieses Systems ist eines der Hauptziele beim Großen Hafenarbeiterstreik 1896/97, das danach sukzessive umgesetzt wird. Über Seeleute und Auswanderer kommt der Begriff auch in die USA, wo die Bezeichnung „Boss" daraus entsteht.

doch die größer werdenden Dampfschiffe beherrschen immer mehr das Bild. Da sie viel weniger Besatzung erfordern als die Segler und die Ladung immer größer wird, haben die Matrosen mit der Be- und Entladung nicht mehr viel zu tun. Das Rückgrat der Hafenwirtschaft bilden jetzt die Schauerleute, die oft als Tagelöhner diese harte Arbeit übernehmen, angetrieben vom Stauerviez, der die Arbeit überwacht, und kontrolliert vom Tallymann, der Buch führt, was be- und entladen wird (tally heißt im Englischen das Kerbholz, auf dem die Mengen eingeritzt werden).

Außerdem gibt es fast 6000 Schuten, die sich mit der Strömung bewegen oder mit langen Peekhaken gestakt werden. Die Männer, die das machen, nennt man Ewerführer. Ein Ewer ist eigentlich ein flaches und breites einmastiges, später auch zweimastiges Boot, das als Fähre, zum Fischen und zum Transport auf der Elbe eingesetzt wird. Weil alte, abgetakelte Ewer als Schuten benutzt werden, geht der Begriff über. Sobald ein Ewerführer mehrere Schuten hat, fährt er seltener oder gar nicht mehr selbst, sondern überlässt das einem Viez, der wiederum die als Tagelöhner tätigen Arbeiter überwacht, die für das Laden zuständig sind. Die Schuten bringen die Waren zu den Lagerhäusern oder zum Weitertransport zu anderen Schiffen.

Einige Arbeiter bringen ihr Essen von Zuhause mit, für die anderen gibt es vom Senat gesponserte Kaffee-

Schauerleute mit ihrem Viez (auf der Tonne sitzend) im Hamburger Hafen. Das Foto zeigt sogenannte schwarze Schauerleute – die Männer arbeiten als Kohlenträger. Schauerleute arbeiteten in Gruppen von je sechs bis zwölf Mann, angeführt von einem Viez, der die Funktion eines Vorarbeiters und zugleich die des verlängerten Arms des Baas hat, also des Unternehmers, der die Schauerleute vermittelt. Foto von Johann Hamann, 1889

klappen. Der Name ist etwas missverständlich, denn das waren große Speisesäle mit bis zu 600 Plätzen, in denen es günstiges Essen und Kaffee gab. Die Idee stammt aus England – so will man den weit verbreiteten Alkoholgenuss während der Arbeit reduzieren; außerdem glaubt man, dass Kaffee die Arbeitsleistung erhöht. Kaffeeklappe heißen sie, weil Essen und Kaffee durch eine Klappe von der Küche in den Saal gelangen.

Der große Streik:
Langfristiger Erfolg
für die Gewerkschaften

Die Lage der Hafenarbeiter verschlechtert sich seit den 1880er-Jahren merklich. Lohnerhöhungen gibt es nicht, die Lebenshaltungskosten steigen aber. Die Gewerkschaften werden von den Unternehmern nicht anerkannt, es gibt also keine Verhandlungen und erst recht keine Tarifverträge. Weil Hamburg nach der Reichsgründung 1871 und der folgenden Einführung des Freihafens 1888 zum deutschen Zollgebiet gehört, sind vor allem importierte Lebensmittel teurer geworden. Und nach dem Abriss der Wohnviertel für die Speicherstadt müssen viele Arbeiter in weiter entfernte und teurere Wohnungen umziehen. Im Sommer 1896 herrscht Hochkonjunktur, die Gewinne der Unternehmer sind stark gestiegen. Kleinere Arbeitergruppen wie die Akkord-Schauerleute können mit kurzen Streiks Lohnerhöhungen durchsetzen. Die Stimmung unter den Arbeitern gärt – auch weil die Hamburger Polizei den englischen Arbeiterführer Tom Mann verhaftet

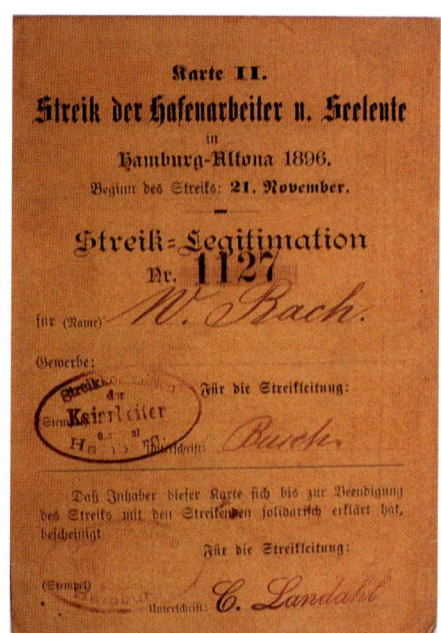

und ausweist. Er hat für die Gewerkschaften werben wollen.

Im November gibt es erste Forderungen nach einem allgemeinen Streik. Gewerkschaftsführer wie Carl Legien und Adolf von Elm lehnen das ab – der Organisationsgrad sei zu gering. Außerdem sei der nahende Winter ein Hinderungsgrund: Im Winter kommen weniger Schiffe, es gibt also ohnehin weniger Arbeit. Zudem stünden die witterungsbedingt beschäftigungslosen Land- und Bauarbeiter als potenzielle Streikbrecher zur Verfügung. Am 20. November votieren die Arbeiter dennoch für den Streik. Und der wird länger und erbitterter als alles je Dagewesene.

Dass die Fronten schnell verhärten, liegt am Arbeitgeberverband. Die verhandlungsbereiten Reeder können sich nicht durchsetzen, die Mehrheit schätzt die Lage ähnlich ein wie die Gewerkschaftsführer und setzt auf Konfrontation – es handele

Seit den 1890er-Jahren verschlechtert sich die ohnehin prekäre Lage der Hafenarbeiter. Die Lebenshaltungskosten steigen, die Löhne nicht – und die Arbeitsbedingungen sind katastrophal. Zudem werden die Arbeiter (in der Mehrheit Tagelöhner) von Vermittlern, den Baasen, skrupellos ausgebeutet. Am 20. November 1896 wird der Streik beschlossen – gegen den Rat der Gewerkschafter, denn die wenigsten sind organisiert, und die Streikkassen sind leer. Wider alle Erwartungen halten die Arbeiter bis Anfang Februar durch, dann müssen sie aufgeben. Kurzfristig haben sie verloren, doch schon bald kommt es zu grundlegenden Reformen und Verbesserungen. Abgebildet ist eine Streikkarte, mit der ihr Inhaber sich bis zur Beendigung des Streiks mit den Streikenden solidarisch erklärt.

Nach elf Wochen wird der größte Streik, den Hamburg bislang erlebt hatte, am 9. Februar 1897 von den Hafenarbeitern abgebrochen. Die Arbeitgeber haben sich durchgesetzt. Insgesamt sind 16 690 Arbeiter beteiligt gewesen. Die Zeichnung zeigt eine Versammlung der Kaiarbeiter im Saal „English Tivoli" in St. Georg am 4. Dezember 1896.

sich um einen Grundsatzkampf gegen die Sozialdemokratie, ein Sieg diene dem Vaterland. Unterstützt werden sie von Kaiser Wilhelm II., der zur Härte drängt und sogar die Militärs in Bereitschaft versetzt. Doch die Arbeiter halten länger durch als gedacht. Nicht nur in Hamburg, im ganzen Reich und sogar im Ausland wird gespendet, sodass den Streikenden ein wenig Geld gezahlt werden kann (8 Mark pro Woche). Die Zahl der Streikenden steigt von Woche zu Woche: Zu Beginn sind es 8700, Ende des Jahres fast doppelt so viele. Weil es zunächst nicht genug Streikbrecher gibt und die wenigen erst angelernt werden müssen, hat der Ausstand große Auswirkungen auf die gesamte Wirtschaft, denn dringend benötigte Waren kommen nicht mehr an.

Der Senat versucht mehrfach zu vermitteln, doch die Arbeitgeber bleiben hart – Verhandlungen würden einer Anerkennung der Gewerkschaften gleichkommen. Als schließlich auch der Senat eine

härtere Linie einnimmt und mit polizeilichen Mitteln vorgeht und der Winter Wirkung zeigt, müssen die Arbeiter nach vielen Wendungen und Versuchen aufgeben: Anfang Februar 1897, nach elf Wochen Streik, hat der Kampf ein Ende. Es ist eine völlige Niederlage. Einige Streikende werden gar nicht wieder eingestellt, andere nur zu schlechteren Konditionen.

Dennoch ist der Arbeitskampf auf Dauer nicht nutzlos: Die Gewerkschaften haben regen Zulauf, der Senat setzt eine Kommission ein, die für Verbesserungen der Arbeitsbedingungen sorgt. In den Jahren bis zum Ersten Weltkrieg wird die Tagesarbeitszeit auf neun Stunden reduziert, viele Tagelöhner werden fest angestellt, und 1911 gibt es auch Tarifverträge. Die Lohnsteigerungen bleiben dennoch meist hinter der Teuerung zurück.

Der Hafen wächst trotz der Weltkriege

Noch vor Beginn des Ersten Weltkriegs erhält der Hafen ein anderes „Gesicht": die neuen St. Pauli-Landungsbrücken (1910) und den – seit 1975 „alten" – Elbtunnel (1911), eine Meisterleistung der Ingenieurskunst. Andere große Pläne können wegen des Kriegs nicht mehr verwirklicht werden, so die Freihafenelbbrücke (fertiggestellt 1926). Unterdessen bringen die Versailler Verträge von 1919 dem Hafen ein Kuriosum, das bis heute besteht, nämlich tschechisches Hoheitsgebiet mitten auf der Veddel. Um die Versorgung der 1919 neu entstandenen Tschechoslowakei über Elbe und Moldau zu gewährleisten, erhält der junge Staat das Areal des Binnenschiffhafens (Moldau- und Saalehafen). Hamburg hat sich dagegen gesträubt, dabei entpuppt sich die „Bestrafung" als Gewinn: Der Vertrag sichert Handelsvolumen und Arbeitsplätze. Mittlerweile ist dieser Teil des Hafens in einen Dornröschenschlaf gefallen, doch es gibt aktuell Pläne für eine Wiederbelebung und Bebauung des Areals.

Die Pläne für eine Hafenerweiterung nach Südwesten werden nach dem Ersten Weltkrieg wieder aufgenommen. Dazu sind Verträge mit Preußen notwendig, denn Wilhelmsburg und Harburg gehören ja noch nicht zu Hamburg. 1929 einigt man sich, dass Francop, Alten- und Finkenwerder zum Hafenerweiterungsgebiet werden. Die Hoheit über die Niederelbe muss Hamburg indes an das Deutsche Reich abgeben – dieses muss aber garantieren, dafür zu sorgen, dass stets die größten Schiffe den Hafen erreichen können. Der Weg für weitere Elbvertiefungen ist also bereitet.

Die Vereinigung mit Altona im Rahmen des Groß-Hamburg-Gesetzes 1937 bringt auch die beiden Häfen zusammen, die nun gemeinsam organisiert werden. Unter NSDAP-Herrschaft bestimmen mi-

Der Hafen befindet sich nach Kriegsende 1945 in einem desolaten Zustand. Hunderte zerstörter und gesunkener Schiffe blockieren das Fahrwasser der Elbe und in den Hafenbecken.

Das Bild zeigt halbgesunkene Schiffswracks, deren Aufbauten noch über der Wasseroberfläche liegen, geborstene Werftgebäude mit ausgeglühten Stahlträgern, Portalkräne, deren Streben von der Wucht der Bomben zu absurden Formen gebogen sind.

litärische Überlegungen den Hafen. Während des Zweiten Weltkriegs bauen die Werften vor allem U-Boote, dazu werden zwei große U-Boot-Bunker angelegt (auf Finkenwerder am Rüschkanal sind noch Reste vorhanden, die zum Denkmal umgestaltet wurden). Werften und die Mineralölindustrie in Wilhelmsburg und Harburg gehören zu den wichtigsten Zielen der alliierten Bomberflotten. Trotz ständigen Wiederaufbaus sind bei Kriegsende etwa 80 Prozent der Hafenanlagen zerstört, dazu Dutzende Brücken – und etwa 3000 Schiffswracks liegen auf Grund.

Es dauert, man muss wohl sagen: nur zehn Jahre, bis alle Schäden beseitigt sind. Der Hafen wandert weiter elbabwärts, beschleunigt wird die Entwicklung durch die nächste Revolution der Handelsschifffahrt: die Einführung der Standard-Container. Hamburg setzt dank der

Weitsicht von Hafensenator Helmuth Kern entschlossen auf die neue Technik und eröffnet 1968 am Burchardkai den ersten Containerterminal. Nun wird deutlich weniger Personal gebraucht als beim Stückgut, dafür steigt der Flächenbedarf, um die Container lagern zu können. Gegen große Widerstände wird das Dorf Altenwerder geräumt (nur die Kirche steht bis heute), um schließlich 2002 einen weiteren Containerterminal einweihen zu können – jetzt werden die Carrier nicht mehr von Menschen gesteuert, das übernimmt der Computer.

Parallel werden Flächen des alten Hafens nicht mehr gebraucht: Auf dem Großen Grasbrook wächst seit den 2000er-Jahren die HafenCity, ein neuer Stadtteil, heran; auf der gegenüberliegenden südlichen Elbseite sind Wohnungen geplant.

Grenzen des Wachstums

Der Zusammenbruch des Ostblocks ab 1989/90 beschert dem Hafen viele Jahre stetigen Wachstums, was sich aber in der jüngsten Vergangenheit nicht mehr fortsetzt. Neben Rotterdam ist auch Antwerpen an Hamburg vorbeigezogen. Und längst bestimmen Umweltthemen die Diskussion. Die Entsorgung der alljährlich anfallenden riesigen Schlickmengen wird immer schwieriger, die Luftverschmutzung durch die Schiffs-

abgase stößt auf immer mehr Kritik – Hamburg versucht, mit Landstromanlagen die Schiffe zu versorgen, damit die Motoren während der Liegezeiten abgestellt werden können. Sollte der Trend zu immer größeren Schiffen anhalten, könnten diese Hamburg nicht mehr anlaufen, denn eine weitere Elbvertiefung scheint auf lange Zeit ausgeschlossen. Nicht nur wegen baulicher Grenzen – der 1975 eröffnete neue Elbtunnel liegt nicht tief genug –, sondern vor allem wegen ökologischer Bedenken.

In einem der modernsten Containerterminals der Welt, in Hamburg-Altenwerder, werden die Carrier nicht mehr von Menschen gesteuert, das übernimmt der Computer. Seit 2002 ist der Terminal im Betrieb.

Helmuth Kern (1926–2016)

Zum Notabitur gezwungen, als Luftwaffenhelfer 1944 eingezogen – der in Hamburg als Sohn eines Kaufmanns und einer Lehrerin geborene Helmuth Kern gehört zu der Generation, die im Nationalsozialismus aufgewachsen ist und zum Schluss noch verheizt werden sollte. Kern beginnt ein Studium, lernt Helmut Schmidt

kennen, tritt in die SPD ein, wird Kaufmann und arbeitet als Geschäftsführer verschiedener Unternehmen. Seit 1957 in der Bürgerschaft, wird er 1966 Wirtschaftssenator und bleibt es zehn Jahre lang. Es sind prägende Jahre: der Bau der ersten Containerterminals, Köhlbrandbrücke, neuer Elbtunnel, Hafenerweiterung. Kern erwirbt sich einen exzellenten Ruf als Macher. Es ist fast logisch, dass er nach seinem

Ausscheiden aus dem Amt 1976 auf den Chefposten der HHLA wechselt, auf dem er 15 Jahre lang bleibt. „Mr. Hafen", wie er genannt wird, engagiert sich auch als Pensionär, arbeitet im Spendenparlament und im Aufsichtsrat des Ohnsorg-Theaters. Er stirbt kurz vor seinem 90. Geburtstag zu Hause.

Hamburgs Militärgeschichte:

Von heldenhaften Senatoren und verspotteten Gardisten

Es ist oft Hamburgs Politik gewesen, sich aus Kriegen möglichst herauszuhalten und stattdessen mit den Kriegführenden lukrative Geschäfte zu machen. In Anlehnung an den berühmten Satz „Lass andere Kriege führen – du, glückliches Österreich: heirate!" könnte man sagen: Du, glückliches Hamburg: treib Handel! Dennoch haben sich militärische Konflikte natürlich nicht immer vermeiden lassen, und nicht zuletzt hat die Seehandelsstadt seit jeher mit dem Problem der Piraterie zu kämpfen gehabt (dazu mehr im Kapitel „Die Lebensader"). Im Laufe der mehr als 1200-jährigen Stadtgeschichte hat Hamburg auch Kriege geführt, Schlachten geschlagen oder sich Angriffen auf die Stadt erwehren müssen. Mal mehr, mal weniger erfolgreich.

Man kann Hamburgs Militärgeschichte grob in drei Phasen einteilen: In den ersten Jahrhunderten ist die Stadt klein und weitgehend wehrlos; im Hochmittelalter und in der frühen Neuzeit (12. bis 16. Jahrhundert) wächst Hamburg zur Metropole heran und ist Teil der mächtigen Hanse. Die Stadt kann sich nicht nur verteidigen, sondern sich auch an offensiven Kriegen der Hanse zu Wasser und zu Lande beteiligen. Mit dem Niedergang der Hanse, der schon im 15. Jahrhundert beginnt, schwächt sich auch Hamburgs militärische Position. Die Stadt wahrt ihre Interessen nun vor allem mit den Mitteln der Diplomatie – und mit Geld. Bei den beiden bedeutendsten Leistungen auf militärischem Gebiet ist kein Schuss gefallen und niemand getötet worden: Nämlich beim Bau der Stadtbefestigung in den 1620er-Jahren – und bei deren Abriss 180 Jahre später. Beide Entscheidungen haben Hamburg vor der Zerstörung bewahrt und gehören somit zu den klügsten, die von den Ratsherren (es waren damals nun mal ausschließlich Herren) je getroffen wurden.

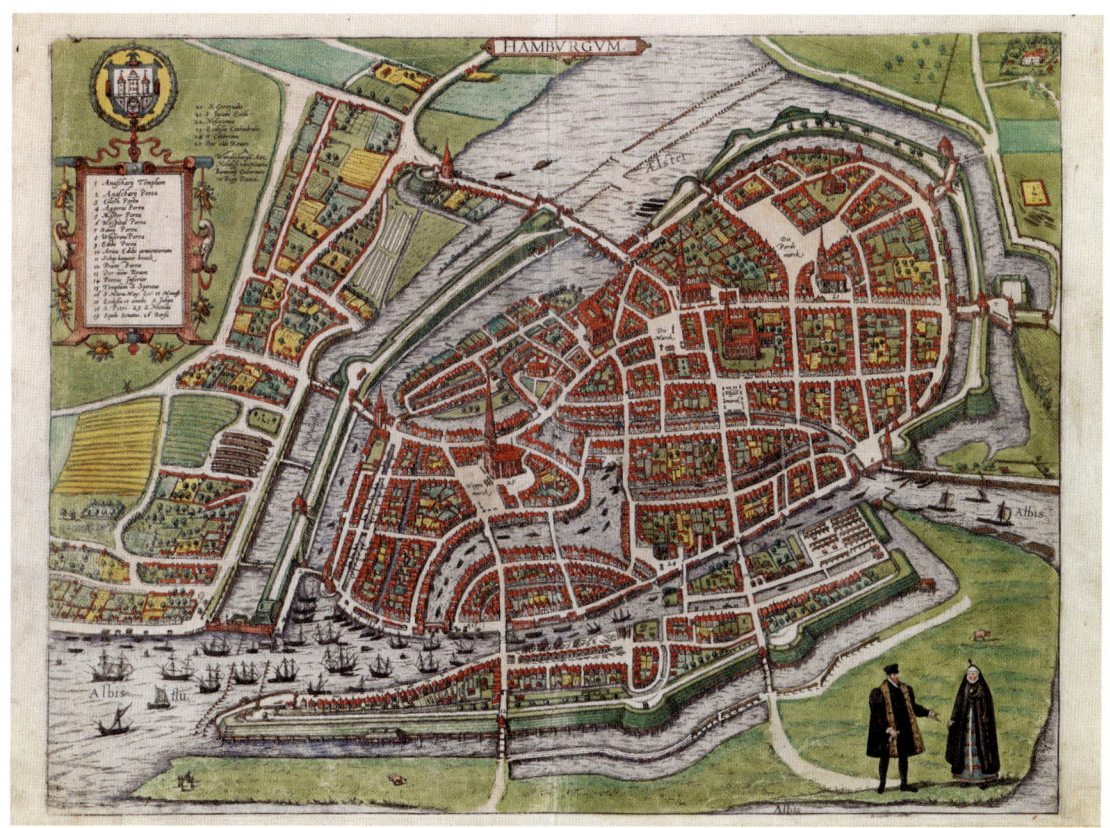

Kriege der Hanse:
Hamburg als Teil einer Großmacht

Spätestens ab dem 13. Jahrhundert ist Hamburg – nunmehr viel größer, reicher und damit mächtiger als in den Zeiten der Wikinger- und Slawenüberfälle – kein kleiner Spielball mehr. Als Mitglied der Hanse beteiligt sich Hamburg nun an den Kriegen, die immer dann geführt werden, wenn das Städtebündnis seine Wirtschaftsinteressen verteidigen will. Oft geht es gegen Dänemark, das stärker vom Ostseehandel (zeitweise ein Monopol der Hanse) profitieren möchte.

Das 14. und 15. Jahrhundert sind die wohl kriegerischsten Zeiten für Hamburg. Wie sehr Kriege gerade im frühen 15. Jahrhundert das Stadtleben prägen, lässt sich gut am Schicksal zweier Ratsherren veranschaulichen, die nicht nur Kriegsbeschlüsse fassen, sondern auch selbst an die Front gehen und nicht nur deswegen ihr Leben riskieren müssen: Hein Hoyer und Johann Kletze. Hoyer wird 1417 Bürgermeister, ist an Hamburgs Eroberung von Bergedorf drei Jahre später beteiligt und ist auch 1427 während der Seeschlacht im Öresund gegen die Dänen an Bord eines Hamburger Schiffs – er wird gefangen genommen und verbringt fünf Jahre in Kriegsgefangenschaft. Dann endlich kommt er frei und kann seinen Lebensabend friedlich in Hamburg verbringen. Ganz anders Kletze: Der Ratsherr kämpft ebenfalls

Diese illustrierte Karte von Braun & Hogenberg zeigt die Stadt im Jahr 1588. Im Zentrum ist St. Nikolai gut zu erkennen. Die schon besiedelten Gebiete ganz im Westen sind heute St. Pauli und die Neustadt.

Friedeschiffe

Ein Kriegsschiff – und ein solches ist es – als Friedeschiff zu bezeichnen, sagt einiges über seinen Zweck aus. Denn diese von den Hansestädten bis ins 15. Jahrhundert benutzten Koggen und Holke sollen für Frieden auf See sorgen und werden vor allem gegen Piraten eingesetzt. Baulich unterscheiden sie sich durch besonders hohe Kastelle am Bug und achtern. Da es noch keine Schiffsartillerie gibt beziehungsweise sie noch zu ineffektiv ist, werden feindliche Schiffe in der Regel geentert. Auf den Kastellen sind bis zu 60 Soldaten (meist Söldner), die mit Bögen und Armbrüsten kämpfen, bevor sie versuchen, auf das feindliche Schiff zu gelangen und die Gegner im Nahkampf zu besiegen. Die Friedeschiffe werden nie von der Hanse, sondern immer von einzelnen Städten gebaut und ausgerüstet. Im 17. und 18. Jahrhundert baut Hamburg mehrere Konvoischiffe, wie die „Wapen von Hamburg" I bis IV, die als Begleitschutz die Handelsschifffahrt sichern sollen. Mit bis zu 60 Kanonen ausgestattet, sind es reine Kriegsschiffe, die aber bewusst nicht so genannt werden, um Hamburgs Neutralitäts- und Friedenspolitik und den rein defensiven Charakter zu betonen.

immer stärker werdende Konkurrenz der Holländer und Engländer, innere Streitigkeiten und die zunehmende Verlagerung des Handelsschwerpunktes Richtung Atlantik leiten ihr langsames Ende ein. Das hat auch für Hamburg gravierende Auswirkungen, ist die Stadt doch nicht mehr Teil eines mächtigen Bündnisses, sondern zunehmend auf sich allein gestellt. Militärische Abenteuer gehören nun der Vergangenheit an – aktiv wird Hamburg nur noch, wenn es angegriffen wird oder wenn es gilt, die Hamburger Hoheit bis zur Elbmündung zu verteidigen (siehe „Die Lebensader").

Kampf um Bergedorf:
Eroberung und Schweinekrieg

In die kriegerische Phase des 14. und 15. Jahrhunderts fällt auch der einzige Eroberungskrieg, den Hamburg je geführt hat: 1420 werden gemeinsam mit Lübeck die Orte Bergedorf und Geesthacht sowie die Vierlande erobert. Der Krieg richtet sich gegen Erich V., den Herzog von Sachsen-Lauenburg. Obwohl dessen Vorfahren Bergedorf an Lübeck verpfändet haben, weigert er sich das anzuerkennen und besetzt die Stadt. Außerdem lässt er in Raubrittermanier Hamburger und Lübecker Kaufleute überfallen und stört so massiv den

in Bergedorf und führt die Hansetruppen 1427 bei der Belagerung des dänisch besetzten Flensburgs an. Als die Erstürmung der Stadt scheitert, macht man ihn für den Misserfolg verantwortlich. Ein tödliches Versagen, denn er verliert nicht nur seinen Ratshut, sondern gleich den ganzen Kopf: Kletze wird auf dem Grasbrook hingerichtet. Harte Zeiten für Politiker.

Obwohl sich die Hanse in diesem Konflikt mit Dänemark trotz aller Rückschläge noch einmal durchsetzen kann, hat sie den Höhepunkt ihrer Macht bereits überschritten. Die

---

Hein Hoyer (um 1380–1447)

Auch wegen der Benennung einer Straße nach ihm ist Hein Hoyer bis heute einer der bekanntesten Hamburger Bürgermeister des Spätmittelalters. 1413 wird er in den Rat gewählt, steht wohl in Opposition zu den alteingesessenen Familien, wird aber schon 1417 Bürgermeister. Hoyer hat diplomatisches Talent, vertritt Hamburg auf dem Konstanzer Konzil (wo er von Kaiser Sigismund die Bestätigung der Hamburger Privilegien erhält) und ist auch auf den Hansetagen präsent. Er fädelt die Eroberung Bergedorfs und die gemeinsame Verwaltung mit Lübeck ein. 1427 gerät er bei einem Seegefecht mit dänischen Schiffen für fünf Jahre in Gefangenschaft. Nach seiner Freilassung (ob ein Lösegeld gezahlt wird, ist unklar) handelt er mit Dänemark einen Friedensschluss aus und verbringt seine letzten Jahre in Hamburg.

Handelsverkehr, wobei der Übergang von Zollerhebung zum Raub durchaus fließend ist. Das ist typisch für diese Zeit, in der viele kleinere Adlige einen Bedeutungsverlust hinnehmen müssen. Eben noch als Ritter Teil der militärischen Elite, werden sie nun mit dem Aufkommen der Söldner und Schusswaffen nicht mehr gebraucht. Gleichzeitig blühen die Städte auf und werden immer reicher. Aber von solchen Hökern und Krämern übertrumpft zu werden, ist den meisten Adligen unerträglich. Viele von ihnen – am berühmtesten wohl der von Goethe verewigte Götz von Berlichingen – werden im 15. und 16. Jahrhundert zu Outlaws (Raubrittern).

Hamburg und Lübeck werben damals knapp 4000 Söldner an und erobern Bergedorf in wenigen Tagen. Der Herzog muss sich schleichen. Bis ins 19. Jahrhundert verwalten sie die Stadt gemeinsam, dann kauft Hamburg Lübeck dessen Anteil ab. Der Krieg um Bergedorf hat indes 250 Jahre nach der Eroberung noch ein kurioses und glücklicherweise unblutiges Nachspiel. 1420 ist unter anderem festgelegt worden, dass der Sachsenwald (damals heißt er noch Herzogswald) geteilt wird: eine Hälfte geht an den Herzog, die andere an Hamburg und Lübeck. Über den genauen Grenzverlauf gibt es aber immer wieder Streit, der selbst nach einem Urteil des Reichskammergerichts anhält. 1670 schließlich schickt der Herzog Truppen in den Wald, in dem die Hansestädter Holz

Das Bergedorfer Schloss in einer Lithografie um 1850. Der Ort gehört seit 1420 zu Hamburg, hat aber bis heute seine eigene Identität gewahrt. Zeichnung von Carl Martin Laeisz

Diese historisierende Zeichnung zeigt die Erstürmung Bergedorfs durch Hamburger und Lübecker Truppen im Jahr 1420. Tatsächlich dürfte es unspektakulärer zugegangen sein: Die Stadt wird am ersten Tag besetzt, lediglich die kleine Burgbesatzung trotzt der Belagerung fünf Tage lang, gibt dann auf und darf abziehen.

(Bild rechts)
Das Bild zeigt Hamburg nach dem Bau der neuen Befestigung, die sich im Dreißigjährigen Krieg (1618–1648) gut bewährt – keine Armee wagt die Belagerung oder gar Erstürmung. So gehört Hamburg zu den wenigen Profiteuren des furchtbaren Krieges. Die großen, zunächst unbesiedelten Gebiete im Westen werden nun nach und nach Teil der Stadt.

schlagen und ihre Schweine zur Mast treiben. Vieh und Hirten werden aus dem Wald gejagt (nach Hamburger Darstellung werden zudem einige Schweine „entführt"). Hamburg fürchtet einen Präzedenzfall und ist bereit, um jeden Baum zu kämpfen. Der Senat schickt Truppen: Die Schweine werden – nunmehr also eskortiert – wieder in den Wald getrieben. Diese Machtdemonstration bringt den Herzog zum schnellen Einlenken. Wegen ein paar Eicheln will er dann doch keinen Krieg riskieren ...

Hamburgs neue Stadtbefestigung:
Schutzwall im Dreißigjährigen Krieg

Mit dem zu Beginn des 17. Jahrhunderts anstehenden Bau der neuen Befestigungsanlagen, deren Reste heute noch etwa in den Wallanlagen zu erkennen sind, tut sich Hamburg besonders schwer, denn er verursacht immense Kosten. Außerdem ist es damals noch nicht einmal 50 Jahre her, dass die Stadtmauern erweitert und erneuert worden sind. Doch die Militärtechnik und vor allem die Artillerie haben sich seitdem weiterentwickelt, sodass die Befestigung schon wieder veraltet ist. Und als der

Rat 1616 den Neubau-Beschluss fasst, liegt längst Krieg in der Luft, auch wenn niemand ahnt, dass er 30 Jahre dauern und mindestens sechs Millionen Menschen das Leben kosten wird.

Das Zusammenleben von Protestanten und Katholiken wird

Anfang des 17. Jahrhunderts immer schwieriger, die konfessionellen Gegensätze zunehmend unüberbrückbar. Mit der protestantischen „Union" und der katholischen „Liga" gründen Fürsten und Städte Militärbündnisse; überall wird in Erwartung des Krieges aufgerüstet.

Hamburg will geschützt sein und nimmt gemeinsam mit Lübeck und weiteren Hansestädten den niederländischen Ingenieur und Festungsbauer Johan van Valckenburgh unter Vertrag, der als einer der europaweit besten seines Fachs gilt. Sein Plan für Hamburg hat gewaltige

Johan van Valckenburgh (1575–1625)

Über das Leben des begnadeten niederländischen Ingenieurs ist gar nicht so viel bekannt – über seine Arbeiten dagegen umso mehr. In Südholland geboren, arbeitet er ab 1605 für Prinz Moritz von Oranien. Die Niederlande befinden sich im „Achtzigjährigen Krieg" gegen Spanien. Seine erste eigenständige Arbeit liefert er beim Bau der Befestigung Lüneburgs ab. Sein Ruf ist hervorragend, sodass ihn mehrere Hansestädte gemeinsam engagieren, um die veralteten Verteidigungsanlagen am Vorabend des Dreißigjährigen Krieges zu modernisieren. Er ist unter anderem in Rostock, Lübeck und vor allem Hamburg tätig, das er in eine Festung verwandelt, die niemand im 1618 beginnenden Krieg anzugreifen wagt. Am besten sichtbar sind heute noch die Wallanlagen, wo eine Brücke seinen Namen trägt. Valckenburgh stirbt 1625 nahe Den Haag im Kampf gegen die Spanier.

Dimensionen: 16 Bastionen, dazu Wälle, Mauern, Schanzen und Vorposten – teilweise weit außerhalb der alten Stadtgrenzen – sollen gebaut werden. Sie sind so konzipiert, dass es eventuellen Belagerern unmöglich sein soll, von einer Höhenlage aus Hamburg zu beschießen, während die Verteidiger wiederum freies Schussfeld haben sollen.

1625 ist das Werk vollendet, da tobt längst der später so genannte Dreißigjährige Krieg. Während das Gemetzel weite Teile des Landes verwüstet und auch bedeutende Städte zerstört werden, bleibt Hamburg verschont. Das hat viel, aber nicht ausschließlich mit der beeindruckenden Verteidigungsanlage zu tun. Hamburg hat wegen seines Hafens auch eine große Bedeutung als Versorgungszentrum, außerdem ist die offiziell (zumindest meistens) neutrale Stadt eine wichtige Informationsbörse für alle Kriegsparteien. Das allein hätte die Heerführer aber sicher nicht davon abgehalten, die Stadt einzunehmen und zu plündern.

Dazu muss man wissen, wie damals Krieg geführt wird. Die Heere bestehen aus Söldnern, so etwas wie Wehrpflicht gibt es nicht. An ihrer Spitze stehen Männer, die mindestens ebenso sehr „Kriegsunternehmer" wie Feldherren sind – der berühmteste ist der von Schiller verewigte Albrecht von Wallenstein, der fast aus dem Nichts zum zeitweise mächtigsten Fürsten nach dem Kaiser aufsteigt. Und dann ermordet wird.

Die meisten Heerzüge während der 30 Jahre verfolgen übrigens gar keine militärischen Ziele, sondern dienen der Ernährung der Soldaten und des Trosses, zu dem auch Frauen und Kinder gehören. Ist eine Gegend „kahlgefressen", sind also alle Dörfer und Städte geplündert, zieht man weiter. Oft werden ganze Landstriche planmäßig verwüstet, um dem Feind die Ernährungsgrundlage zu nehmen. Ein furchtbarer Zermürbungskrieg, bei dem das Massensterben von Zivilisten bewusst einkalkuliert wird. Schlachten gibt es relativ selten, und auch ein Sturm auf befestigte Städte kommt nicht oft vor (mit Magdeburg, wo 20 000 Einwohner getötet werden, als schrecklicher Ausnahme) – zu groß erscheint das Risiko, sind die Soldaten doch das wichtigste „Kapital". Es sind also Kosten-Nutzen-Erwägungen, die angestellt werden. Und im Falle Hamburgs erscheint das Wagnis einer Erstürmung stets zu groß.

Wohlstand und Einwohnerzahl wachsen:
Hamburg als Kriegsgewinnlerin

Hamburg schafft es nicht nur, unzerstört aus dem Dreißigjährigen Krieg hervorzugehen, die Stadt ist eindeutig Kriegsgewinnlerin. Die Bedeutung als Handels- und nun auch Finanzplatz nimmt gewaltig zu – 1619 wird die Hamburger Bank gegründet, parallel die „Mark Banco", eine reine Rechnungseinheit, die in Zeiten kriegsbedingter Inflation ein Hort der Stabilität wird. Während die Bevölkerungszahl in Deutschland vor allem wegen der kriegsbedingten Hungersnöte und Seuchen um mindestens ein Drittel abnimmt, verdoppelt sich Hamburgs Einwohnerzahl fast. Bei Kriegsende leben rund 78 000 Menschen in der Stadt. Viele der Neu-Hamburger sind Kriegsflüchtlinge und viele wohlhabend – Arme lässt man nicht so gern ein. So kommen Geld, Knowhow und Handelskontakte in die Stadt.

Hamburgs Politik in diesen Jahren ist ausgesprochen pragmatisch und erfolgreich. Oder eigennützig und prinzipienlos, wenn man es negativ ausdrücken möchte ... Als beispielsweise der (katholische) Feldherr Tilly 1627 vor den Toren Hamburgs erscheint und einige (protestantische) Dörfer der Umgebung plündert, verkaufen ihm die (lutherischen) Hamburger Lebensmittel – wenn auch zu gesalzenen Preisen. Hamburg umgarnt einerseits den (katholischen) Kaiser, damit er die Handelsprivilegien und die Oberhoheit über die Niederelbe bestätigt, und bleibt dem breiten nord-

deutschen Bündnis mit dem (lutherischen) dänischen König fern, weil der wiederum die Oberhoheit über Hamburg beansprucht. Die Dänen sind ja so etwas wie ein „Erbfeind" für Hamburg. Nach deren Niederlage unterstützt Hamburg aber ziemlich offen die Schweden, die 1630 als „Retter des Protestantismus" in Deutschland erscheinen und dem Kaiser schwere Niederlagen zufügen. Der Hauptgrund dafür ist aber nicht die Glaubensbrüderschaft, sondern die erbitterte Feindschaft zwischen Schweden und Dänemark – der Feind des Feindes müsse ja ein Freund sein.

Hamburgs Politik ist absolut typisch für die Zeit; aus dem vermeintlichen Religionskrieg ist ohnehin längst ein Kampf um Vorherrschaft geworden, in dem etwa das erzkatholische Frankreich an der

Johann Tilly (1559–1632) ist im Dreißigjährigen Krieg ein bedeutender Heerführer sowohl der Katholischen Liga als auch ab 1630 der kaiserlichen Armee. Die Erstürmung Magdeburgs und das anschließende Massaker sind ein dunkler Schatten auf seiner Biografie. Stich von Pieter de Jode d. Ä. nach Anthonis van Dyck

Der Westfälische Friede oder Westfälische Friedensschluss, abgeschlossen zwischen dem 15. Mai und dem 24. Oktober 1648 in Münster und Osnabrück, beendet den Dreißigjährigen Krieg und den achtzigjährigen Unabhängigkeitskrieg der Niederlande. Die Verhandlungen haben vier Jahre gedauert. Abgebildet ist die holländische Version des Dokuments.

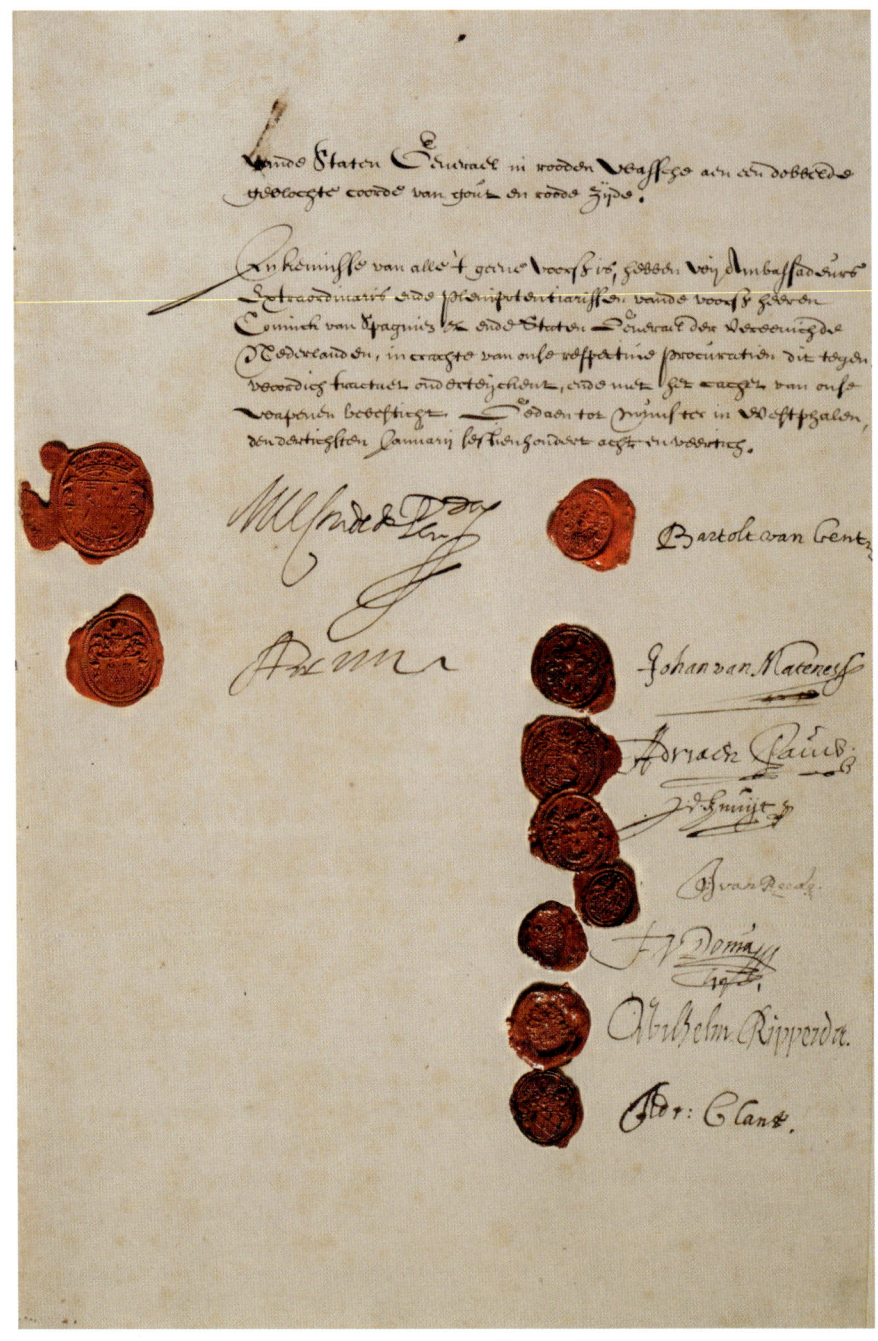

Seite der protestantischen Schweden gegen die verhassten erzkatholischen Habsburger auf dem Kaiserthron kämpft. Als das Gemetzel 1648 mit dem Westfälischen Frieden endlich sein Ende findet, steht Hamburg jedenfalls glänzend da – eine strahlende Metropole inmitten eines ökonomisch, demografisch und moralisch zerstörten Landes. Und das, weil die sonst so oft geizigen Ratsherren ausnahmsweise keine Kosten gescheut und in Mauern, Wälle und Kanonen investiert haben.

Freie Reichsstadt Hamburg: *Militärischer Zwerg, wirtschaftlicher Riese*

Ein militärischer Faktor im Spiel der Mächte ist Hamburg ab dem 17. Jahrhundert nicht mehr, wohl aber ein wirtschaftlicher. Und als 1712 im Großen Nordischen Krieg, in dem Schweden 20 Jahre lang gegen Russland, Polen, Sachsen und Dänemark kämpft, eine schwedische Armee vor den Toren Hamburgs auftaucht, ist es für beide Seiten das Beste, die Sache mit Geld zu regeln: Hamburg zahlt 250 000 Taler, um unbehelligt zu bleiben. Dem benachbarten Altona ergeht es weitaus schlechter: Weil die Stadt nicht genug bezahlen kann, wird sie niedergebrannt und geplündert. 1721 muss sich Schweden im Kampf gegen die übermächtige Allianz seiner Gegner geschlagen geben, verliert die im Dreißigjährigen Krieg erkämpften Besitzungen in Deutschland und seinen Großmachtstatus.

Und auch mit Dänemark will Hamburg nun endlich dauerhaften

Frieden. Die uralte Streitfrage, ob Hamburg denn nun eine Freie Reichsstadt ist (und damit formell dem Kaiser untersteht) oder eine holsteinische Stadt (und damit dem dänischen König huldigen müsste), soll endgültig geregelt werden. Dänemark ist auch bereit, seine Rechtsposition aufzugeben – gegen eine entsprechende Zahlung.

Das Schloss Gottorf in Schleswig um 1732, wo der gleichnamige Vertrag verhandelt worden ist, in dem Dänemark 1768 seine Ansprüche auf Hamburg endgültig aufgibt. Ausschnitt aus einem stilisierten Aquarell von Hans Cristoffer Lönborg

Hamburg, das sich im 18. Jahrhundert nicht mehr unmittelbar bedroht sieht, knausert aber und zögert lange, bis es endlich 1768 zur Einigung kommt. In dem von Heinrich von Schimmelmann vermittelten Gottorper Vertrag – benannt nach dem Verhandlungsort in Schleswig – verzichtet Dänemark auf seine Hoheitsrechte. Im Gegenzug müssen Kredite in Höhe von rund 1,3 Millionen Talern nicht zurückgezahlt werden. Noch wichtiger für Hamburg ist aber der ebenfalls vereinbarte Gebietstausch. Hamburg gibt ein Dutzend verpfändeter Dörfer im heutigen Kreis Stormarn frei und erhält dafür mehrere Elbinseln wie unter anderem die Veddel, die Peute und Steinwerder. Allesamt Gebiete, die damals als ziemlich wertlos gelten, aber im 19. Jahrhundert den Ausbau des Hafens und die Industrialisierung Hamburgs erst möglich machen werden.

Kein Feind in Sicht:
Bürgerwache und Bürgergarde

Hamburg hat nach der Einigung mit Dänemark im Gottorper Vertrag 1768 keine feindlich gesinnte größere Macht mehr in der Nachbarschaft. Ganz auf Militär verzichten will man dennoch nicht. Doch die Truppen, die Hamburg hält – allen voran die Bürgerwache –, taugen kaum zur Einschüchterung und werden sogar in Karikaturen verspottet.

Zu Beginn des 19. Jahrhunderts entscheiden sich die Hamburger Ratsherren für eine ganz andere Strategie als beim Festungsbau gut 200 Jahre zuvor – nämlich die der offenen Tür. Die Festungsanlagen sind längst wieder veraltet, als ein gewisser Napoleon sich anschickt, ganz Europa zu erobern. Diesem militärischen Genie Widerstand zu leisten, erscheint den Hamburgern berechtigterweise allzu kühn. Also entschließt man sich zur Abrüstung und lässt die Befestigungsanlagen als Zeichen der friedlichen Gesinnung abreißen. Hamburg wird zwar von französischen Truppen besetzt und macht schwere Zeiten durch (siehe „Die leidgeprüfte Stadt"), aber die Stadt bleibt vor der Zerstörung bewahrt, die ihr bei einer Belagerung und Erstürmung unweigerlich widerfahren wäre.

Nach Abzug der Franzosen 1814 wird Hamburg Mitglied im Deutschen Bund, einem eher lockeren Staatsverband, der von den Großmächten Preußen und Österreich dominiert wird. Aber es gibt Bundestruppen, zu denen Hamburg gemeinsam mit Lübeck und Bremen einen Beitrag leisten muss: zusammen 2190 Mann. Diese Garnison, auch Bundeskontingent genannt, besteht bis 1835 aus Berufssoldaten – was viele Hamburger aus Prinzip ablehnen – und danach aus Wehrpflichtigen.

Neben diesen kasernierten Truppen hat Hamburg jetzt eine Bürgergarde – alle Männer zwischen 20 und 45 Jahren sind dienstverpflichtet. Diese Truppe, in der es zunächst durchaus kampferprobte Veteranen der Befreiungskriege gegen Napoleon gibt, umfasst rund 7800 Mann, die einmal monatlich zu Übungen zusammenkommen. Theoretisch kann jeder Offizier werden. Da dies aber mit Ausrüstungskosten ver-

Die Hamburger Bürgerwache zieht auf ihrem Sammelplatz am Großneumarkt in der Neustadt auf. Sie ist oft Ziel beißenden Spotts der Hamburger, wovon zahlreiche Zitate und Karikaturen zeugen.
Aquarellierte Radierung, um 1754

bunden ist (teuer ist vor allem die Kavallerie, da man private Pferde verwendet), sind die höheren Ränge ausschließlich mit Söhnen reicher Familien besetzt.

Zur Stärkung des Gemeinschaftsgefühls leistet die Bürgergarde sicherlich einen nicht unwichtigen Beitrag. Sie ist durchaus beliebt, weil sich diese Truppe – im Gegensatz zu Berufssoldaten – bei politischen Unruhen nicht einfach vom Rat gegen die Bürger einsetzen lässt. Der militärische Wert nimmt aber rasch ab, und bald wird die Bürgergarde Ziel beißenden Spotts. Zitiert sei hier Jacob Gallois, ein militärisch versierter Franzose, der an Napoleons desaströsem Russlandfeldzug 1812 teilnimmt, sich danach in Hamburg niederlässt und Lehrer an der Gelehrtenschule des Johanneums ist. „Der Säbel ist ihnen untersagt, da man fürchtet, sie könnten sich beim Spielen damit verletzen. In dieser Garde wird nun beileibe nicht ernsthaft exerziert. Zwölfmal im Jahr übt man ein bisschen, und wenn man da-

nach imstande ist, rechts von links und umgekehrt zu unterscheiden, wird man Offizier. ... Jedes Bataillon hat eine Fahne, eine wahre Jungfrau des Ruhms. Ihre Devise ist: Die Garde ergibt sich, aber sie stirbt nicht!" Vor Gallois' Spott ist nichts und niemand in Hamburg sicher. Seine Schriften gelangen übrigens erst lange nach seinem Tod (1872) an die Öffentlichkeit – derlei Satire hätte ihn auch sicherlich seinen Job gekostet.

Hamburgs eigenständige Militärgeschichte endet mit dem Beitritt zum Norddeutschen Bund 1867 und bald darauf, 1871, zum Deutschen Kaiserreich. Das Bürgermilitär wird aufgelöst, Hamburger Wehrpflichtige bilden nun das (Hanseatische) Infanterieregiment 76 unter preußischer Hoheit. Überflüssig zu erwähnen, dass die Zeiten militärischen Schlendrians nun unter dem sprichwörtlichen preußischen Drill ein Ende haben ...

Vom „Gotteskasten" zur Sozialpolitik:

Der Umgang mit den Armen ist immer ein Spiegelbild der Hamburger Gesellschaft

Wo Armut beginnt und wie man sie definiert, darüber streiten heute die Gelehrten. Das ist im Mittelalter anders. Wer seinen Lebensunterhalt – also Obdach, Essen und Kleidung – nicht verdienen kann und auf die Hilfe anderer angewiesen ist, der ist arm. Die Zahl der Armen schwankt mit den Zeitläuften, Armut ist in Hamburg aber zu allen Zeiten gegenwärtig. Der Umgang mit ihr schwankt genauso: zwischen großer Hilfsbereitschaft, wegschauen und sogar wegsperren, manchmal aber auch fast revolutionär neuen Methoden.

Armut im Mittelalter:
Die Kirche kümmert sich

Armut ist natürlich nicht sehr viel jünger als die Menschheit. Es gibt sie zu allen Zeiten und überall. Sie ist so selbstverständlich, wie es die Jahreszeiten sind. Über die Ursachen nachzudenken oder gar diese zu bekämpfen, ist im Mittelalter – und

noch lange danach – ein absurder Gedanke. Es gibt eben Arme und Reiche, genauso wie es Fürsten und Bauern, Sommer und Winter gibt. Aber es gibt eben auch die Kirche, und die glaubt an Jesus, der nun mal ein Faible für die Armen gehabt hat. Und daher gibt es in Hamburg eben auch von Beginn an *caritas* und *clementia*, die christlichen Tugenden Nächstenliebe und Milde. Die Kirche und ihre Orden widmen sich der Armenpflege, und reiche, um ihr Seelenheil und ihren Ruf besorgte Hamburger helfen mit Spenden oder Stiftungen – deren steuerliche Vorteile erst sehr viel später eine weitere Motivationsbasis schaffen.

Das erste Spital der Stadt (von lateinisch *hospitalitas*, was eigentlich Gastfreundschaft bedeutet) hat einen heute noch berühmten Namen: Hospital zum Heiligen Geist. Es wird um 1230 von Bürgern der damaligen Neustadt gestiftet und hat seinen Sitz am Rödingsmarkt. Es ist zum einen

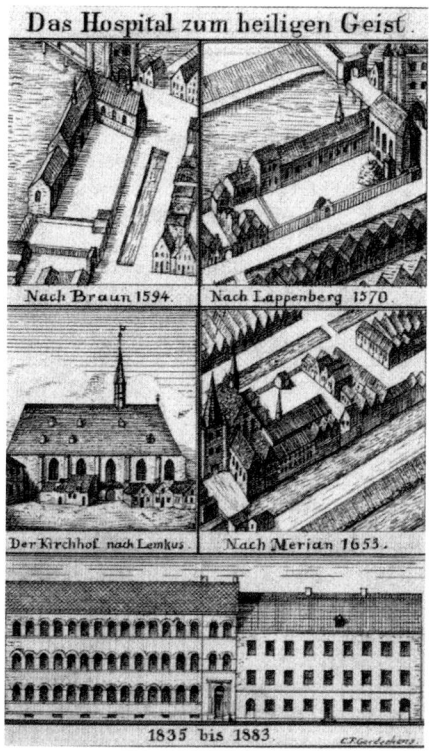

Das Hospital zum heiligen Geist.

Nach Braun 1594.   Nach Lappenberg 1570.

Der Kirchhof nach Lemkus   Nach Merian 1653.

1835 bis 1883.   C.F.Gaedechens

Reformation:
Die Klöster werden aufgelöst

Mit der Reformation kommt das Ende der Klöster, und jetzt muss auch das Armenwesen neu gedacht werden. 1527 entwickeln Gemeindemitglieder von St. Nikolai eine „Allgemeine Armenordnung", um denen zu helfen, „die ohne vorsätzliche Untat, bloß durch Gottes Verhängnis, in Armut verfallen sind". Es ist die Geburtsstunde der „Gotteskästen", in denen die Spenden gesammelt werden – verwaltet von den „Oberalten", also älteren, und wie man hofft, weisen Männern. Diese Armenordnung übernehmen die anderen Kirchspiele schnell, sodass ein einheitliches System entsteht. Dennoch stößt es bald an seine Grenzen. Zum einen gehen in Krisenzeiten, in denen die Armut besonders verbreitet ist, auch die Spenden zurück; zum

eine Herberge für durchreisende Pilger, zum anderen ein Armenhaus. Bald wird es auch ein Altenheim. Außerhalb der Stadt, in St. Georg, gibt es zwar schon seit 1200 ein Spital, es dient zunächst aber ausschließlich der Aufnahme von Leprakranken. Das Hospital zum Heiligen Geist wird reich beschenkt und kann umfangreichen Landbesitz erwerben, unter anderem das Dorf Eilbek und ein Areal vor der Stadt, das heute noch so heißt: Heiligengeistfeld. Dort werden Obst und Gemüse angebaut, um die Armen zu verpflegen. Auch das Johanniskloster auf dem heutigen Rathausmarkt und das Maria-Magdalenen-Kloster am Standort der heutigen Handelskammer widmen sich der Armenpflege. Meist geben sie Essen oder Geld aus, manchmal wird Armen auch Obdach gewährt.

Das Hospital zum Heiligen Geist wird um 1230 am Rödingsmarkt als Pilger-Herberge und Armenhaus gegründet, es ist jahrhundertelang die wichtigste Sozialeinrichtung.
Fünf Detailansichten der Anlage von Cipriano Francisco Gaedechens

Das erste Kirchspiel mit einem „Gotteskasten" ist St. Nikolai in der Neustadt. Die eingesammelten Gelder dienen der Versorgung armer Gemeindemitglieder. Zeichnung aus dem 16. Jahrhundert

Umkehrschluss haben viele Arme dann eben selbst schuld.

Die Kinder allerdings erregen auch das Mitleid hartgesottener Lutheraner. „Rettet die Kinder" wird Ende des 16. Jahrhunderts zum Schlagwort. In diesen Jahren der Glaubenskriege strömen viele protestantische Glaubensflüchtlinge in die Stadt, von denen es längst nicht alle schaffen, sich eine solide Existenz aufzubauen. So sind es nicht

Hamburgs Waisenkinder dürfen einmal jährlich einen Umzug durch die Stadt machen, um Geld zu sammeln – die an langen Stangen befestigten Sammelbüchsen halten die Kinder den Bürgern in die Fenster. Kolorierte Radierung von Christoffer Suhr, um 1800

1785 wird der Neubau des Waisenhauses an der Admiralitätstraße fertig.

anderen wird eben nur denen geholfen, die „unverschuldet" in Not geraten. Wer als arbeitsscheu gilt – und das passiert schnell –, bleibt außen vor. Hier spielt das protestantische Arbeitsethos eine große Rolle: Wer hart und fleißig arbeitet und sparsam lebt, den beschenkt Gott mit Wohlstand – im

zufällig neben dem eingesessenen Kaufmann Joachim Biel die holländischen Immigranten Gilles de Greve und Simon van Petkum, die sich für den Bau eines Waisenhauses einsetzen, das nach längeren Verhandlungen 1604 am Rödingsmarkt entsteht. Der Vorgang ist erstaunlich gut dokumentiert. So wissen wir, dass der

achtjährige Engelke Stolte als erstes Kind aufgenommen wird (was aus ihm geworden ist, leider nicht) und dass es so viele Spenden gibt, dass nach dem Bau des Hauses noch 8400 Mark übrig sind – eine enorme Summe.

Das Geld wird aber auch dringend benötigt, denn schon nach einem Jahr sind bereits 144 Kinder im Waisenhaus. Und das ist nur ein Teil der in Not geratenen Kinder, zumal Auswärtige und Nichtsesshafte gar nicht aufgenommen werden. Trotz der Reformen und Anstrengungen sind die Straßen weiter voll von Bettlern, arme Familien schicken ihre Kinder von Tür zu Tür, in der Hoffnung auf milde Gaben. Und so gründen die Hamburger etwas, was damals in ganz Deutschland in Mode kommt: ein „Werk- und Zuchthaus".

Es wird 1618 am Alstertor fertiggestellt, für die Armen gibt es dort Unterkunft, Essen – und Zwangsarbeit. Die Hausordnung lässt da keine Zweifel aufkommen: Das Haus sei für die, „die ihre Kost nicht verdienen können, weil sie keine Mittel noch Wege dafür haben, oder aber wegen ihres faulen Fleisches nichts thun, sondern gehen lieber betteln; dann die Züchtlinge, welche von selber nichts Gutes thun wollen, Gottes und sein heiliges Wort mißbrauchen, in allerlei Unzucht, Diebstahl, in Fressen und Saufen, in Summa in allerlei Sünd und Schand wie das wilde Vieh dahin lebet". Mit anderen Worten: Wer arm ist oder sich nicht an die gängigen Moralvorstellungen hält, kommt ins Zuchthaus. Manche Familie lässt sogar Verwandte im Zuchthaus verschwinden,

Das Werk- und Zuchthaus am Alstertor wirkt auf diesem Aquarell von Peter Suhr (1840) fast mondän, ist aber ein elender Ort, an dem soziale Randgruppen Zwangsarbeit leisten müssen – oft werden auch Alte oder Kranke eingewiesen, die ihren Familien zur Last geworden sind. 1842 wird es aufgelöst.

Van pynlike sake dat hogeste belangende.

In vorchristlicher Zeit sind die Germanen in Sachen Rechtsprechung vergleichsweise pragmatisch. Zwar gibt es Blutrache, im Vordergrund steht aber die Wiedergutmachung des Schadens – auch bei Mord und Totschlag. Es gibt sogar Tabellen, in denen der „Wert" von Menschen aufgelistet ist, wobei junge Frauen wegen ihrer Gebärfähigkeit den mit Abstand größten Wert darstellen, weit vor Kriegern. Solche Gedanken sind den Hamburgern in christlicher Zeit völlig fremd, die Justiz ist ausgesprochen brutal. Zur Wahrheitsfindung wird gefoltert, zur Strafe werden Menschen gepeitscht, Hände und Füße abgehackt, Ohren abgeschnitten, Knochen gebrochen. Wer für ein paar Tage am Pranger landet, wo er bespuckt und mit „Unrath" beworfen werden darf, kann sich fast noch glücklich schätzen. Natürlich gibt es auch die Todesstrafe, wobei das Köpfen als ehrenhaft gilt, Hängen als unehrenhaft. Verräter und andere mit besonders schwerer Schuld wie Kindsmörder werden ausgeweidet und geviertelt, alles öffentlich. Ein Sonderfall sind die Hexenprozesse, die in Hamburg von 1444 bis 1642 dokumentiert sind – mindestens 50 Frauen werden „im Namen Christi" verbrannt.

Richter sind die Stadtherren, also der Rat; es gibt ein Nieder- und ein Obergericht. Was es nicht gibt, sind Freiheitsstrafen (die setzen sich erst im 18. Jahrhundert durch), und deswegen auch keine Gefängnisse. Nur für die kurze Zeit zwischen Festnahme und Gerichtsverhandlung

Ab dem Spätmittelalter kommt es auch in Hamburg zu Hexenprozessen. Diese Miniatur aus dem Stadtrecht von 1497 zeigt eine „zaubernde" Frau im Bogen in der Bildmitte. In Hamburg werden zwischen 1444 und 1642 etwa 40 Frauen als „Giftmischerinnen" oder „Wahrsagerinnen" angeklagt und verbrannt.

um sic nicht mehr ernähren zu müssen. Zeitweise sind rund 3 Prozent der Hamburger Bevölkerung dort – damit liegt die Quote 50-mal so hoch wie heute in den Gefängnissen. Im Zuchthaus kommt auch die sprichwörtliche Tretmühle zum Einsatz, mit der Hanffasern per Muskelkraft zerkleinert werden. Außerdem müssen die Insassen Schuster-, Schneider- und Näharbeiten verrichten und so für Kost und Logis aufkommen. 1669 wird in einem Anbau ein eigenes Spinnhaus eingerichtet, in dem vor allem Prostituierte schuften müssen – sie sollen so „geläutert" werden.

müssen die Angeklagten unter-
gebracht werden. Später werden
Strafgefangene gemeinsam mit den
Armen im Werk- und Zuchthaus
inhaftiert, bis 1811 während der
französischen Besatzung eine klare
Trennung erfolgt. Erst jetzt wird die
Justiz eigenständig – und statt der
Ratsherren urteilen ausgebildete Ju-
risten.

Eine echte Reform:
Die Allgemeine Armen-Anstalt

Hamburgs Sozialpolitik besteht im
17. und 18. Jahrhundert vor allem
darin, Arme wegzusperren und sie
zur Arbeit zu zwingen, ohne dass sie
eine reelle Chance hätten, aus ihrem
Elend herauszukommen. Ende des
18. Jahrhunderts kommt es zum
Umdenken. Die Aufklärung – eine
geistige Bewegung, die rationales
Denken und Fortschritt fordert – hat
in Hamburg viele Anhänger, die die
Gesellschaft dauerhaft verändern.
Einer von ihnen ist Caspar Voght,
Spross einer reichen Kaufmanns-
familie. Doch die Führung der Firma
überlässt er bald seinem Partner

JOH. GEORG BÜSCH,
Professor.

Johann Georg Büsch
(1728–1800) besucht
das Johanneum und
das Akademische
Gymnasium, studiert
in Göttingen und
kehrt als Professor
für Mathematik nach
Hamburg zurück. Er
gilt als Begründer des
Allgemeinen Vor-
lesungswesens der
Stadt und ist
Gründungsmitglied
der Patriotischen
Gesellschaft von 1765.

Georg Heinrich Sieveking, um sich
seinen wahren Interessen zu widmen:
Landwirtschaft und Sozialreformen.
Gemeinsam mit Gleichgesinnten,
dem Pädagogen Johann Georg Büsch
und dem Senator Johann Arnold
Günther, gründet er 1788 die „Allgemeine Armen-Anstalt". Sie wird
bald zum Vorbild für halb Europa.
    Die Prinzipien der neuen Anstalt
klingen selbst heute noch modern:
Hilfe zur Selbsthilfe, Arbeits-
beschaffungsmaßnahmen, Fördern
und Fordern, Sanktionierung bei
Fehlverhalten. Das wird 1788 zwar

Caspar Voght (1752–1839)

Dass Caspar Voght dem väterlichen
Kaufmannsberuf nicht allzu viel
abgewinnen kann, wird früh klar. Statt
zur Ausbildung reist der gebürtige
Hamburger zu Bildungszwecken ins
Ausland – drei Jahre dauert seine
Europareise, auf der er Voltaire
kennenlernt, aber auch
Geschäftsbeziehungen pflegt, um den
Vater zu beruhigen. Als der stirbt,
führt er gemeinsam mit seinem
Jugendfreund Georg Heinrich
Sieveking die im Handel mit
Nordamerika reüssierende Firma

weiter, zieht sich aber bald mehr und
mehr zurück. Seine Leidenschaft
gehört der Landwirtschaft: Er kauft
Ländereien in Klein Flottbek, baut ein
Mustergut auf – die ornamented farm
– und lässt einen englischen
Landschaftsgarten anlegen (heutiger
Jenischpark). Als er einen englischen
Reformer durch das Hamburger
Zuchthaus führt, wird sein Interesse
für soziale Fragen geweckt. Als
Mitglied der Patriotischen Gesellschaft
treibt er die Reform des Armenwesens
voran und ist der entscheidende Mann
zur Schaffung der Allgemeinen
Armen-Anstalt. Jetzt versucht man,

Ursachen zu bekämpfen, jetzt steht
individuelle Hilfe im Vordergrund. Die
Reformen werden zwar im Laufe der
Zeit verwischt, aber Voght hat etwas
geschaffen, das Vorbild für viele Städte
in Europa wird. 1802 erhält er für seine
Verdienste den Reichsfreiherrntitel. Er
reist weiterhin viel, lernt auch
Napoleon kennen, muss aber wegen
der Wirtschaftskrise das Handelshaus
auflösen und sein Gut verkaufen. Die
letzten Jahre lebt er bei der Witwe
seines Freundes Sieveking. Er stirbt
mit 86 Jahren.

Georg Heinrich Sieveking (1751–1799) absolviert zunächst eine Lehre, besucht die Handelsakademie, wird Teilhaber und später Inhaber der Firma Voght und Sieveking. Er gehört zu den erfolgreichsten Hamburger Kaufleuten seiner Zeit und engagiert sich auch in der Patriotischen Gesellschaft.

Johann Arnold Günther (1755–1805) muss mit 14 Jahren die Schule verlassen und ins väterliche Kontor, später kann er doch noch das Johanneum und das Akademische Gymnasium besuchen. Als er nach dem Studium in Göttingen zurückkehrt, ist er maßgeblich an der Gründung der Allgemeinen Armen-Anstalt beteiligt. 1792 wird Günther in den Senat gewählt.

anders formuliert, erinnert aber an eben das, was im bundesdeutschen Sozialstaat bei Sozialhilfe und Bürgergeld gemacht wird. Die Armenanstalt ist eine private Initiative und basiert zunächst vor allem auf Spenden. Die Stadt wird in fünf Bezirke (die Kirchspiele) eingeteilt, in denen es jeweils zwölf Quartiere mit jeweils drei Armenpflegern gibt. Hinzu kommen „Armenherren" als Aufsicht, Ärzte und Apotheker zur medizinischen Versorgung. Um die Armen überhaupt erfassen zu können, werden erstmals Nummern an die Häuser angebracht – nur in einer Straße gibt es bereits Buchstaben, weshalb sie bis heute ABC-Straße heißt. Offizielle Straßennamen gibt es zwar noch nicht, das folgt etwa 40 Jahre später, aber sie haben sich mündlich längst etabliert, und werden dann auch meist übernommen.

Wer von der neuen Einrichtung profitieren will, muss sich beim Armenpfleger melden (Frauen sind für dieses Amt nicht zugelassen). Der besucht dann das Haus, befragt Be-

wohner und Nachbarn und stellt die Hilfebedürftigkeit fest. Die Zahlungen orientieren sich am Existenzminimum, liegen aber bewusst etwas darunter. Die Miete geht meist direkt an den Eigentümer. Es wird aber nicht einfach gezahlt, sondern versucht, den Menschen Arbeit zu vermitteln. Viele werden bei öffentlichen Bauten oder Projekten angestellt, anderen eine Ausbildung vermittelt. Frauen und junge Mädchen erhalten eine mehrwöchige Anleitung, dann stellt man ihnen Spinnräder, damit sie Geld verdienen können. Auch die Bildung spielt eine Rolle: Armenschulen werden eingerichtet und die Schulpflicht für diese Klientel eingeführt (siehe „Bildung als Luxusware"). Großen Wert legen die Initiatoren darauf, zu verhindern, dass Menschen wegen einer kurzfristigen Krise dauerhaft verarmen. So werden etwa Handwerkern günstige Kredite gewährt. Parallel zur Gründung erlässt der Rat ein Bettelverbot.

Wie sehr ein neuer Geist durch Hamburg weht, zeigt sich auch daran, dass alle Armenpfleger freiwillig und ohne Vergütung arbeiten. Sie wollen die Armut breiter Schichten nicht länger als gottgegeben hinnehmen und arbeiten in der Regel mit viel Enthusiasmus. Der Erfolg zeigt sich unter anderem daran, dass die Spenden zunächst reichlich fließen und das alte Werk- und Zuchthaus immer leerer wird.

Zu den Schattenseiten gehört, dass die Juden ausgeschlossen sind – das Bettelverbot aber trifft sie hart. Um 1800 leben etwa 9000 Juden in Hamburg, Altona und Wandsbek, die

poleonischen Kriege und die Kontinentalsperre führen zur Wirtschaftskrise. Weniger Geld kommt rein, mehr muss ausgegeben werden, bald kommt die Stadtkasse für 50 Prozent des Etats der Armenanstalt auf. Und so sind drastische Kürzungen die Folge. Immer weniger Geld wird ausgezahlt, stattdessen gibt es „Suppenzeichen", also Lebensmittelmarken für die Suppenküchen. Dort wird meist die berühmt-berüchtigte „Rumfordsche Suppe" gekocht, eine Erfindung des

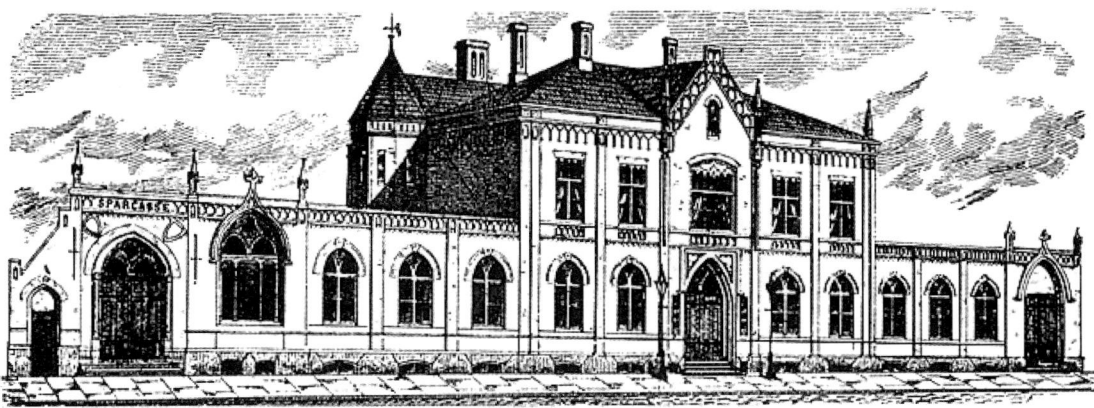

sich zu einer Gemeinde zusammengeschlossen haben. Darüber hinaus gibt es weitere, meist arme Juden, die nicht zur Gemeinde gehören. Als Reaktion auf die Armenanstalt schafft die Gemeinde ein eigenes, ähnliches System, damit die schlimmste Not gelindert wird.

1788 wird auch eine Sparkasse für die ärmeren Bevölkerungsschichten gegründet – es ist die erste in Europa. Zwar muss sie 1810 schließen, doch 1827 gibt es eine Nachfolgerin, die Hamburger Sparkasse, die bald ihr 200-jähriges Bestehen feiern kann.

Die Zeiten für die Armenanstalt ändern sich leider rasch – die Na-

Reichsgrafen von Rumford, um Menschen möglichst billig und nahrhaft zu ernähren. Sie besteht vor allem aus Graupen und Erbsen, bald gibt es aber Dutzende Varianten. Die Leistungseinschränkungen setzen sich während der französischen Besatzung fort, bis die Armenanstalt ganz geschlossen wird – die Armen werden schließlich im Winter 1813/14 aus der Stadt gejagt (siehe „Die leidgeprüfte Stadt").

Nach der Befreiung wird die Armenanstalt zwar neu gegründet, aber jetzt stehen Gängelung, Kürzung und Bürokratie stärker im Mittelpunkt. Nur wer schon mindestens

Das 1799 gegründete Altonaische Unterstützungs-Institut an der Catharinenstraße/Ecke Königstraße wird Deutschlands zweitälteste Sparkasse und an der Finanzierung zahlreicher öffentlicher Bauten wie etwa dem Altonaer Bahnhof beteiligt. Es wird von den Nazis aufgelöst. Die undatierte Zeichnung stammt wohl aus der Mitte des 19. Jahrhunderts.

15 Jahre in der Stadt lebt oder eine Hamburger Mutter hat, ist noch bezugsberechtigt. Die Grundidee aber breitet sich aus: Caspar Voght wird von Kaisern und Königen nach Wien, Paris und Berlin eingeladen, um das jeweilige Armensystem zu untersuchen und Verbesserungsvorschläge zu machen.

Ein Segen für die Stadt:
Die Patriotische Gesellschaft

Man kann kein Buch über Hamburgs Geschichte schreiben, ohne die „Hamburgische Gesellschaft zur Beförderung der Künste und nützlichen Gewerbe" zu würdigen. Sie wird 1765 von aufgeklärten Bürgern gegründet und erhält bald den ehrend gemeinten Beinamen „Patriotische Gesellschaft", den sie übernimmt. Patriotisch bedeutet im 18. Jahrhundert weniger Vaterlandsliebe als den selbstlosen Einsatz für das Gemeinwesen – und in diesem Sinne ist die Gesellschaft ungemein erfolgreich.

Auf ihre Initiative hin wird in der Frühphase der Blitzableiter in Hamburg ebenso eingeführt wie der Kartoffelanbau. Die Bücherhallen, die Berufsschulen, die Hochschulen für Angewandte Wissenschaften und für Bildende Künste, die Museen für Kunst und Gewerbe und für Hamburgische Geschichte, um nur die wichtigsten zu nennen, gehen alle auf die Patriotische Gesellschaft zurück. Bis heute stößt sie wichtige Debatten, etwa um die Stadtentwicklung, an. Ihren Sitz hat sie nach wie vor an der Trostbrücke, wo der Bau des Architekten Theodor Bülau nach dem Großen Brand 1847 fertiggestellt wird. Dabei werden viele Steine des alten Rathauses verwendet, das an dieser Stelle 1842 den Flammen zum Opfer gefallen ist. Und weil sich der Rathausneubau von Martin Haller bis 1897 hinzieht, tagt so lange auch die Bürgerschaft in diesem Haus – ein würdiger Platz.

Das Haus der Patriotischen Gesellschaft wird nach Plänen von Theodor Bülau zwischen 1845 und 1847 an der Trostbrücke gebaut, dort wo das Rathaus vor dem Großen Brand gestanden hat. Von 1859 bis 1897 tagt hier die Bürgerschaft, weil das neue Rathaus noch nicht fertig ist. Im Zweiten Weltkrieg brennt es aus, wertvolle Sammlungen gehen verloren. Nach dem Krieg erfolgt die Wiederherstellung unter Friedrich R. Ostermeyer am selben Ort, 2015 wird es umfassend saniert. Stahlstich von James Gray, 1852

Die Erweckungsbewegung sorgt für soziales Engagement

Im 19. Jahrhundert breitet sich im evangelischen Christentum eine neue Frömmigkeit aus, die auch in Hamburg Anhänger findet. Es ist eine Erweckungsbewegung, bei der das Individuum und einschneidende persönliche Erlebnisse im Vordergrund stehen. Johann Hinrich Wichern steht dieser Bewegung nahe, sein Mentor, der Senator Martin Hudtwalcker, finanziert sein Theologiestudium. Wichern gründet mithilfe von Hudtwalcker und Karl Sieveking auf dessen Grundstück in Hamm 1833 die „Rettungsanstalt für sittlich verwahrloste Kinder". Als zunächst einziges Gebäude dient eine alte Kate, die „Rauhes Haus" genannt wird – der Ursprung des Namens ist unklar. Wichern nimmt sich der Kinder an und verfolgt einen neuen Weg. Sie wohnen dort in einer betont christlichen Gemeinschaft – einer „Kinderfamilie". Die jungen Menschen leben in Wohngruppen, arbeiten gemeinsam und sollen sich frei entfalten können. Aber sie sollen sich für die Gemeinschaft verantwortlich fühlen und so auf das Leben vorbereitet werden. Wenn sie alt genug sind, wird ihnen bei der Arbeitssuche geholfen: Viele Jungen werden Handwerker oder Landarbeiter, viele Mädchen Dienstboten.

Das Rauhe Haus und Wichern, der ja auch als Erfinder des Adventskranzes gilt, sind das berühmteste, aber natürlich nicht das einzige Beispiel für soziales Engagement überzeugter Christen in dieser Zeit. Hintergrund ist auch, dass von den alten Hamburger Stiftungen viele nicht die

Johann Hinrich Wichern (1808–1881) schafft 1833 mit dem Rauhen Haus in Horn eine Heimstatt für verwahrloste Jugendliche. Er ist auch Begründer des Evangelischen Kirchentags und der Inneren Mission.

große Wirtschaftskrise im Zuge der französischen Besetzung überstanden haben – manche werden von der Stadt weitergeführt, andere verschwinden. Nun entstehen viele neue – bis zum Ende des 19. Jahrhunderts werden es mehr als 800 sein.

Ein weiteres noch heute bekanntes Beispiel ist die Arbeit von Amalie Sieveking (1794–1859), nach der das Krankenhaus in Volksdorf benannt ist. Sie ist die Cousine Karl Sievekings und wendet sich der Sozialarbeit zu, als dieser ihre Liebe nicht erwidert. Sie engagiert sich in Krankenhäusern, als 1831 die Cholera ausbricht, und gründet danach den „Weiblichen Verein für Armen- und Krankenpflege". Ihre Arbeit ist aufopferungsvoll, aber auch zweischneidig: Nur evangelische Christen dürfen mitarbeiten und Hilfe erhalten – und alle Mitstreiterinnen müssen überzeugt sein, dass Armut und Reichtum gottgewollt seien. Arme werden wie Unmündige behandelt, größere Zuwendungen gibt

Amalie Sieveking (1794–1859) stammt aus einer großbürgerlichen Familie und ruft 1832 den „Weiblichen Verein für Armen- und Krankenpflege" ins Leben. Spenden ermöglichen Sieveking später den Bau von Armenwohnungen in der Vorstadt.

Das von Alexis de Chateuneuf 1840 entworfene erste Amalienstift in St. Georg wurde nach Amalie Sieveking benannt. Es steht seit 1947 unter Denkmalschutz.
Über dem Eingang steht aus dem Epheserbrief: „Vertraget Einer den Anderen in der Liebe und seid fleissig, zu halten die Einigkeit im Geist, durch das Band des Friedens."

es für besonders Fromme. Auch im 1840 gegründeten „Amalienstift", in dem Arme wohnen können, herrscht strenge Zucht.

Anfangs noch ohne Ärzte:
Die Krankenhäuser

Die älteste Einrichtung für Kranke ist das um 1200 in St. Georg gegründete Hospital – schon im Mittelalter heißt die Straße dorthin „Spitaler Straße". Ein allgemeines Krankenhaus ist es aber keineswegs, vielmehr werden hier außerhalb der Stadtmauern die Leprakranken isoliert, später auch Pestkranke. Es ist ein elender Ort des

Todes, und wohl nicht ganz zufällig wird hier der städtische Galgen errichtet. Später wird das Spital dann zum Altenstift.

Mittelalterliche Krankenhäuser kommen meist ohne Ärzte aus, die sind ohnehin eher Theoretiker, welche über die Kenntnisse der Antike nicht hinauskommen. Zwar gibt es schon im Mittelalter medizinische Fakultäten, da aber die Kirche die Aufsicht hat, dürfen weder Operationen durchgeführt noch anatomische Studien angestellt werden. So fabulieren die Ärzte über „Körpersäfte" und lassen fast jeden Kranken zur Ader, egal wie oft die Patienten daran sterben. Die Chirurgie trennt sich von der Hochschulmedizin – meist sind es Bader und Barbiere, die als „Wundärzte" Operationen durchführen und Zähne ziehen. Da die Ursachen von Infektionen und die Wirkung von Hygiene unbekannt sind, sterben viele an „Wundbrand". Die besten Mediziner sind oft Frauen, die sich auf Naturheilkunde verstehen. In den Spitälern erhalten die Patienten viel Schlaf, werden oft gewaschen und reichhaltig ernährt – der Rest liegt in der Hand Gottes.

1505 wird an der Spitaler Straße das Hiobs-Hospital errichtet – für Syphiliskranke, die übrigens oft mit Quecksilber behandelt werden. Die Ähnlichkeit mit dem Wort „Quacksalber" ist aber wohl zufällig. Als 1604 mal wieder die Pest Hamburg erreicht, sind die alten Einrichtungen völlig überfordert. Daher wird vor der Stadt – auf dem Hamburger Berg – ein neues Pesthaus errichtet. Auch dieses ist eine bürgerliche Stiftung.

1823 wird in St. Georg das erste städtische Krankenhaus gebaut – in

Pesthaus St. Pauli

Auch nach der großen Pestepidemie 1350 kommt es noch jahrhundertelang zu immer neuen Ausbrüchen, unter anderem 1604. Die vorhandenen Einrichtungen erweisen sich als unzureichend, außerdem ist die Stadt gewachsen, sodass etwa der Pesthof der Neustadt mitten in einem Wohngebiet liegt. Daher beschließt der Rat einen Neubau außerhalb der Mauern: im heutigen St. Pauli. Die Einrichtung umfasst mehrere Gebäude und fungiert auch als „normales" Krankenhaus. Ein „Tollhaus" für psychisch Kranke wird ebenfalls gebaut. 1813/14 werden die Häuser von den französischen Besatzern abgerissen, um freies Schussfeld zu haben. Als Ersatz wird zehn Jahre später das Allgemeine Krankenhaus St. Georg gebaut.

Altona gibt es übrigens schon seit 1784 eines. Mit der rasanten Entwicklung der Medizin und dem starken Bevölkerungswachstum folgen bis zum Jahrhundertende viele weitere: 1843 das Israelitische (finanziert von Salomon Heine), Bethesda (1856), Kinderkrankenhaus Altona (1859), Harburg (1861), Marien (1864), Wandsbek (1875), Eppendorf (1889), Ochsenzoll und Bethanien (1892) und Alsterdorf (1897).

Ein Sonderfall ist die „Irrenanstalt Friedrichsberg" in Eilbek, die 1864 eröffnet wird und als modernste ihrer Art gilt: Erstmals werden die „Verrückten" nicht weggesperrt, sondern ohne jeden Zwang behandelt. Die berühmteste Patientin ist sicherlich Henriette Johanne Marie Müller

Im Hintergrund dieser Alsterszene ist das 1823 eingeweihte Allgemeine Krankenhauses St. Georg zu sehen, die erste moderne Klinik Hamburgs. Das Gemälde stammt von Peter Suhr, um 1826.

Die Zitronenjette, eines der „Hamburger Originale". Sie verkauft Südfrüchte mit dem Ausruf „Zitroon, Zitroon!" Die alkoholkranke Frau wird 1894 in die „Irrenanstalt Friedrichsberg" eingewiesen, die zu den fortschrittlichsten Deutschlands gehört.

Das Israelitische Krankenhaus der Jüdischen Gemeinde wird von 1841 bis 1843 an der heutigen Simon-von-Utrecht-Straße gebaut und später mehrfach erweitert. Der Bankier und Mäzen Salomon Heine übernimmt die Kosten für das von Johann Hinrich Klees-Wülbern im Rundbogenstil konstruierte Gebäude.

(1841–1916): die „Zitronenjette". Das „Hamburger Original" ist tatsächlich eine kleinwüchsige, oft verspottete Alkoholikerin mit psychischen Problemen, die in Friedrichsberg ihre letzten 22 Lebensjahre verbringt.

Noch vor dem Ersten Weltkrieg entstehen mit dem Hafenkrankenhaus, Mariahilf, AK Bergedorf und AK Barmbek weitere Häuser; 1925 und 1927 folgen das Wilhelmstift und Elim, nach 1945 – abgesehen von kleineren Privatkliniken – noch das Albertinen (1964) und Amalie-Sieveking (1973). 2004 schließlich werden die im Landesbetrieb Krankenhäuser (LBK) zusammengefassten städtischen Kliniken privatisiert – trotz eines gegenteiligen Volksentscheids, der allerdings nicht bindend ist.

Die „soziale Frage":
Wohlfahrt und Arbeiterselbsthilfe gegen das Massenelend

In der zweiten Hälfte des 19. Jahrhunderts wird die Armenpflege zusehends staatlich finanziert, zen-

tralisiert und bürokratisiert. Es entstehen eine „Verwaltungsabteilung für öffentliche Wohltätigkeit", ein Aufsichtsamt für die Stiftungen und ein „Zentrales Hauptarmenbureau" – von der anfangs sehr persönlichen Betreuung in der Armenanstalt bleibt nichts mehr übrig.

Seit 1871 ist Hamburg Teil des Deutschen Reichs, sodass die ab 1883 sukzessive eingeführten Bismarck'schen Sozialgesetze (Kranken-, Unfall- und Rentenversicherung) auch den Hamburgern zugutekommen. Dennoch verarmen die Massen. Die Industrialisierung lässt ein weitgehend rechtloses Proletariat entstehen, das den Arbeitgebern zunächst hilflos ausgeliefert ist. Eine Untersuchung von 1898 ergibt, dass 60 Prozent der Hamburger Haushalte mit weniger als 500 Mark im Jahr auskommen müssen und damit als arm gelten.

Durch die SPD und Gewerkschaften politisiert, wollen die Arbeiter keine Almosen, sondern betrachten ihre Besserstellung als ihr Recht – diese Ansicht stößt bei den

meisten Wohlhabenden auf krasse Ablehnung. Während die städtischen, weiter ehrenamtlichen Armenpfleger (seit 1907 sind auch Frauen erlaubt) die Familien immer mehr kontrollieren und gängeln sollen, reicht die Unterstützung kaum aus. Die Arbeiter setzen verstärkt auf Selbsthilfe: mit Vereinen, Gewerkschaften und Genossenschaften. Die „soziale Frage" aber wird zum beherrschenden Thema im Deutschen Reich und bleibt es bis zum Ausbruch des Ersten Weltkriegs.

1919 steht dann der junge demokratische Staat vor fast unlösbaren Aufgaben. Zwar gibt es reichsweite Reformen, die staatlichen Hilfen sind angesichts der leeren Kassen aber völlig unzureichend. So etwas wie ein „Reichssozialhilfegesetz" gibt es nicht, die Wohlfahrt bleibt Ländersache. Dennoch tut sich einiges: 1919 werden Dutzende Orts- und Innungs-

krankenkassen zur Allgemeinen Ortskrankenkasse (AOK) zusammengefasst, 1920 entstehen eine Gesundheits- und eine Wohlfahrtsbehörde, eine Jugendbehörde gibt es bereits seit 1910. Dazu kommen neue Organisationen wie die Arbeiterwohlfahrt (1920), die jeden Tag 2400 Kinder in die „Tagesferienkolonie Köhlbrand" bringt.

Die traditionellen privaten Hilfseinrichtungen – nun rund 1000 Stiftungen – stehen aber oft vor dem Aus: Die Hyperinflation von 1923 vernichtet auch große Teile der

Marie Juchacz (1879–1956) ist treibende Kraft bei der Gründung der Arbeiterwohlfahrt am 13. Dezember 1919.

Ein Versicherungsschein der Volksfürsorge von 1913. Im selben Jahr in Hamburg als genossenschaftliche Volksversicherung gegründet, erlebt sie wegen ihrer fairen Konditionen einen raschen Aufstieg.

Die Banknote über 100 Billionen (das sind 100 000 Milliarden) Mark wird auf dem Höhepunkt der Hyperinflation 1923 gedruckt. Der reelle Wert geht gegen Null.

Eine Schwester der „Nationalsozialistischen Volkswohlfahrt" mit Kindern im Kriegsjahr 1943 – die Organisation zur „Entfaltung und Förderung der lebendigen, gesunden Kräfte des deutschen Volkes" wird schon 1932 als Verein gegründet. Die Organisation wird am 10. Oktober 1945 von den Alliierten verboten und ihr Vermögen beschlagnahmt.

Stiftungsvermögen, sodass viele von der Stadt übernommen werden müssen.

In den Jahren 1924 bis 1929 floriert die Wirtschaft wieder, dennoch zählt das Wohlfahrtsamt ständig 40 000 bis 50 000 Empfänger von Hilfsleistungen. Alleinstehende erhalten 9 Mark pro Woche, Paare 14 Mark plus 3 Mark je Kind. Es ist das berühmte „Zum Leben zu wenig, zum Sterben zu viel". Mit der Weltwirtschaftskrise ab 1929 steigen die Empfängerzahlen

drastisch an. 1933 erhält jeder vierte Hamburger laufende Unterstützung, diese Ausgaben machen ein Drittel des Stadthaushalts aus. Allein 200 000 Empfänger sind Arbeitslose, deren „Stempelgeld" nicht ausreicht.

Sorge für die „Volksgemeinschaft": *Sozialpolitik unter den Nationalsozialisten*

Nach der Machtübernahme der NSDAP ändert sich in den ersten Jahren – abgesehen von der Propaganda um die „Volksgemeinschaft" – relativ wenig in der Praxis des Wohlfahrtsamtes. Allerdings treten Parteiorganisationen nun in Konkurrenz zu den staatlichen Stellen. Einrichtungen wie die NS-Volkswohlfahrt, das Winterhilfswerk und die Kriegsopferversorgung arbeiten, teils mit erzwungener staatlicher Unterstützung, nebeneinander. Konkurrierende Organisationen ohne klare Zuständigkeitsabgrenzung sind übrigens ganz typisch für den NS-Staat, der nach dem Prinzip „Teile und herrsche" aufgebaut ist.

Erst 1938, als auch in Hamburg die Wirtschaftskrise überwunden ist,

ändert sich die Arbeit des Wohlfahrtsamtes drastisch. Nun wird
unterschieden zwischen „einwand-
freien Personen", die unterstützt
werden, um „Familien zu schützen
und die Arbeitskraft wiederherzustellen" – und „unterwertigen Ele-
menten": „Fremdstämmige, Asoziale,
Arbeitsscheue". Noch darunter
rangieren Prostituierte, Land-
streicher, Süchtige und Vorbestrafte.
1939 am Vorabend des Krieges sollen
dann möglichst alle zur Arbeit gezwungen werden, denn nur sie
„gewährleistet das Lebensrecht".
Dennoch erhalten noch immer 45 000
Hamburger Unterstützung, darunter
viele vollbeschäftigte Arbeiter, denn
die Reallöhne sinken seit 1933 kontinuierlich und reichen oft nicht, um
die Familien zu ernähren.

So sehr alle „Unterwertigen"
unterdrückt – und viele ermordet –
werden, so großen Wert legt das
Regime auf die Fürsorge für die
„Volksgemeinschaft". Bis 1945 ist die
Versorgung der Bevölkerung vergleichsweise gut und funktioniert;
jedenfalls sehr viel besser als im
Ersten Weltkrieg, in dem schon nach
zwei Jahren Mangelversorgung und
Hunger der Zivilbevölkerung die
Regel sind. Bezahlt wird diese Fürsorge mit der gnadenlosen Ausbeutung der ab 1939 besetzten Gebiete, der Millionen Zwangsarbeiter
und KZ-Insassen.

Nach 1945:
Hamburg wird wieder
Stiftungshauptstadt

Nach dem Zweiten Weltkrieg und bis
heute werden die großen Linien der
Sozialpolitik in der Bundesrepublik

vom Bundestag vorgegeben. In mittlerweile 14 Sozialgesetzbüchern sind
alle Bereiche der Sozialver-
sicherungen und staatlichen Hilfen
zusammengefasst und bindend für
alle Bundesländer. Dazu zählen auch
die Jugendhilfe und die Wiederein-
gliederung für Menschen mit Behin-
derung. Natürlich gibt es noch Spiel-
räume für die Länder, etwa in der
Krippen-, Kita- und Hortbetreuung,
aber die Leistungen unterscheiden
sich meist nicht wesentlich. Dass
Hamburg ein besonders breites Spek-
trum an sozialen Leistungen aller Art
bietet, liegt an Privatinitiativen, was
ja eine hanseatische Tradition ist.
Neben Hunderten Vereinen und Ini-
tiativen gibt es 1450 Stiftungen
(Stand: 2020) in der Stadt, die zusammen über ein Kapital von rund
10,8 Milliarden Euro verfügen. Dazu
gehören viele mit langer Tradition –
die älteste ist die Heiligengeist-
Stiftung von 1230 –, aber auch immer
wieder neue. Nun mag manche dabei
sein, bei der steuerliche Aspekte eine
große Rolle spielen, aber viele sind
aus echter Überzeugung gegründet
worden. Helfen tun sie alle.

Hamburgs Verkehrsgeschichte:

Zu Wasser, zu Lande, zu Luft

Ein Ewer liegt mit gesetzten Segeln am Winterhuder Kai. Rechts das ehemalige Winterhuder Fährhaus, das 1979 abgerissen werden muss. Früher wird hier „getreidelt", dabei werden beladene Kähne mit Leinen vom Ufer aus von Menschen oder Pferden den Fluss hinauf- oder hinuntergezogen.

Noch bis ins 19. Jahrhundert verbringen die meisten Menschen ihr Leben überwiegend an einem Ort; wenn sie überhaupt mal reisen, dann meist in die Nachbarschaft. Verkehrswege für Massen werden also nicht benötigt, die besten Straßen sind ohnehin die Flüsse. Bis sich mit der Industriellen Revolution die Landschaften und vor allem die Städte dramatisch verändern – alles andere muss sich jetzt den Notwendigkeiten des Verkehrs unterordnen.

Pferde ziehen die Boote:
Die frühe Binnenschifffahrt

Dass Menschen ihre Siedlungen bevorzugt an Flüssen anlegen, hat natürlich viele gute Gründe. Flüsse bieten Trinkwasser und Fisch, Abwasserentsorgung und natürlichen Schutz – die Hammaburg ist an drei Seiten von Wasser umgeben. Und Flüsse sind lange Zeit die mit Abstand besten Verkehrswege. Auf diesen „Autobahnen des Mittelalters" kommt man schneller voran als auf jeder Straße – vor allem, weil bis in die Neuzeit die Landstraßen (sofern es überhaupt welche gibt) in der Regel in fürchterlichem Zustand sind. Die meisten Menschen kommen in ihrem ganzen Leben ohnehin nicht in die Verlegenheit, reisen zu müssen. So etwas wie Tourismus gibt es selbstverständlich nicht, höchstens Pilgerfahrten bringen auch Normalbürger dazu, ihre Heimat zu verlassen.

Für Hamburg, das ja von Beginn an eine Handelssiedlung ist, haben die Flüsse logischerweise eine große Bedeutung als Versorgungs- und Transportwege. So gelangen Bauholz und andere Baustoffe wie Kalk über viele Jahrhunderte vor allem über die Alster nach Hamburg. Während Baumstämme ins Wasser gerollt und geflößt werden, nutzt man für andere Materialien Schuten. Flussabwärts lässt man sich mit der Strömung treiben, flussaufwärts wird getreidelt. Deshalb gibt es an den Ufern eines Flusses Wege – Ochsen oder Pferde, manchmal auch die Fuhrleute selbst, ziehen dann die an Leinen befestigten Schuten. Noch heute erinnern Orts- und Straßennamen wie Treudelberg und Leinpfad an die alten Transportwege. Die Elbe wiederum ist groß genug für Segelschiffe, außerdem können die Schiffer die Flut nutzen, um leichter von der Nordsee nach Hamburg zu kommen.

Dennoch spielt auch der Landverkehr eine große wirtschaftliche Rolle. Seit dem Hochmittelalter pflegt Hamburg eine enge Beziehung zu Lübeck, doch es gibt keine befriedigende Verbindung auf Wasserwegen. Natürlich kann ein Schiff von Lübeck das dänische Festland umfahren bis zur Elbmündung und schließlich nach Hamburg gelangen, doch das ist umständlich und wegen der Sturm- und Piratengefahr mit Risiken verbunden. Vor allem wertvolle Waren, etwa Pelze aus Nowgorod, transportieren die Hansekaufleute meist auf dem Landweg nach Hamburg. Oder besser gesagt: auf dem kombinierten Land- und Flussweg. Denn über die Trave

kommen Schuten problemlos bis nach Oldesloe (Bad Oldesloe heißt es seit 1910). Dort wird dann auf Karren umgeladen, die sich über die Straßen quälen müssen. Keine Expressroute, funktioniert aber.

Der Alster-Trave-Kanal – ein Desaster

Um den Handel zu erleichtern, werden schon im Mittelalter große Infrastrukturprojekte in Angriff genommen. So können Schiffe ab 1398 über den Stecknitzkanal direkt von der Elbe nach Lübeck gelangen. Das erleichtert den Transport zwischen Lübeck und Lüneburg – das

Der Stecknitzkanal (alte Bezeichnung: Stecknitzfahrt) wird in den Jahren 1392 bis 1398 zwischen Lübeck und Lauenburg gebaut und kürzt die wichtige Verbindung zwischen Lüneburg und Lübeck entscheidend ab. Die Palmschleuse in Lauenburg wird 1398 komplett aus Holz gebaut und ist eine von 15 Schleusen dieses ersten Wasserscheide-Kanals der Welt. Sie bleibt bis 1896 in Betrieb und kann besichtigt werden.

So sieht die Beste, ein Zufluss der Trave, heute aus. 1448 beginnt Hamburg mit dem Bau eines Kanals zwischen Alster und Beste, um eine direkte Wasserverbindung nach Lübeck zu schaffen. Nachdem die Oberalster kanalisiert ist, geht den Betreibern jedoch das Geld aus, sodass der Bau 1452 eingestellt werden muss. 75 Jahre später wird der Kanal mit Dutzenden Schleusen doch noch vollendet, aber wegen des viel zu niedrigen Wasserstands und Sabotageakten scheitert das Projekt 1549 endgültig – es ist die größte Fehlinvestition der Hamburger Geschichte.

von dort stammende Salz ist von extremer Bedeutung, damit in Lübeck Hering und anderer Fisch konserviert werden kann. Hering ist absolute Massenware, die Schwärme sind so gewaltig groß, dass die Fische einfach per Kescher aus dem Wasser geschaufelt werden. Für den Handel mit Hamburg hat der Kanal aber keine große Bedeutung, wegen der langen Strecke flussaufwärts und wohl auch wegen der Gebühren, die für die Kanalbenutzung verlangt werden.

Deshalb gibt es schon bald die Idee einer direkten Wasserverbindung nach Lübeck. Dafür soll ein Kanal von der Alster zur Beste gebaut werden, die wiederum in die Trave fließt. Klingt vernünftig, wird aber die größte Fehlinvestition in Hamburgs Geschichte. 1448 beginnen die Arbeiten. Zunächst wird die Alster begradigt beziehungsweise ausgebaut – doch dann geht schon das Geld aus. Also passiert lange erst einmal gar nichts, bis die fast schon vergessene Idee wieder auf den Tisch kommt. Ein Dreivierteljahrhundert

nach dem Baustopp einigen sich Hamburg, Lübeck und Dänemarks König Friedrich I., dem die beiden Städte gerade auf den Thron geholfen haben, auf einen Neustart. Mehr als ein Dutzend Schleusen müssen gebaut, viele Ufer befestigt werden, doch der Kanal führt oft einfach zu wenig Wasser, obwohl die Schuten kaum Tiefgang haben. Dann gibt es auch noch juristischen Ärger – der Lauenburger Herzog zieht vor Gericht, weil er Einbußen an seinem Stecknitzkanal fürchtet. Klagen gegen Großprojekte sind eben keine Erfindung unserer Tage. Der Herzog verliert zwar, weil der Kanal ja nicht mal über sein Land führt, dafür nimmt ein kleiner Landadliger das Recht gleich selbst in die Hand: Er fürchtet Wasserschäden auf seinem Land und sabotiert den Kanal regelmäßig. So wird der Betrieb schon nach wenigen Jahren wieder eingestellt, der Kanal, dessen Spuren heute noch gut im Ort Sülfeld im Kreis Segeberg zu sehen sind, zum Teil zugeschüttet. Hamburg hat damals etwa das Steueraufkommen eines gesamtes Jahres investiert – für nichts. Da ist die Elbphilharmonie mit etwa 8 Prozent der Jahreseinnahmen doch vergleichsweise günstig gewesen.

Dänen und Welfen ärgern Hamburg:
Politische Verkehrshindernisse im 19. Jahrhundert

An den Grundvoraussetzungen des Verkehrs ändert sich bis zu Beginn des 19. Jahrhunderts nicht mehr viel. Der Verkehr friert im Winter ein – es kommt regelmäßig vor, dass die Hamburger über die zugefrorene Elbe wandern können –, die Straßen bleiben meist miserabel, und das Tempo der Fortbewegung hängt vom Wind oder von Kraft und Ausdauer der Zugtiere ab. Klingt gemütlich, ist aber eher nervig.

Umso einschneidender sind die technischen, wirtschaftlichen und demografischen Revolutionen des 19. Jahrhunderts. Nach dem Ende der französischen Besatzung Hamburgs 1814 setzt ein rascher wirtschaftlicher Aufschwung ein, die Geschäfte laufen prächtig. Nun wird das Problem der schlechten Straßen akut. Die oft mehr aus Löchern denn aus Wegen bestehenden Trassen machen Transport und Reisen noch immer zur Tortur. Stellen Sie sich einfach mal vor, auf einem Fahrrad ohne Federung, aber mit Holzsattel stundenlang über Kopfsteinpflaster zu fahren – so viel zum Reisevergnügen … Jedenfalls wollen Hamburg und Lübeck nun endlich eine Chaussee zwischen beiden Städten bauen – darunter versteht man eine möglichst begradigte, erhöhte, vor allem aber von Ingenieuren geplante und befestigte Straße mit seitlichen Gräben. Die Fahrbahn ist nach außen leicht abschüssig, damit das Regenwasser ablaufen kann. Schöne Idee, doch jetzt verhindern die politischen Verhält-

Bis ins 19. Jahrhundert legt der Winter den Betrieb im Hafen regelmäßig lahm. Dass die Elbe zufriert, ist keine Seltenheit.

Bereits 1847 rollen die ersten Züge von Lehrte bei Hannover in die damals hannoversche Stadt Harburg. Mit der Eröffnung der Strecke nach Hamburg 1872 wird ein zweiter Bahnhof in Richtung der Elbbrücken an der Grubestraße (heute: Hannoversche Straße) notwendig. Dieser wird am 1. Mai 1897 als Hauptbahnhof der Stadt Harburg ersetzt durch ein neues Gebäude (Abbildung), das auf Entwürfen des Architekten Hubert Stier basiert.

nisse den Fortschritt. Dänemark, dessen Könige in Personalunion als Herzöge immer noch über Holstein herrschen, hat so gar kein Interesse daran, Hamburg zu helfen, und will stattdessen das „dänische" Altona fördern. Also verbietet Kopenhagen den Straßenbau über holsteinisches Gebiet. Stattdessen wird 1832 eine Chaussee von Altona nach Kiel gebaut, während zeitgleich der Straßenzoll zwischen Hamburg und Lübeck angehoben wird. Die bereits ein Jahr später vorgelegten Pläne zum Bau einer Eisenbahn zwischen den Hansestädten haben jetzt natürlich auch keine Chance.

Mit den südlichen Nachbarn hat Hamburg ebenfalls kein Glück. Zwar hat die Regierung in Hannover zunächst noch den Plänen einer Bahn-

einem ganzen Zeitalter den Namen gebende Victoria – englische Königin. In Hannover aber ist die weibliche Thronfolge nicht vorgesehen, dort wird deshalb Wilhelms Bruder Ernst August König (das Herzogtum ist nach Napoleons Ende zum Königreich „befördert" worden). Dieser erzkonservative Monarch – direkter Vorfahre und Namensvetter des gleichnamigen, heute wegen seiner Wutausbrüche berüchtigten Chefs des Welfenhauses – macht seinem Ruf als Mann von vorgestern alle Ehre, indem er gleich nach Amtsantritt die liberale Verfassung von 1833 außer Kraft setzt und die dagegen protestierenden Professoren der Universität Göttingen um die Gebrüder Grimm feuert. Und die Eisenbahn? Die soll in Harburg enden und nicht den ungeliebten Hamburgern zunutze sein.

Hamburgs erste Eisenbahn fährt nur bis Bergedorf

Der Chausseebau von Altona nach Kiel hat die Fahrtzeit zwar deutlich verkürzt, mit der Eisenbahn können aber auch die modernsten Kutschen natürlich nicht konkurrieren, weshalb die Dänen schon zehn Jahre später auf der gleichen Strecke eine Bahntrasse bauen. Klares Ziel ist die Schwächung Lübecks und Hamburgs zugunsten Kiels und Altonas. Nur funktioniert das nicht so recht – die uralten Handelsbeziehungen wiegen noch schwerer als moderner Schienenverkehr. Die Hamburger fürchten aber, im wahrsten Sinne des Wortes den Anschluss zu verlieren. Sie entschließen sich in ihrer Not, zumindest eine Bahn nach Bergedorf zu

strecke nach Hamburg zugestimmt, doch ändert sich dies 1837. In diesem Jahr endet die Personalunion mit England. Seit 1714 sind die aus dem Welfenhaus stammenden Herrscher über das Herzogtum Hannover gleichzeitig englische Könige gewesen. Doch nun wird die Nichte des verstorbenen Wilhelm IV. – die

bauen, in der festen Erwartung, dass sie nur ein erster Abschnitt Richtung Berlin sein werde. Im Mai 1842, ein Jahr vor der Altona-Kiel-Strecke, ist sie fertig. Die feierliche Eröffnung am 7. Mai fällt allerdings aus, denn in Hamburg wüten die Flammen des Großen Brandes (siehe „Die leidgeprüfte Stadt"). Die Bahn nutzt man schon am 6. Mai, um obdachlos gewordene Opfer in Sicherheit und Feuerwehrleute in die Stadt zu bringen. Das hat den positiven Nebeneffekt, dass auch die zunächst noch skeptischen Hamburger, von denen es so einige gibt, vom Sinn der neuen Technik überzeugt werden.

Mit dem Bau der Trasse nach Berlin wird schon zwei Jahre später begonnen – im Februar 1846 kann die Strecke bereits eröffnet werden (und man sollte lieber nicht darüber nachdenken, wie lange es heutzutage von

der Planung bis zur Eröffnung dauern würde …). Ein Jahr später wird dann auch die Strecke Hannover–Harburg freigegeben.

Dieses Tempo – drei Fernstrecken binnen fünf Jahren fertiggestellt – zeigt eindrucksvoll den Eisenbahnboom dieser Jahre. Dennoch ist die Situation für Hamburg äußerst unbefriedigend. Denn nur die Berliner Bahn endet auf Stadtgebiet. Der Bahnhof ist etwa dort, wo heute die Deichtorhallen stehen. Nach Lübeck gibt es nicht mal eine vernünftige Straße. Altona hat nun sogar den unschätzbaren Vorteil, dass Waren vom Schiff direkt auf die Bahn umgeladen werden können. Der Standort des ersten Altonaer Bahnhofs ist noch heute leicht auszumachen, sein Empfangsgebäude ist jetzt das Altonaer Rathaus. Waren aus dem Hamburger Hafen für das Hinterland

Feierliche Eröffnung des Bahnhofs am Hamburger Deichtor 1842, der später zum Berliner Bahnhof ausgebaut wird: Zunächst führt die Strecke nur bis Bergedorf. Lithografie von Wilhelm Heuer. Auf dem Bild sind bereits die später aufgestockten (Telegrafen-)Türme des Bahnhofs zu erkennen, außerdem im Hintergrund links der Turm von St. Jacobi, das Johanniskloster am Klosterwall sowie die später abgetragene Altmannhöhe, rechts davon der Kirchturm der Dreieinigkeitskirche St. Georg.

Der Hamburg-Berliner Eisenbahnhof
in Hamburg

hochkomplizierten Geschichte Schleswig-Holsteins. Es gibt das wunderbare Zitat des damaligen britischen Premiers Lord Palmerston: „Es gibt nur drei Menschen, die die Schleswig-Holstein-Frage verstanden haben: der (verstorbene) Prinzgemahl, ein deutscher Professor, der darüber verrückt geworden ist, und ich – allerdings habe ich es wieder vergessen." Grob vereinfacht kann man sagen: Dänemark will sich den zum

Die Stirnseite des Hamburg-Berliner Bahnhofs, der rund 600 Meter südlich des heutigen Hauptbahnhofs liegt. Die Bahnstrecke nach Berlin wird 1846 fertiggestellt.

Carl Theodor Arnemann legt im Mai 1844 den Grundstein für den ersten Bahnhof in Altona direkt oberhalb des steil abfallenden Hanges zur Elbe – dem Altonaer Balkon. Das Gebäude steht heute noch: Es ist das prächtige Altonaer Rathaus.

müssen damals jedoch per Schiff nach Harburg gebracht werden – die Lobby dieser Transporteure und der Fährleute verhindert übrigens noch 25 Jahre lang den Bau der Elbbrücken.

1864:
Ein Krieg löst die Verkehrsprobleme

All das ändert sich erst mit den großen politischen Umwälzungen der Zeit. 1864 führen Preußen und Österreich gemeinsam Krieg gegen Dänemark. Die Ursachen liegen in der

Deutschen Bund gehörenden, aber von Kopenhagen aus regierten Landesteil Schleswig einverleiben.

Dänemark verliert den Krieg und Schleswig-Holstein wird preußisch. Zwei Jahre später weht die preußische Flagge auch in Hannover. Die Welfen haben sich im preußisch-österreichischen Krieg auf die Seite der Österreicher gestellt, was keine wirklich gute Idee gewesen ist. König Georg V. flieht nach der Niederlage nach Wien. Weil er von dort eine Armee aufstellen lässt, die mithilfe

Zwischen dem Berliner und dem Altonaer Bahnhof entsteht 1866 die „Verbindungsbahn": Hier verlässt ein Zug auf dem Weg nach Altona den alten Dammtorbahnhof. Die kolorierte Lithografie von Wilhelm Heuer ist kurz nach Eröffnung der Strecke entstanden.

der Franzosen (!) sein Reich zurück-erobern soll, bekommt er nicht nur keine Entschädigung, sondern wird von den preußischen Siegern enteignet. Dieser „Welfenfonds" dient Kanzler Otto von Bismarck, um Bestechungen (unter anderem der Presse) bezahlen zu können. Weil Bismarck in einer Reichstagssitzung solche Manöver damit rechtfertigt, dass er nur gegen „feindliche Reptilien" vorgehe, heißt so etwas bis heute Reptilienfonds.

Doch genug der Abschweifungen. Jetzt – und erst recht nach der Gründung des Deutschen Reichs 1871 – ist der Weg für vernünftige Verkehrsplanungen frei. Das ist umso einfacher, als Preußen bald beginnt, die privaten Eisenbahnbetreiber zu enteignen. Deren Interessen haben zuvor oft vernünftige Zwischenverbindungen verhindert. Es geht nun plötzlich ganz schnell: 1865 wird die Bahn nach Lübeck gebaut, und schon zehn Jahre später folgt ein zweites Gleis. 1866 eröffnet Hamburg die „Verbindungsbahn" vom eigenen

Bahnhof nach Altona, und 1872 gibt es endlich Brücken über Norder- und Süderelbe, sodass auch von Süden her der Anschluss ans Schienennetz geschafft ist. Dafür wird in der heutigen HafenCity der Hannoversche Bahnhof gebaut, dessen Name für immer mit dem Holocaust verbunden sein wird, weil von dort ab 1941 die Hamburger Juden in die Vernichtungslager deportiert werden.

Bei den Fernverbindungen folgen nun nur noch die Trasse nach Bremen (1879) und eine Bahn von Harburg über Stade bis Cuxhaven zwei Jahre später. Diese Bahntrassen sind übrigens bis heute unverändert. Und

Seit 1872 verbinden Eisenbahn-Gitterbrücken Hamburg mit dem südlichen Hinterland. Sie ersetzen die Fähren über die Norder- und Süderelbe. Es dauert noch 15 Jahre, bis auch eine Straße über die Norderelbe führt. Die neugotischen Torbögen sind bis zu ihrem Abriss 1957 ein Hamburger Wahrzeichen.

1872 nimmt der Venloer Bahnhof (auch Pariser und später Hannoverscher Bahnhof genannt) auf dem Grasbrook seinen Betrieb auf. Hier starten 1941 die Judendeportationen in die Vernichtungslager. Heute ist dort in der HafenCity eine Gedenkstätte.

so fahren Hamburger immer noch in einem westlichen Bogen über Altona und Elmshorn nach Kiel statt auf direktem Wege.

Fahrpläne und Zeitzonen:
Die Diktatur der Uhr beginnt

Was hier binnen weniger Jahrzehnte geschaffen wird, bedeutet für die Menschen eine Revolution. Reisen, die zuvor Wochen gedauert hätten, können nun in ein, zwei Tagen bewältigt werden. Zusammen mit der Telegrafie, mit der erstmals Nachrichten in Echtzeit übermittelt werden, wächst die Welt in einem Maße zusammen, dass vielen Zeitgenossen angst und bange wird. Die Eisenbahnen machen auch eine Vereinheitlichung der Zeit notwendig und forcieren das vorher so nicht gekannte Diktat der Uhren. Zuvor ist es unerheblich gewesen, dass die Uhren in Kiel, Hamburg und Bremen zur selben Zeit unterschiedliche Zeiten anzeigen – nämlich am jeweils örtlichen Sonnenstand orientiert. Mit der Einführung von Fahrplänen geht

das nicht mehr. Nun werden Standardzeiten eingeführt, etwa die Hamburger und die Berliner Zeit. Doch es bleibt, vor allem im internationalen Verkehr, kompliziert, sodass sich die Staaten schließlich 1884 zu einer „Meridiankonferenz" treffen und die weltweiten Zeitzonen festlegen – seitdem gibt es den Null-Meridian von Greenwich in England. 1893 folgt das deutsche „Zeitgesetz", um endlich auch in Bayern, Baden und Württemberg die Mitteleuropäische Zeit (MEZ) einzuführen – dort ticken aber die Uhren ja heute noch manchmal etwas anders ...

Endlich Elbbrücken – und
der erste Elbtunnel

1872 haben die Notwendigkeiten der Moderne über die Interessen der Fährleute gesiegt: Die ersten Brücken über Norder- und Süderelbe für die Eisenbahn werden zeitgleich eröffnet. Es sind Stahlkonstruktionen, die bis heute das Stadtbild prägen. Auf der Nordseite folgen 1887 eine erste Straßenbrücke und 1926 (durch den

Im damals hochmodernen Schildvortriebsverfahren werden in 23 Metern Tiefe zwei 448 Meter lange Röhren zwischen St. Pauli bei den Landungsbrücken und der Elbinsel Steinwerder in den Elbsand gebohrt – eine technische Meisterleistung. Zum 100-jährigen Bestehen 2011 wird der (nunmehr alte) Elbtunnel grundlegend saniert.

Weltkrieg verzögert) die Freihafenelbbrücke – auf einer zweiten Ebene sollen eigentlich S-Bahnen verkehren, aber das wird nie verwirklicht. Diese drei Brücken stehen in unmittelbarer Nähe zueinander und sind eine Grenze für Seeschiffe, denn nur Binnenschiffe sind flach genug, um unterdurch fahren zu können. Auch über die Süderelbe werden zwei weitere Brücken gebaut: 1899 für den Straßenverkehr und 1912 eine weitere für die Bahn.

Da innerhalb des Hafens die Arbeiter nur mit Fähren auf die Südseite der Elbe gelangen, wird auch ein Tunnel geplant – eine technische Meisterleistung, die heute zu den schönsten Bauwerken dieser Art weltweit zählt. An diesem Elbtunnel, geplant von Otto Stockhausen, arbeiten mehr als 4000 Männer vier Jahre lang, bis er 1911 eingeweiht wird. Um das Eindringen von Wasser zu verhindern, wird mit künstlichem Überdruck gearbeitet. Dabei sterben drei Männer an der sogenannten Taucherkrankheit, weil der Druckausgleich zu schnell erfolgt.

Diese Konstruktionszeichnung aus dem Jahr 1905 zeigt den Fahrschacht des 1911 eingeweihten Elbtunnels.

Der ÖPNV beginnt mit Pferde-Omnibussen

Was den Fernverkehr betrifft, ist Hamburg nun gut aufgestellt. Ganz anders sieht es im Nahverkehr aus. Denn mit der raschen Bevölkerungszunahme und dem Wachsen der Vorstädte ist es nicht mehr möglich, alles zu Fuß zu bewältigen. 1839 fährt der erste Pferde-Omnibus in Hamburg vom Steintor nach Altona. Es folgen rasch viele weitere Linien, doch die begrenzten Kapazitäten reichen bald nicht mehr: Die

Mit Pferdebahn-linien, unter anderem nach Wandsbek, versucht man, das stetig steigende Verkehrsaufkommen in den Griff zu bekommen.

Kutschen sind langsam, maximal 24 Personen finden Platz. 1866 eröffnet die Straßenbahn, ebenfalls noch von Pferden gezogen, aber eben auf Schienen. Die Linien führen vom Rathausmarkt nach Hamm, Wandsbek, Barmbek, Hoheluft und Eimsbüttel. 1879 gibt es die ersten Lokomotiven, die die Straßenbahnen ziehen und natürlich deutlich schneller sind. Nun stinkt es auf den Straßen nicht mehr nach Pferdemist, sondern nach Kohlenstaub. Die letzte Linie der Pferdebahn von Wandsbek nach Marienthal wird dennoch erst 1922 eingestellt.

Zum Massenverkehrsmittel wird die neue Bahn mit der 1894 beginnenden Elektrifizierung. Bis dahin sind zum einen die Kapazitäten zu gering, zum anderen die Fahrpreise für ärmere Schichten zu hoch. Es gibt eine Untersuchung, nach der 1890 rund 50 000 Arbeiter jeden Tag etwa eineinhalb Stunden Fußmarsch zu ihren Arbeitsstellen bewältigen müssen – sie sind systematisch aus der Innenstadt verdrängt worden, etwa durch den Bau der Speicherstadt und die „Sanierung" der Gängeviertel nach der Cholera-Epidemie von 1892. Gentrifizierung ist wahrlich kein Phänomen unserer Tage.

Den Planern ist indes bald klar, dass allein die Straßenbahn die Verkehrsprobleme nicht lösen kann. 1894 gründen die beiden größten deutschen Elektrokonzerne – Siemens und AEG – ein Konsortium, um die Hamburger „Vorortbahn" zu bauen: eine elektrisch betriebene Bahn von Blankenese nach Ohlsdorf. Eröffnet wird die Strecke 1906, dem Jahr, in dem auch der Hauptbahnhof eröffnet wird. Und: Die Bauarbeiten für eine Hochbahn-Ringstrecke um die Außenalster über Barmbek und Eppendorf bis zu den Landungsbrücken und die City – die heutige U3 – starten nun auch. Hier bekommt das Konsortium ebenfalls den Zuschlag. 1912 wird der Teilabschnitt von der Innenstadt bis Barmbek freigegeben, 1915 ist der Ring fertig, dazu gibt es bereits Abzweigungen nach Rothenburgsort, Richtung Ohlstedt und Eimsbüttel.

Parallel zum Bau dieser U-Bahn entsteht auch die Mönckebergstraße in ihrer heutigen Form (siehe „Die wachsende Stadt"). Die alten billigen

Ein Wechselstromzug mit Oberleitung auf dem Weg vom Bahnhof Ohlsdorf nach Barmbek (1919). Im Vordergrund sind bereits die Stromschienen für den Betrieb mit Gleichstrom zu sehen, wie er heute noch üblich ist.

Noch fährt die Lorenbahn auf dem Fördergerüst beim Hafentor, wo später die Gleise der Hochbahn-Ringlinie verlaufen werden. Das Foto vom 22. Juni 1909 zeigt die Bauarbeiten des Hochbahn-Viadukts an der Ecke Johannisbollwerk/St. Pauli-Landungsbrücken.

Arbeiterunterkünfte werden abgerissen und weichen Kontor- und Geschäftshäusern. Die City – für alle, die Anglizismen nicht mögen: Sie heißt schon damals ganz offiziell so – verändert ihr Gesicht dramatisch und wird ganz bewusst „entvölkert". Das will man erst neuerdings wieder rückgängig machen.

Noch vor Ende des Ersten Weltkriegs 1918 entschließt sich der Senat, die Verkehrsgesellschaften zu „entprivatisieren": Das soll sich wohl weniger sozialistisch anhören als

Ost-West-Straße

Gleich südlich des Mahnmals St. Nikolai befindet sich ein Bauwerk, das viele mittlerweile ebenfalls als Wunde im Stadtbild empfinden, wenn auch städteplanerischer Natur: die Willy-Brandt- und die Ludwig-Erhard-Straße, früher Ost-West-Straße, die die historische Innenstadt durchschneidet. Gebaut von 1956 bis 1963, geht sie allerdings schon auf Planungen aus dem Jahr 1911 zurück – heute ein Sinnbild der autogerechten Stadt. Immer wieder werden Umgestaltungen bis hin zu einem Tunnel diskutiert, allerdings (vorerst) ohne konkretes Ergebnis.

„Walddörferbahn" von Barmbek nach Volksdorf und von dort in zwei Abzweigungen nach Ohlstedt und Großhansdorf, das bis 1937 zu Hamburg gehört. Außer der Walddörferbahn gibt es nur noch einen Streckenneubau: vom Jungfernstieg bis zur Kellinghusenstraße. 1931, schon mitten in der Weltwirtschaftskrise, fahren die ersten Züge. Parallel dazu wird das Straßenbahnnetz massiv ausgebaut, was auch erheblich billiger ist als der Bau von U- oder S-Bahnen. Und es gibt längst auch Omnibuslinien mit Dieselmotoren, um die Straßenbahn zu ergänzen.

Schneisen durch die Stadt: *Der Siegeszug des Autos*

Nach dem Zweiten Weltkrieg beginnen in den 1950er-Jahren der unaufhaltsame Siegeszug des Autos und der entsprechende Umbau der Stadt. Die Straßenbahnen gelten nun plötzlich als Verkehrshindernisse – 1956 beginnt das langsame Sterben,

„verstaatlichen". Die Stadt übernimmt jedenfalls nach und nach die Hochbahn AG und auch die Straßenbahngesellschaft. Nach 1918, in politisch und wirtschaftlich extrem schwierigen Zeiten, lässt das Tempo des Hochbahnausbaus dann stark nach. Fertiggestellt wird noch die

Um 1900 beherrschen die Straßenbahnen die Szenerie wie hier am Gänsemarkt – noch sind auch viele Pferdekutschen und -gespanne unterwegs.

bis 1978 die letzte Linie eingestellt wird. Und obwohl es immer wieder Versuche gibt, sie wieder einzuführen (man nennt sie nun Stadtbahn), findet sich nie eine politische Mehrheit. Dabei spricht sich der 2001 abgewählte rot-grüne Senat noch für die Stadtbahn aus, die CDU-Regierungen bis 2011 sind aber dagegen. Kaum wieder an der Macht, ist nun die SPD plötzlich wieder dagegen, während die CDU in der Opposition ihre Zuneigung zur Stadtbahn wiederentdeckt. So viel zu politischer Logik.

Bis in die 1980er-Jahre wird immerhin das U- und S-Bahnnetz weiter ausgebaut. Am Jungfernstieg entsteht bis 1973 ein großer Knotenpunkt („Hier haben Sie Anschluss an die S1, S2, S3, U1, U2, U4 und die Alstertouristik"), Wandsbek und Bergedorf werden angeschlossen und die

U2 bis Niendorf verlängert. Aber der Straßenbau hat lange Priorität. Das Ergebnis sind nicht nur Schönheiten wie die 1974 eingeweihte Köhlbrandbrücke, die zu einem Wahrzeichen des modernen Hamburgs wird, sondern auch viel befahrene Trassen, die die Stadt durchschneiden wie etwa die Ost-West-Straße, die den historischen Stadtkern in zwei Teile trennt. Die Autobahnen nach Bremen und Lübeck sind bereits 1936/37 fertiggestellt worden, 1962 folgt die A7 nach Hannover. Deren Weiterbau bis Flensburg zieht sich bis 1978 hin, auf Hamburger Gebiet ist sie 1975 fertig, als der neue Elbtunnel eingeweiht wird. Die Autobahn durchschneidet nun viele Stadtteile wie Bahrenfeld und erweist sich als gutes Beispiel dafür, wie schnell sich der Zeitgeist wandeln kann. Eben noch als Zeichen des Fortschritts gefeiert,

Elegantes Wahrzeichen Hamburgs: die Köhlbrandbrücke im Freihafen. An ihrer Gestaltung wirkt maßgeblich der Architekt Egon Jux mit. Zur Eröffnung wird sie auch für Fußgänger zugänglich gemacht.
Rund 600 000 Hamburger nehmen an drei Tagen im September 1974 ihre neue Brücke in Besitz.

TRUDE

Unter diesem Namen hat ein gewaltiger Bohrer Berühmtheit erlangt. Mit der damals größten Schildvortriebsmaschine (Tunnelbohrer) der Welt wird ab 1997 die vierte Röhre des Elbtunnels gebaut. Der Name ist das Ergebnis eines Ideenwettbewerbs, den ein Zehnjähriger gewinnt: Tief runter unter die Elbe, kurz TRUDE, lautet sein Vorschlag, der angenommen wird. So hat die 60 Meter lange, 2000 Tonnen schwere Maschine ihren würdigen Namen erhalten. Die Bohrscheibe (Durchmesser 14,2 Meter) steht heute vor dem Museum der Arbeit in Barmbek.

bald schon verflucht. Die anfangs nicht ernst genommene Bürgerinitiative „Ohne Dach gibt's Krach" hat es tatsächlich geschafft, die Politik zu einer Milliardeninvestition zu bewegen und die A7 nördlich der Elbe zu überdachen.

Weil man dann doch irgendwann begriffen hat, dass immer mehr Autos mehr Probleme schaffen als lösen, feiert der Öffentliche Nahverkehr seit der Jahrtausendwende eine Renaissance. 2008 erfolgt der seit Jahrzehnten versprochene S-Bahn-Anschluss an den Flughafen – schon 1991 ist die Haltestelle im Rohbau errichtet worden, dann aber ist mehr als zehn Jahre nichts passiert. Die S3 wird bis Stade erweitert, in die HafenCity wird eine neue U-Bahn gebaut, und die Arbeiten für die U5, die Bramfeld und Stellingen erschließen soll, haben 2020 begonnen.

Alsterdampfer und Hafenfähren

Lange Zeit spielen auch Schiffe eine große Rolle im Nahverkehr. Auf der Alster wird 1859 der Linienverkehr zwischen Uhlenhorst und Winterhude aufgenommen, und schon bald entwickeln sich die Alsterdampfer zum Massenverkehrsmittel: 1911 werden rund elf Millionen Fahrgäste gezählt. Doch je mehr U-, S und Straßenbahnen es gibt, desto

Auf der Hamburger Reiherstiegwerft im Jahre 1876 für die Alsterreederei von H. E. Justus als „Falke" gebaut, ist der Dampfer „St. Georg" heute das älteste betriebsfähig erhaltene Fahrzeug des Hamburger Nahverkehrs und zugleich das älteste Dampfschiff Deutschlands. Seine drohende Verschrottung führt 1988 zur Gründung des Vereins Alsterdampfschiffahrt. Seit 1994 fährt das Schiff wieder als „St. Georg" auf der Alster unter Dampf.

Barkasse

Der Begriff Barkasse stammt aus dem Italienischen ("barcaccia") und bezeichnet eigentlich das größte Beiboot eines Kriegsschiffs. Die flachen, in der Regel offenen Boote werden seit dem 19. Jahrhundert motorisiert im Hafen eingesetzt: für Warentransporte, Fährdienste, das Ziehen von Schuten oder auch die Versorgung von Seeschiffen mit Lebensmitteln. Mit dem Aufkommen der Container ist diese Aufgabe weitgehend weggefallen. Die Barkassen dienen aber bis heute für die beliebten Hafenrundfahrten.

weniger werden die Schiffe gebraucht. 1950 zählt man noch 3,4 Millionen Fahrgäste, 1969 weniger als die Hälfte – die Sache ist längst ein Verlustgeschäft, sodass der Linienbetrieb 1984 eingestellt wird. Seitdem dienen die Alsterdampfer ausschließlich touristischen Zwecken. Allerdings gibt es immer wieder Forderungen, den Liniendienst wieder aufzunehmen. Bisher (Stand: 2022) ohne Erfolg.

Nach wie vor unersetzbar sind die Fähren auf der Elbe. Die Hadag, die 1918 zusammen mit den Alsterschiffen "entprivatisiert" worden ist, hat heute 26 Schiffe im Einsatz. Seit 1963 gilt der HVV-Tarif, weswegen manche von der billigsten Kreuzfahrt der Welt sprechen. Natürlich nutzen viele Touristen das Angebot, aber eben auch sehr viele Pendler, zum Beispiel zu den Airbuswerken nach Finkenwerder.

Der Verkehr hebt ab:
Fuhlsbüttel ist der älteste Flughafen Deutschlands

Wie alle Verkehrseinrichtungen in Hamburg ist auch der Flughafen erst einmal Privatsache. Wobei Flughafen der falsche Begriff ist, denn was da 1911 auf den matschigen Wiesen des kaum bevölkerten Fuhlsbüttel entsteht, ist ein Luftschiffhafen, und der Betreiber heißt denn auch Hamburger Luftschiffhallen GmbH. In dieser Pionierzeit des Fliegens sind es nicht die kleinen, klapprigen und so gar nicht Vertrauen erweckenden Flugzeuge, welche die Massen begeistern, sondern die riesigen majestätischen "Zeppeline". 1910 kommt der Erbauer, Graf Ferdinand von Zeppelin, nach Hamburg, wird gefeiert und stößt auf offene Ohren. Männer wie Hapag-Chef Albert Ballin und Bankier Max Warburg erkennen, wie zukunftsträchtig der Flugverkehr ist, da dürfe Hamburg nicht den Anschluss verpassen. Bei so prominenten Fürsprechern sind die 685 000 Mark zur Firmengründung rasch beisammen. Und als am 18. Juni 1912 der "LZ11" in Fuhlsbüttel einschwebt, staunen Zehntausende Hamburger, die das Ereignis zum Volksfest machen. In den Genuss eines Rundfluges kommen nicht ganz so viele – der Preis von 120 Mark entspricht etwa dem Monatslohn eines Durchschnittsverdieners.

Ab 1913 gibt schon erste Linienflüge, und in diesem Jahr hoppeln auch die ersten Flugzeuge über den Fuhlsbüttler Rasen – für eine Fliegerschule des Militärs, das den Flughafen während des gesamtes Ersten Weltkriegs zur Ausbildung

In Fuhlsbüttel schwebt 1912 der Zeppelin „Victoria Luise" über der neuen Luftschiffhalle.

Hamburg-Fuhlsbüttel   Neue Ballonhalle mit Luftkreuzer »Victoria Luise«

Der Hamburger Flughafen Ende der 1960er-Jahre – die Gebäude sind klein, das Aufkommen überschaubar. Die Dimensionen des heutigen Flugverkehrs scheinen unvorstellbar.

nutzt. Die Luftschiffhalle wird 1916 zerstört, aber nicht etwa durch feindliche Kräfte, sondern wegen eines Unfalls bei der Betankung eines Zeppelins. Die Halle wird wieder aufgebaut, muss aber gleich nach dem Krieg gesprengt werden (eine Auflage der Siegermächte). Zivile Fliegerei ist den Deutschen aber erlaubt, und so kann Fuhlsbüttel 1920 die stolze Zahl von 234 Passagieren vermelden. Nicht täglich, sondern im ganzen Jahr. Aber es gibt schon Linienflüge: einen nach Berlin und einen zweiten nach – natürlich – Sylt. Im Tower zieht 1923

Hightech ein: der Funk. Auf den Flugfeldern grasen derweil betriebseigene Schafe als natürliche Rasenmäher. Im letztlich erfolglosen Kampf gegen Wühlmäuse und Maulwürfe können sie aber auch nichts ausrichten.

1925 gibt es dann plötzlich Konkurrenz für Fuhlsbüttel – in Altona. Denn dort starten jetzt einmal täglich Wasserflugzeuge gen Dresden, immer schön die Elbe lang, die ja einen Landeplatz bietet, falls mal etwas schiefgeht. Aus diesem Grund meinen einige, dass den Wasserflugzeugen die Zukunft gehöre. Doch die Junkers F-11 bringt nur ein Jahr lang Post, Passagiere und Zeitungen nach Dresden und zurück – die Flüge sind teuer (50 Mark) und vor allem im Winter nicht so gefragt wie erhofft. Als dann noch pedantische Beamte den Zwischenflughafen in Magdeburg als zu klein befinden und schließen und auch ab Fuhlsbüttel eine Dresden-Verbindung angeboten wird, platzen Altonas Flugträume endgültig. Der Hamburger Flughafen aber floriert:

Blick in das elegant geschwungene Terminal 2 des Flughafens Hamburg-Fuhlsbüttel. Eine Rohrfachwerkkonstruktion trägt das Dach, dessen äußere Form an die Tragfläche eines Flugzeugs erinnern soll. Die weltberühmten Architekten kommen aus Hamburg: von Gerkan, Marg und Partner.

1929 zählt man 18 000 Passagiere, 1937 schon 57 000.

1939 verfällt Fuhlsbüttel dann in einen Dornröschenschlaf. Wegen des Krieges wird der Flugverkehr eingestellt, aber auch die Luftwaffe nutzt den Flugplatz nicht. So wird alles bepflanzt und getarnt – und im gesamten Krieg fällt keine Bombe. 1945 können die Briten einen verwilderten, aber völlig intakten Flughafen übernehmen, den sie nun offiziell Hamburg Airport nennen. Er dient 1948 als Stützpunkt für die Berliner Luftbrücke. In diesem Jahr werden auch zwei Start- und Landebahnen ausgebaut und betoniert, sehr zum Ärger der Wühlmäuse und Maulwürfe. 1950 erhält die Stadt ihren Flughafen zurück, dem Großes bevorzustehen scheint, als die Lufthansa ihn zum Heimatflughafen erklärt – um dann doch nach Frankfurt abzuwandern.

Vor allem ab den 1960er-Jahren wächst der Flugverkehr rasant. Und dem Senat schwant, dass es auf Dauer in Fuhlsbüttel zu klein werden

könnte, vor allem wenn der Flughafen zum Drehkreuz Nordeuropas werden will. Da also beginnt die (fast) unendliche Geschichte des Großflughafens Kaltenkirchen. Der größte und modernste Europas soll er werden, und Hamburg kauft schon mal fleißig Flächen auf – 2100 Hektar werden es schließlich (der BER kommt übrigens mit 1470 Hektar aus). Der Problemmix – politischer Ärger mit Schleswig-Holstein, Anwohnerproteste, Finanzierung, Anbindung – kann letztlich nicht gelöst werden, und seit 2013 wird das Projekt offiziell nicht mehr verfolgt. Die Flächen gehören aber immer noch Hamburg, und bisher hat sich alle paar Jahre noch immer jemand gefunden, der die Wiederaufnahme der Planungen fordert.

Letztlich wird aber Fuhlsbüttel mehrfach ausgebaut und modernisiert. Die ganz große Nummer ist er nicht, aber immerhin der viertgrößte Flughafen in Deutschland mit 17,3 Millionen Passagieren (2019) – und der älteste.

Hamburgs Theatergeschichte:

Lang, bunt, ruhmreich – und manchmal ziemlich peinlich

Einer der größten Schätze der Hamburger Kunsthalle: der 1903 von dem damaligen Kunsthallendirektor Alfred Lichtwark aus Mecklenburg zurückgeholte Petri-Altar von Meister Bertram. Der zwischen 1379 und 1383 vollendete Altar der Hauptkirche St. Petri gilt als sein Hauptwerk.

Die oft genannte These, dass es die Kultur in Hamburg schon immer schwer gehabt habe, ist sicherlich nicht ganz von der Hand zu weisen. Hamburg aber als kulturlose Stadt zu bezeichnen, in der die regierenden „Pfeffersäcke" keinen Sinn und schon gar kein Geld für derlei „Tinnef" gehabt hätten, ist wiederum (zumindest ein bisschen) übertrieben. Dass die Stadt in ihrer Geschichte eher selten mit Kultur assoziiert wird, hat durchaus logische Gründe.

Denn Künstler – ob nun Maler, Musiker, Bildhauer oder Dichter – brauchen Auftraggeber und/oder Mäzene. Und der wichtigste ist jahrhundertelang der verschwendungssüchtige Adel, den es in der Bürgerrepublik Hamburg ja nicht gibt. So sind Künstler in der Hansestadt auf private Nachfrage und die Kirche angewiesen – und sowohl die Kaufmannschaft als auch die Pastorenriege sind stets konservativ im Geschmack. Für Avantgardisten

bleibt Hamburg also schwieriges Terrain.

Der folgende kleine Streifzug durch Hamburgs Kulturgeschichte befasst sich speziell mit dem Theater und der Oper, weil deren Historie in besonderer Weise ein Spiegelbild der gesellschaftlichen und politischen Verhältnisse ist (natürlich hat Hamburg auch in der Kirchenmusik und im Orgelbau Geschichte geschrieben, hat Komponisten wie Johannes Brahms und die Geschwister Mendelssohn hervorgebracht und in den bildenden Künsten und der Literatur seinen Beitrag geleistet). Doch zuvor sind vielleicht ein paar Anmerkungen zu den Begriffen angebracht. Dem des Künstlers zum Beispiel, worunter wir uns ja heute eine Profession vorstellen: Malerin, Schriftsteller, Schauspielerin, Musiker. Künstler, die sich ganz auf ihre Kunst konzentrieren. Solche „Profis" gibt es in früheren Jahrhunderten sehr selten, weil kaum jemand davon leben kann – und schon gar nicht gut. Auch gibt es lange keine klare Grenze zwischen Kunst und Handwerk. Nehmen wir als Beispiel den 1415 in Hamburg einigermaßen wohlhabend gestorbenen „Meister Bertram", einen der bedeutendsten Maler der Spätgotik. Er erschafft den Altar der Petrikirche (heute in der Kunsthalle zu sehen), der als sein Meisterwerk gilt. Weil solche Aufträge die Ausnahme sind, bemalen er und seine Mitarbeiter auch Satteltaschen, stellen Leuchter her und gestalten Urkunden für die Stadt.

Schauspieler:
Geliebt, aber nicht geachtet

Schauspieler stehen gesellschaftlich sehr lange am untersten Rand. Ernsthaft betrieben wird diese Kunst in Deutschland allerdings auch erst seit dem 18. Jahrhundert, wobei der Hamburger Conrad Ekhof eine entscheidende Rolle spielt, wie wir noch lesen werden. Schauspieler sind jahrhundertelang „fahrendes Volk": Bunte Truppen, die von Stadt zu Stadt ziehen und auf Märkten auftreten. Es ist ein Mix aus Akrobatik, Komik („Possenreißer") und Schauspiel, das sie darbieten. Eher RTL 2 als Arte. Die Stücke sind derb, es gibt weder Regisseure noch Textbücher – man improvisiert von Pointe zu Pointe, die oft auf Kosten der Kirche oder der Reichen geht. Doch genauso wie die Menschen den Verrat lieben, aber nicht den Verräter, ist es auch mit den Schauspielern, deren sozialer Status knapp über dem von Bettlern und Aussätzigen liegt.

Der älteste schriftliche Beleg für solche Auftritte in Hamburg stammt

Carl Spitzwegs in den 1830er-Jahren entstandenes Gemälde zeigt „Reisende Komödianten" – eine Zeit, in der sich Schauspieler wenig angesehen am unteren Rand der Gesellschaft befinden. Die privaten Wandertruppen orientieren sich fast ausschließlich am amüsierfreudigen und oft ungebildeten Publikum, von dessen Spenden und Eintrittsgeldern sie abhängig sind. Residenztheater mit festem Ensemble sind noch die Ausnahme.

Das altehrwürdige Johanneum – es beherbergt neben der Gelehrtenschule auch das Akademische Gymnasium und die Stadtbibliothek. 1840 zieht die Schule aus dem alten Johanniskloster an der Kleinen Alster (Abbildung) in den Neubau am Speersort um.

aus dem Jahr 1350, aber es dürfte sie schon viel früher gegeben haben. Diese Darbietungen sind extrem beliebt und gehören zu den Höhepunkten des Jahres, wie man sich leicht vorstellen kann, wenn man bedenkt, wie beschränkt die Freizeitmöglichkeiten (und die Freizeit überhaupt) sind – selbst lesen können nur die wenigsten, zudem sind Bücher Luxusgüter. Ein großer Markt ohne Schausteller verliert jedenfalls deutlich an Attraktivität, weshalb die Stadt selbst bald diese Truppen engagiert und bezahlt. Das ist weniger Kulturförderung als vielmehr Investment, um zahlungskräftige Klientel anzulocken. Außerdem gibt es während der Märkte befristete Genehmigungen für Schenken und Gasthöfe, die Aufführungen in den Innenräumen gestatten.

Spätestens ab dem 15. Jahrhundert finden auch kirchliche Aufführungen statt. Meist in lateinischer Sprache werden Szenen aus der Bibel aufgeführt, oft anlässlich hoher Feiertage. Das ist dann nicht ganz so lustig und nicht halb so beliebt. Auch Handwerker drängt es auf die Bühne: Regelmäßig zur Fastnacht versuchen sie sich an kirchlichen und volkstümlichen Stoffen. Gern nutzen sie Satiren, um über ihre Meister und die Obrigkeit zu spotten, weshalb im 18. Jahrhundert ein Verbot ausgesprochen wird. Sinn für Humor ist im Senat etwa so weit verbreitet wie Gold im Armenhaus.

Nach der Reformation:
Pastoren als Spaßbremsen

Wie in so vielen Bereichen ist die Reformation – in Hamburg 1529 eingeführt – auch für das Theater einschneidend. Die kirchlichen Aufführungen finden schon deswegen schnell ein Ende, weil sie katholische Tradition sind – also gar nicht gut sein können. Auch das „wilde Treiben" auf den Märkten ist den Pastoren schnell ein Dorn im Auge.

Die sittenstrengen und schon bald zur Orthodoxie neigenden Lutheraner auf den Kanzeln als Spaßbremsen zu bezeichnen, ist eher noch eine Untertreibung. Die neue Kirche hat großen Einfluss auf die Politik und die öffentliche Meinung. Die klare Trennung von Kirche und Staat ist noch lange nicht erfunden.

Einziger Lichtblick ist das Johanneum, im Zuge der Reformation als Gelehrtenschule gegründet (siehe „Bildung als Luxusware"). Hamburgs Reformator – der Luther-Vertraute Johannes Bugenhagen – hat in der Kirchenordnung das Theaterspiel für die Schüler festschreiben lassen. Eigentlich sollten sie so besser Latein lernen, doch entwickelt sich bald ein Eigenleben. Und da auch in hoch- und sogar niederdeutscher Sprache gespielt wird – manche Lehrer wie Johann Hübner und Johann Samuel Müller schreiben auch eigene Stücke –, sind diese Schüleraufführungen sehr beliebt.

Deutschlands erste Bürgeroper:
Ein Ort des Teufels?

Für Hamburgs Theatergeschichte ist das Jahr 1678 von entscheidender Bedeutung – am Gänsemarkt wird das Opernhaus eröffnet. Es ist die erste ständige deutsche Oper, die von Bürgern gegründet und finanziert wird – und ein Politikum. Innerhalb der lutherischen Kirche tobt gerade ein erbitterter Richtungsstreit zwischen Orthodoxen und Pietisten.

Die Oper am Gänsemarkt in Hamburg ist von 1678 bis 1738 das erste und wichtigste bürgerlich-städtische Theater im deutschen Sprachraum. Bei der Einweihung des Hauses am 2. Januar 1678 ist es mit zweitausend Plätzen das größte seiner Zeit. Die private Oper geht in Konkurs. An gleicher Stelle entstehen später das Stadttheater und die Staatsoper. Ausschnitt aus der Stadtansicht Paul Heineckens von 1726

Georg Philipp Telemann (1681–1767)

Der Spross einer Magdeburger Pastorenfamilie ist wahrlich ein Musiker der Superlative. Weitgehend Autodidakt, schreibt er mit zwölf Jahren seine erste Oper und beherrscht bald darauf Tasten-, Blas- und Streichinstrumente gleichermaßen. Obwohl er in Leipzig Jura studieren soll (und es auch ein wenig tut), lässt sich das musikalische Genie in ihm nicht unterdrücken. Er gründet ein Studentenorchester, arbeitet an der Oper und wird bald Konzertmeister und Musikdirektor in Eisenach und 1712 in Frankfurt. Ein Glücksfall für Hamburg, dass er 1721 dem Ruf in die Hansestadt folgt: als Kantor am Johanneum, Musikdirektor und Opernkapellmeister. Fast wäre er schnell wieder weg gewesen: eine kleine Wohnung, nörgelnde Oberalte, zu wenig Gehalt – dank einer Aufstockung bleibt er. Und komponiert, als gäbe es kein Morgen. Rund 3600 Werke wird er vollenden. Allein 24 Opern schreibt er für die Hamburger Bühne. Telemann ist schnell (eine Auftragskantate hat er angeblich in einer Stunde vollendet) und überaus vielseitig: Opern und Sinfonien, Orchestersuiten, Sonaten, Quartette, Klavier- und Orgelmusik gehören zu seinem Repertoire. Eng mit Händel befreundet, inspiriert er Generationen von Musikern – auch seinen Nachfolger Carl Philipp Emanuel Bach (übrigens sein Patensohn), den „Hamburger Bach". Telemann bleibt bis ins hohe Alter produktiv und stirbt mit 86 Jahren in Hamburg.

Georg Philipp Telemann ist seit 1721 Musikdirektor und Kantor in Hamburg und bestimmt das Musikleben der Stadt fast ein halbes Jahrhundert lang.

Letztere predigen strenge Frömmigkeit, oder besser gesagt: noch strengere, und sehen die Bühne als Teufelswerk und typische Belustigung für den müßiggängerischen Adel an. Ob nun aus Überzeugung oder um die Pietisten zu ärgern, sind die hier mal nicht ganz so strengen Orthodoxen für die Oper – sie diene der „Erbauung". Nach reichlich Streit, dem Einholen von zwei Universitätsgutachten (kein Witz, die Stadtherren nehmen die Sache ausgesprochen ernst) und der zwischenzeitlichen Schließung setzen sich die Opernfreunde schließlich durch. Der Rat, wie der Senat damals noch genannt wird, gibt Johann Winckler, dem Michel-Pastor, sogar einen hochoffiziellen Rüffel, weil der weiterhin von der Kanzel gegen die Oper wettert.

Das Besondere an der Oper ist, dass nicht etwa italienische oder französische Werke im Vordergrund stehen, sondern deutsche. Viele Stücke – etwa von Reinhard Keiser, ab 1697 Kapellmeister, dann Direktor der Oper am Gänsemarkt – werden extra für die Hamburger Aufführungen geschrieben und haben bisweilen Lokalkolorit, sodass manchmal sogar plattdeutsch gesungen wird. Allein Georg Philipp Telemann, der seit 1721 in Hamburg als städtischer Musikdirektor wirkt und am Johanneum lehrt (sein Nachfolger wird 1768 Carl Philipp Emanuel Bach), schreibt 24 Opern. Der in Bergedorf als Spross einer Kirchenmusikerfamilie geborene Johann Adolf Hasse sammelt 1718 am Gänsemarkt als Tenor erste Erfahrungen mit dem Opernbetrieb, bevor er selbst seine internationale Karriere als Opernkomponist startet. Zu den Komponisten der Gänsemarktoper gehört auch der blutjunge Georg Friedrich Händel, der 1703 als 18-Jähriger in das Orchester eintritt. Das später weltberühmte Genie hätte in Hamburg übrigens fast ein frühes Ende gefunden. Händel streitet sich während einer Aufführung mit dem Tenor und Komponisten Johann Mattheson um den Dirigentenplatz – die beiden duellieren sich daraufhin vor der Tür. Matthesons Klinge zerbricht glücklicherweise an einem großen Metallknopf an Händels Weste – beide bleiben unverletzt.

Caruso in Hamburg:
Vom Stadttheater zur Staatsoper

Im Gegensatz zu Händel überlebt die Oper nicht: 1738 ist die Bühne bankrott, das offenbar nicht sehr solide Gebäude wird abgerissen. Zuvor ist es – auch wegen finanzieller Schwierigkeiten – künstlerisch bergab gegangen. Außerdem ist der Zeitgeist nun eher gegen die Oper als Kunstform. Die beginnende Aufklärung kann mit dem Singspiel wenig anfangen.

Ende des Jahrhunderts sind Opern dann wieder „en vogue". Im 1765 ebenfalls am Gänsemarkt erbauten „Comödienhaus" werden neben Dramen und Komödien wieder regelmäßig Opern aufgeführt.

Dieses Nebeneinander besteht auch im Stadttheater weiter, das 1827 an der Dammtorstraße eingeweiht und als Aktiengesellschaft geführt wird. Das bleibt bis zum Ende des Jahrhunderts so. Erst als mehrere neue Sprechtheater eröffnen, wird das Haus zur reinen Oper. Vor allem unter Bernhard Pollini, Direktor von

1874 bis 1897, hat die Oper einen exzellenten Ruf. Pollini (der in Köln geboren ist und eigentlich schlicht Pohl heißt, was natürlich längst nicht so musikalisch klingt) lockt Berühmtheiten wie Puccini und Tschaikowsky nach Hamburg, wo sie ihre eigenen Werke dirigieren. 1891 engagiert er Gustav Mahler als Ersten Kapellmeister, der sechs Jahre bleibt, bevor er in Wien und New York zu Weltruhm kommt. Schon in Hamburg beginnt Mahler mit seiner Opernreform

1765 eröffnet am Gänsemarkt das Ackermannsche „Comödienhaus", das unter Lessings dramaturgischer Leitung 1767–1769 als „Hamburger Nationaltheater" (Abb.) firmiert. In der Franzosenzeit 1806–1814 heißt es „Théâtre du Gänsemarkt".

Die Lithografie von David Martin Kanning (um 1880) zeigt die Dammtorstraße mit dem prächtigen Stadttheater, das 1826/27 errichtet wird. 1919 erfolgt dann die Umwandlung in ein reines Musiktheater, das seit 1934 den Namen Hamburgische Staatsoper trägt.

Gustav Mahler (1860–1911) ist von 1891 bis 1897 Erster Kapellmeister des Hamburger Stadttheaters, der heutigen Staatsoper, und hat dort manchen Kampf auszufechten.

Das Stadttheater genießt in der Kaiserzeit einen hervorragenden Ruf – auch weil seine Intendanten immer wieder Weltstars nach Hamburg holen. So gibt Enrico Caruso, seinerzeit der Inbegriff des Tenors, zwischen 1906 und 1913 fast in jedem Jahr ein Gastspiel.

Mitten in der Zeit des deutschen Wirtschaftswunders wird am 15. Oktober 1955 im Beisein von Bundespräsident Theodor Heuss Hamburgs neues Opernhaus eingeweiht. Der Architekt Gerhard Weber gibt dem Gebäude eine moderne (und längst denkmalgeschützte) Glasfassade.

– er sieht Musik und Schauspiel als gleichberechtigt an. Während die Ausstattung, das Bühnenbild und die Schauspielerei bisher vernachlässigt worden sind, gewinnt die In-

szenierung nun an Bedeutung. Wie gut der Ruf der Bühne mittlerweile ist, zeigt sich auch daran, dass der bis heute als Inbegriff des Tenors geltende Enrico Caruso zwischen 1906 und 1913 fast jedes Jahr Gastspiele in Hamburg gibt – es sind Festtage. Das Haus, das 1874 eine vom Rathaus-Architekten Martin Haller gestaltete neue Fassade erhält, heißt indes immer noch Stadttheater. Zur „Hamburgischen Staatsoper" wird es erst unter nationalsozialistischer Ägide 1934.

Den Status als eine der weltweit renommiertesten Opernbühnen kann das Haus auch nach dem Zweiten Weltkrieg wahren. Nach einem Bombentreffer muss der Saal aber neu errichtet werden (das Bühnenhaus übersteht den Krieg) und erhält 1955 seine heutige Form. Bis dahin muss ein Provisorium herhalten. Intendanten wie Rolf Liebermann und

Rolf Liebermann (1910–1999)

Sein Vater geht der Liebe wegen in die Schweiz, weshalb der Spross einer jüdischen Berliner Familie in Zürich geboren wird. Der Großneffe des Malers Max Liebermann studiert zwar Jura, widmet sich aber der Musik. In Budapest und Wien lernt er das Dirigieren, bei dem Russen Wladimir Vogel das Komponieren. 1945 geht er zum Schweizer Radio, 1957 engagiert ihn der NDR. Nach zwei Jahren überredet Bürgermeister Max Brauer ihn, die Intendanz der Staatsoper zu übernehmen. Er bleibt 14 Jahre, in denen er zum einen Berühmtheiten anlockt (Igor Strawinsky feiert seinen 80. Geburtstag in Hamburg), zum anderen moderne Werke auf die Bühne bringt. 1973 übernimmt er die Leitung der Pariser Oper, will sich 1980 dem Komponieren widmen, geht dann aber 1985 für weitere drei Jahre zurück nach Hamburg, um die Staatsoper aus der Krise zu führen. Er möchte, dass „die Oper kein elitäres Museum nur für wohlhabende Menschen" ist, und setzt ein Kontingent mit Karten für 8 Mark durch – Demokratisierung nennt er das. Nach drei Jahren geht er zurück nach Paris, ist aber noch oft in Hamburg, bevor er 88-jährig in Paris stirbt.

Christoph von Dohnányi, Generalmusikdirektoren wie Kent Nagano (seit 2015) und natürlich Ballettchef John Neumeier sorgten und sorgen dafür, dass die Staatsoper in der ersten Liga bleibt.

Goethe, Schiller, Lessing? Kassengift!

Das Sprechtheater hat es in Hamburg ungleich schwerer. Trotz vielversprechender Anfänge. Denn 1765 wird mit dem „Comödienhaus" eine feste Bühne errichtet, und der Gründer Konrad Ernst Ackermann (1712–1771) gehört zu den Vorreitern der Moderne. Mit Gleichgesinnten wie Caroline Neuber und dem Hamburger Schauspieler Conrad Ekhof, den man später ehrfurchtsvoll „Vater der deutschen Schauspielkunst" nennen wird, professionalisiert er das Genre. Der allgegenwärtige „Hanswurst" wird von der Bühne verbannt. Diese possenreißende Kunstfigur ist zuvor in allen Stücken – auch ernsten – aufgetreten, um das Publikum zu erheitern. Stellen Sie sich einfach vor, in jedem Hamlet-Akt taucht plötzlich Mario Barth auf, um ein paar zotige Witze zu reißen, dann wissen Sie, wie das ist.

Übertriebene Theatralik und unnatürliches Sprechen haben jetzt ebenso ausgedient wie der Hanswurst. Ekhof, der schon früh außerhalb Hamburgs sein Glück suchen muss, will den Beruf des Schauspielers unbedingt aus der Schmuddelecke holen. Er verlangt allerdings Ungeheures: Schauspieler sollen saubere Kleidung tragen, ihren Text auswendig können, pünktlich

Rolf Liebermann ist langjähriger Intendant der Staatsoper und verhilft ihr zu Weltruhm. Viele Karrieren später berühmter Sängerinnen und Sänger wie Placido Domingo oder Hanna Schwarz beginnen unter Liebermanns Ägide.

Conrad Ekhof (1720–1778)

Als Sohn eines Hamburger Schneiders in armen Verhältnisse geboren, kann Ekhof mit einem kirchlichen Stipendium das Johanneum besuchen – und entdeckt dort seine Liebe zur Schauspielerei. Mit 18 verlässt er Hamburg für eine Stellung als Schreiber in Schwerin, lernt dort Charlotte Schröder kennen und schließt sich mit ihr der Schönemannschen Gesellschaft an – einer Schauspieltruppe. Ekhof, weder groß noch schön, überzeugt durch seine Sprachgewalt und authentisches Spiel – etwas Neues in einer Zeit der überaffektierten Darsteller. Wie alle Schauspieler wird er zum Wandervogel, aber er wird auch zum großen Reformator, der Professionalität predigt und den Beruf aus der Schmuddelecke holen will. Bald nennt man ihn den „Vater der deutschen Schauspielkunst", dessen künstlerischer Höhepunkt die Zusammenarbeit mit Lessing am „Hamburger Nationaltheater" ist. Seine letzten Jahre arbeitet er in Gotha und Weimar, wo Goethe zu seinen Bewunderern zählt. Das *Allgemeine Theater-Lexikon* von 1846 nennt ihn „den Einen, den Unerreichbaren".

Gotthold Ephraim Lessing (1729–1781)

Wenn gewaltiges Können, Mut, Innovationskraft und unerschütterliche Humanität in einem Menschen zusammentreffen, dann darf man wohl von Größe sprechen. Lessing hat dem deutschen Geistesleben so vieles gegeben. Der als Sohn eines Pfarrers in Kamenz/Oberlausitz geborene Dichter und Kritiker steht an der Spitze der Aufklärung, er hat dem Theater neues Leben eingehaucht, als Dramatiker und Lustspielautor Maßstäbe gesetzt

und 1779 mit *Nathan der Weise* einen ewig gültigen Aufruf zur religiösen Toleranz verfasst. Mit Hamburg verbinden ihn nicht nur sein Engagement für das „Nationaltheater" – darunter die *Hamburgische Dramaturgie*, ein Grundlagenwerk über Schauspielkunst – und der sogenannte Fragmentenstreit mit Pastor Johan Melchior Goeze um die radikale Glaubens- und Bibelkritik seines Hamburger Freundes Hermann Samuel Reimarus, sondern auch persönliche Bezüge: Hier lernt er seine

Frau Eva König kennen. Seiner Zeit meist voraus, ist er jedoch auch ein Gescheiterter. Das „Hamburger Nationaltheater" geht 1769 nach zwei Jahren bankrott, das Genie muss sich als Bibliothekar in Wolfenbüttel verdingen. Streitbar bis zum Schluss, der Kirche und den Konservativen verhasst, kämpft er schreibend für seine Überzeugungen. Seine Frau Eva und sein Sohn Traugott sterben im Kindbett, er selbst drei Jahre später an einer Lungenkrankheit.

Für Gotthold Ephraim Lessing ist Hamburg der Ort beruflicher Enttäuschungen und freundschaftlicher Verbindungen. Ölbild von Georg Oswald May, 1766

sein, Sprechtraining machen und ihre Figuren natürlich spielen. Man kann sich vorstellen, wie die Realität meist noch aussieht … In seinen späteren Jahren versucht Ekhof sogar, eine Art Kranken- und Rentenversicherung für die oft bitterarmen Schauspieler zu gründen – mehr als 100 Jahre vor Bismarcks Sozialversicherung! Der Visionär muss damit wohl scheitern, aber er schafft einen Vorläufer der heutigen Künstlersozialkasse.

Auch Ackermanns Haus scheitert schnell – schon nach zwei Jahren ist er bankrott. Es gibt zwar gleich eine Neugründung, doch auch dieses mit höchsten künstlerischen Ansprüchen gestartete „Hamburger Nationaltheater" ist nach zwei weiteren Jahren wieder Geschichte. Da nutzt es auch nichts, dass mit Gotthold Ephraim Lessing einer der größten Geister der Zeit als Dramaturg gewirkt hat. Nach abermals zwei Jahren Vakanz übernimmt dann Friedrich Ludwig Schröder das Haus und kann es endlich dauerhaft etablieren. Er findet eine Mischung aus Anspruch und Unterhaltung und macht die Hamburger mit Shakespeare

bekannt, was allerdings nur eine überschaubare Menge erfreut. 1796 verlässt Schröder das Haus frustriert. Das Hamburger Publikum sei das „ungebildetste, das ich je kennengelernt habe", sagt er. „Indessen, ich verdanke ihm meinen Wohlstand, und so vergebe ich ihm den Mord an meiner Kunst." Das Theater wechselt 1827 in den Neubau des Stadttheaters. Doch anspruchsvolle Stücke haben es immer noch schwer. „Außer dem Dichternamen Schiller bewirkt bei uns noch derjenige von Goethe und Lessing unfehlbar ein leeres Haus", beklagt der Theaterchef 1838. Um verzweifelnd hinzuzufügen: *„Herr Hampelmann im Eilwagen* ist stets ausverkauft."

Theatergründung verboten!
Das Thalia Theater gibt es trotzdem

Das 19. Jahrhundert ist wahrlich nicht die goldene Zeit des Hamburger Theaters. Bis auf eine Ausnahme darf keine neue Bühne eröffnet werden. Das Bemühen, das Stadttheater von Konkurrenz zu befreien, geht so weit,

Das Thalia Theater wird bereits kurz nach den Großen Brand am heutigen Gerhart-Hauptmann-Platz eröffnet. Doch dürfen zunächst nur Lustspiele (wegen der Konkurrenz zum Stadttheater) aufgeführt werden. Die farbige Lithografie zeigt die Ansicht des Theaters um 1860. Im Jahr 1912 zieht das Thalia in einen Neubau auf der gegenüberliegenden Platzseite.

dass nicht einmal Seiltänzer und Jongleure in Hamburg auftreten dürfen. Vom „Ersten Haus am Platze" erwartet der Senat dafür „Erbauliches". Also nicht allzu oft *Herr Hampelmann*. Das kann auf Dauer nicht gutgehen. So wird das Stadt-theater immer mehr zur Oper, während die an leichter Unterhaltung Interessierten in die Vorstädte gehen, denn auf St. Pauli und in St. Georg gelten die Verbote nicht – das Areal rund um die Reeperbahn wird so zum Vergnügungsviertel mit Dutzenden Theatern, Varietés und Gaststätten mit kleinen Bühnen.

Die erwähnte Ausnahme vom Ver-bot ist das Thalia Theater, dessen Vor-geschichte sich im Halblegalen findet. Es ist zunächst eine „Winkel-bühne". So nennt man Ein-richtungen, die keine offizielle Genehmigung haben und still-schweigend geduldet werden. So gibt es auch viele „Winkelschulen", in denen kaum ausgebildete, dafür aber erstklassig prügelnde Lehrer gegen

Gebühren Unterricht fragwürdiger Qualität geben.

Es ist eine Wirtshausbetreiberin, von allen nur Witwe Handje genannt (ein Vorname ist nicht überliefert), der es gelingt, für ihre „Winkel-bühne" eine Konzession zu erhalten. Nach mehreren Umzügen eröffnet sie an der Steinstraße ein neues Haus

Das Thalia Theater wird im Zweiten Welt-krieg stark beschädigt. Der wiederhergestellte und von Werner Kall-morgen modernisierte Bau kann erst seit 1960 wieder voll bespielt werden.

Das Deutsche Schauspielhaus an der Kirchenallee wird 1899 als Aktiengesellschaft gegründet (Abbildung). Nach wirtschaftlichen Schwierigkeiten im Ersten Weltkrieg und in der Weimarer Zeit wird es unter den Nationalsozialisten in eine „Kultstätte" umgewandelt. Sämtliche jüdische Ensemblemitglieder werden entlassen.

mit 600 Plätzen. Ab 1831 wirkt der aus Frankreich stammende Charles Maurice Schwartzenberger – ganz weltmännisch von den Hamburgern „Chéri Maurice" genannt – als Direktor. Nach Witwe Handjes Tod 1842 kann er die Konzession übernehmen und lässt am heutigen Gerhart-Hauptmann-Platz ein Theater mit 1800 Plätzen errichten. Aus der Not macht er eine Tugend. Weil das Stadttheater ja keine Konkurrenz haben soll, darf das Thalia nur Lustspiele aufführen – zeitweise

sind maximal sogar nur zwei Akte gestattet! Doch Schwartzenberger nimmt das Lustige ernst und widmet sich mit voller Kraft der Ausbildung seines Ensembles, was den hervorragenden Ruf des Hauses begründet. 1912 zieht es in den noch heute bestehenden Neubau gegenüber dem alten Standort um. Was allerdings nicht alle bejubeln, denn dort hat zuvor die Barmbecker Bierhalle gestanden, eines der größten Gasthäuser der Stadt ...

Mit der Theater-Aktiengesellschaft soll alles besser werden

1869 fällt endlich das anachronistische Verbot von Theatergründungen, doch zunächst tut sich nicht viel. Erst um die Jahrhundertwende, als in der schnell wachsenden Stadt ein breites Bildungsbürgertum entsteht, wird Hamburg endlich ein höheren Ansprüchen genügendes Theater bekommen. Künstler und private Finanziers gründen (mal wieder) eine Aktiengesellschaft und

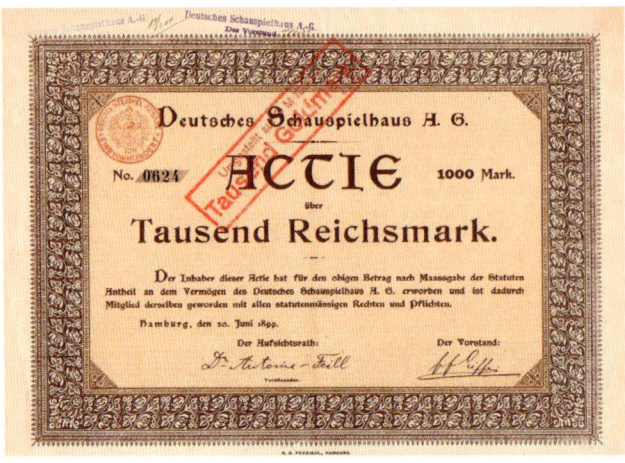

Das Deutsche Schauspielhaus ist heute nicht nur das größte deutsche Sprechtheater, sondern gehört auch künstlerisch zu den großen Bühnen des Landes.

bauen das Deutsche Schauspielhaus, das 1900 an der Kirchenallee in St. Georg eröffnet. Der Name soll an das „Hamburger Nationaltheater" und Lessing erinnern, dessen Anspruch es ja gewesen ist, vermehrt deutsche Stücke auf die Bühne zu bringen. Dem eigenen Anspruch, auf dem Niveau des Wiener Burgtheaters zu arbeiten, wird man aber zunächst nicht gerecht. Zwar gibt es Klassikeraufführungen auf durchaus hohem Niveau, aber es überwiegen „Schwank- und Schmalzfabrikanten", wie der Theaterhistoriker Diedrich Diederichsen urteilt. So ist es dem Thalia vorbehalten, moderne Autoren wie Gerhart Hauptmann, Arthur Schnitzler oder Frank Wedekind zu inszenieren. Ein ähnliches Repertoire hat auch die 1893 von Arbeitern gegründete „Freie Volksbühne Hamburg-Altona", doch unter dem Druck der Polizeibehörden, die alles Sozialdemokratische vehement bekämpfen, muss das Projekt nach sieben Jahren aufgegeben werden.

Das Schauspielhaus indes wird erst nach dem Ersten Weltkrieg zu der bedeutenden Bühne, die es bis heute geblieben ist. 1918 erhält es zusätzliche Konkurrenz, als die hochambitionierten Kammerspiele er-

Missingsch

Heute würde man sie wohl als Straßenslang bezeichnen, diese Mischung, die herauskommt, wenn plattdeutsch aufgewachsene Hamburger versuchen, Hochdeutsch zu sprechen. Missingsch ist ein eigentümlicher Mix, da die meisten beim Sprechen dann doch immer wieder ins „Plattdütsch" zurückfallen. Ähnliche Varianten hat es früher in fast allen norddeutschen Städten gegeben. Mit den niederdeutschen Muttersprachlern ist aber auch das Missingsch verschwunden. Obwohl naheliegend, ist der Begriff nicht auf „Mischmasch" zurückzuführen. Auch Messing – die Mischung aus Kupfer und Zink – wird oft genannt. Das ist aber falsch, sagen die Linguisten. Sie führen den Begriff auf „Meißnerisch" zurück, die Meißener Kanzleisprache – stilprägend für das Hochdeutsche und von Martin Luther adaptiert. Aus „Das Bild ist für sie" (op platt: Dat Bild is för ehr) wird dann „Das Bild ist für ihr". Das Ohnsorg-Theater spielt früher oft Stücke in Missingsch, wenn es eine bundesweite Fernsehübertragung gibt, damit alle es verstehen können. Außerdem finden viele die grammatischen Verrenkungen sehr lustig. Legendär sind natürlich die Klein-Erna-Witze (hier nachzulesen: *Klein Erna – Ganz dumme Hamburger Geschichten*. Nacherzählt und gezeichnet von Vera Möller, Ellert & Richter Verlag).

öffnen. Intendant Erich Ziegel setzt voll auf Moderne und Avantgarde und bietet dem Expressionismus eine Bühne. Zwei Jahre nach dem Schauspielhaus gründet dann Richard Ohnsorg sein gleichnamiges Theater. Zur niederdeutschen Bühne wird es übrigens erst 1910, zuvor wird nur hochdeutsch geschauspielert. Legendären Status erlangt es nach 1945, als Henry Vahl und Heidi Kabel zu Ikonen werden.

Heidi Kabel (1914–2010)

Heidi Bertha Auguste Kabel wird genau gegenüber dem Haus geboren, das ihr Leben prägen wird: Große Bleichen, Ohnsorg-Theater. Die Tochter eines Druckers und Verlegers will eigentlich nur eine Freundin beim Vorsprechen begleiten, doch Theatergründer Richard Ohnsorg engagiert sie. Heidi Kabel wird der Niederdeutschen Bühne 65 Jahre lang treu bleiben. Hier lernt sie ihren späteren

Ehemann Hans Mahler kennen, hier wird auch ihre Tochter Heidi jahrzehntelang auf der Bühne stehen. Ist die begnadete Komödiantin zunächst noch nur im Norden bekannt, ändert sich das 1954, als die ARD mit bundesweiten Ausstrahlungen der Aufführungen beginnt. Bald kennt sie jeder im ganzen Land, Heidi Kabel wird zum Synonym für Hamburg. Sie nimmt Filmrollen an, singt („In Hamburg sagt man tschüs"), spricht in Hörspielen und erhält Dutzende

Auszeichnungen – nur das Bundesverdienstkreuz lehnt sie in alter Hamburger Tradition ab. Heidi Kabel engagiert sich in vielen sozialen Bereichen, unterstützt Obdachlosenprojekte, Kinderheime, den Tierpark Hagenbeck. Als sie 95-jährig stirbt, wird die Trauerfeier (natürlich im Michel) im Fernsehen übertragen. Ein Jahr später wird ein Platz nach ihr benannt – sodass das Ohnsorg-Theater nun die Adresse Heidi-Kabel-Platz 1 am Hauptbahnhof hat.

Die berühmtesten Gesichter des Ohnsorg-Theaters: Heidi Kabel und Henry Vahl, die vor allem durch die seit 1954 live ausgestrahlten Fernsehübertragungen Popularität erlangen.

Bis 1933 ist das Hamburger Theaterleben ungemein lebendig. Dazu tragen natürlich die für diese Zeit so typischen Varieté-Theater bei, die es nicht nur auf St. Pauli gibt, sondern mit dem Hansa-Theater auch in St. Georg. Zu den Berühmtheiten zählen die Gebrüder Wolf, die sich durch das Lied *An de Eck steiht'n Jung mit'n Tüdelband* unsterblich gemacht haben. Mit den Nazis kommt dann die kulturelle Verödung. Sie verstaatlichen das Schauspielhaus, machen die Oper wie erwähnt zur Staatsoper und ordnen die Umbenennung des von einem Juden gegründeten Ernst Drucker Theaters in St. Pauli-Theater an, was erstaunlicherweise nie rückgängig gemacht worden ist. Überflüssig zu erwähnen, dass alles Moderne, Kritische – und alles Jüdische sowieso – von den Bühnen verschwindet. Die beliebten Lieder der Gebrüder Wolf aber werden kurzerhand zu „deutschem Liedgut" erklärt, sie selbst erhalten 1933 Auftrittsverbot, James Iwan Wolf wird im KZ Sachsenhausen interniert, kann nach Shanghai entkommen. Sein Onkel

James, der bereits 1906 aus dem „Wolf-Trio" ausgestiegen ist, wird ins KZ Theresienstadt deportiert und kommt dort 1943 um, dessen Bruder Ludwig überlebt dank seiner nichtjüdischen Ehefrau in Hamburg.

Die Hamburger feiern Gründgens und Quadflieg

Nach dem Zweiten Weltkrieg eröffnen die Bühnen zwar relativ schnell wieder, im harten Winter 1946/47 aber bleiben sie wegen Kohlenmangels geschlossen. Schauspielhaus-Chef Otto Burmeister und Karl Rosengart, Betriebsrat der Staatsoper, wollen sich damit nicht abfinden. Sie organisieren einen Lkw, fahren nach Recklinghausen und schaffen es, eine Fuhre Kohlen (und danach noch einige mehr) zu „organisieren". Legal ist das nicht, aber effektiv. Im kommenden Sommer sagen die Hamburger Danke: 150 Schauspieler und Musiker reisen mit Bürgermeister Max Brauer ins Ruhrgebiet und spielen für die Kohle-Kumpel – ungewöhnlich, gelten vielen Bildungsbürgern Hochkultur und Arbeiterschaft doch als inkompatibel. Die Auftritte sind ein Riesenerfolg und die Initialzündung für die heute so renommierten Ruhrfestspiele. Als Jahrzehnte später die Zeche in Recklinghausen schließen muss, wird eine der großen Seilscheiben, die die Förderkörbe ziehen, als Zeichen der Verbundenheit nach Hamburg geschickt – sie steht noch immer vor dem Gewerkschaftshaus am Besenbinderhof.

In diesen Jahren gibt es ansonsten zunächst eine relativ klare „Aufgabenverteilung" der Hamburger Bühnen. Während das Schauspiel-

Gustaf Gründgens (1899–1963)

An seiner Kunst gibt es keine Zweifel, doch gehört der gebürtige Düsseldorfer Gründgens wegen seiner Karriere im NS-Staat zu den umstrittensten Schauspielern seiner Zeit. Mit 20 feiert er erste Bühnenerfolge, mit 23 führt er erstmals Regie (in Eckernförde!) und geht 1923 an die Kammerspiele nach Hamburg, wo er Klaus Mann und dessen Schwester Erika kennenlernt, die er 1926 heiratet – die Ehe wird nach drei Jahren geschieden. Da ist Gründgens schon in Berlin bei Max Reinhardt am Deutschen Theater, bald führt er –

auch an der Oper – wieder Regie. Trotz seines Werdegangs im links-intellektuellen Milieu macht Gründgens ab 1933 steile Karriere. Sein Förderer und Beschützer wird Hermann Göring, der ihn trotz der allgemein bekannten Homosexualität zum Staatsschauspieler macht und im Krieg in die „Gottbegnadetenliste" aufnimmt, was Gründgens vor Fronteinsätzen bewahrt. Sein Ex-Schwager Klaus Mann beschreibt ihn in dem Exil-Roman *Mephisto* als typischen Opportunisten. Gründgens dient zweifelsohne dem NS-Staat, spielt auch in Propagandafilmen mit, setzt sich aber auch für Verfolgte ein – so

bewahrt er den kommunistischen Sänger und Schauspieler Ernst Busch 1944 vor der Hinrichtung. Auch deshalb wird Gründgens nach dem Krieg schnell entnazifiziert. Nach einigen Jahren in Düsseldorf wird er 1955 Intendant des Deutschen Schauspielhauses in Hamburg und feiert Triumphe – das Publikum liebt ihn. Nach acht Jahren hört er überraschend auf, reist nach Manila und stirbt nach der Einnahme zu vieler Schlaftabletten an Magenblutungen. Ob Versehen oder Suizid, kann nie geklärt werden.

Gustaf Gründgens – rechts im Bild als Mephisto mit Will Quadflieg als Faust in der berühmten Inszenierung von 1957 – prägt während seiner Intendanz von 1955 bis 1963 die Nachkriegsära am Deutschen Schauspielhaus.

Will Quadflieg (1914–2003)

Der gebürtige Oberhausener – 18 Jahre alt, als Hitler Reichskanzler wird – gehört zu den wenigen Schauspielern, die ihre Rolle während der Jahre 1933–45 selbstkritisch und offen reflektiert haben. Quadflieg bedauert öffentlich, in zwei Propagandafilmen gespielt zu haben. In dieser Zeit spielt er vor allem am Schiller-Theater Berlin. Der Bühne bleibt er trotz zahlreicher späterer Erfolge in Film und Fernsehen immer

treu. Seine wohl größten Rollen spielt er in Hamburg: ab 1947 am Schauspielhaus, ab 1983 am Thalia. Ab Mitte der 1960er-Jahre wird es stiller um ihn, weil die neuen, politisierten Theatermacher mit ihm (und er mit ihnen) wenig anfangen können. Immer wieder übernimmt Quadflieg Film- und Fernsehrollen, am berühmtesten sein Faust in Gründgens' Kinofilm von 1960 und seine späte Rolle im Vierteiler *Der Große Bellheim* (1993) von Dieter Wedel. Regelmäßig spielt er seit

den 1960er-Jahren auch Gedichte und Hörbücher ein. Will Quadflieg hat sechs Kinder – Sohn Christian wird ebenfalls Schauspieler. Er stirbt 89-jährig in Niedersachsen, wo er jahrzehntelang gelebt hat.

Ida Ehre (1900–1989)

„Sie brachte uns all die großen Dramatiker der Welt, von denen wir damaligen jungen Leute nicht einmal die Namen gekannt haben! Es war – inmitten einer geistigen wie physischen Wüste – eine ganz einmalige, nicht-wiederholbare Leistung." Mit diesen Worten würdigt Helmut Schmidt die große Theater-Prinzipalin bei der Trauerfeier für die Ehrenbürgerin 1989. Hamburgerin ist die in Mähren geborene Jüdin Ida Ehre durch ein grausames Schicksal geworden: Sie ist mit ihrem „arischen" Mann Bernhard Heyde auf einem Auswandererschiff schon nahe der Azoren, als 1939 der Krieg ausbricht und das Schiff umkehrt. Sie wird in „Hamburg an Land gespült", wie sie später sagt. Sie lebt in ständiger Angst, verbringt einige Wochen im KZ Fuhlsbüttel (und kommt nur frei, weil ihr Mann mit Heinrich Himmler zur Schule gegangen ist), muss sich in den letzten Kriegsmonaten verstecken. Doch statt zu hassen und das Land zu verlassen, bleibt sie 1945 in Hamburg und gründet die Kammerspiele neu: Ein „Theater der Menschlichkeit und Toleranz" soll es sein. Sie, die ab 1933 nicht auf der Bühne spielen durfte, schenkt den Hamburgern als Intendantin und Schauspielerin mit der unverwechselbaren tiefen Stimme unvergessliche Momente: mit der Uraufführung von Wolfgang Borcherts *Draußen vor der Tür*, mit ihrer Darstellung der „Mutter Courage". 44 Jahre lang leitet sie die Kammerspiele und erhält Dutzende Ehrungen, bevor sie 88-jährig stirbt.

Wolfgang Borcherts Stück Draußen vor der Tür wird zum Inbegriff der Trümmer-Literatur.

haus, vor allem unter der Intendanz des wegen seiner Nazivergangenheit umstrittenen Gustaf Gründgens streng werkgetreue, oft gefeierte Inszenierungen der Klassiker bietet und Will Quadflieg zum Star macht, wird das Thalia Theater fast schon zur Boulevardbühne. Neben diesen staatlich subventionierten Häusern haben es die Kleinen schwer. Künstlerisch herausragend sind die Kammerspiele mit der unvergesslichen Ida Ehre. Sie, die als Jüdin das KZ überlebt hat, gründet das Haus schon 1945 neu. Ein „Theater der Menschlichkeit und Toleranz" soll es sein. Hier feiert Wolfgang Borcherts *Draußen vor der Tür* 1947 Premiere (einen Tag nach dessen Tod), hier kommt Sartre erstmals auf eine Hamburger Bühne. Sehr viel später tut Ida Ehre übrigens unwissentlich dem deutschen Kino einen großen Gefallen, als sie beim Vorsprechen für die Aufnahme zur Schauspielschule einen gewissen Detlev Buck durchfallen lässt, der daraufhin beschließt, zum Film zu gehen.

Modernen Stücken und Nachwuchsschauspielern widmet sich das „Junge Theater", das Friedrich Schütter 1951 gründet und das bis heute – seit 1973 als Ernst-Deutsch-Theater – seinen festen Platz in der

Wolfgang Borchert (1921–1947)

Ungeheurer Mut, gepaart mit etwas jugendlicher Naivität, und der schon im Teenageralter extrem ausgeprägte Drang zu schreiben zeichnen dieses kurze, traurige und so bedeutungsvolle Leben aus. Borchert wird in Eppendorf als Sohn eines Lehrers geboren, wächst in einer kulturell aufgeschlossenen Umgebung auf und wird wegen seines Drangs zur künstlerischen Freiheit früh zum Oppositionellen. 1940 erstmals verhaftet, verschickt er – im Wissen, dass die Post geöffnet wird – weiter kritische Gedichte. In Lüneburg zum Schauspieler ausgebildet, wird er 1941 eingezogen, verwundet und wegen angeblicher Selbstverstümmelung angeklagt. Die Todesstrafe wird gefordert, er aber freigesprochen. Erneut verwundet und mit Erfrierungen kommt er ins Lazarett, geht zur Truppenbetreuung, wird wegen einer Goebbels-Parodie erneut verhaftet und abermals freigelassen. Gesundheitlich schwer angeschlagen überlebt er den Krieg, gilt als unheilbar, schreibt rasend schnell Kurzgeschichten und Erzählungen – und in nur acht Tagen das Drama *Draußen vor der Tür*, das ihn nach einer Hörspieladaption des NWDR über Nacht berühmt macht. Borchert kommt in ein Baseler Krankenhaus, wo er am 20. November 1947 stirbt – nur einen Tag, bevor sein Stück an den Kammerspielen uraufgeführt wird. Ida Ehre informiert das erschütterte Publikum kurz vor Beginn der Vorstellung.

Kulturlandschaft hat. Hohen Ansprüchen wird auch das „Theater im Zimmer" gerecht, das Helmut Gmelin 1948 gründet und tatsächlich im Wohnzimmer einer Altbauwohnung in Harvestehude beginnt, bevor es in eine Villa an der Alsterchaussee umzieht. Ab 1959 führt Helmuts Tochter Gerda Gmelin 40 Jahre lang das Haus. Nach der zwischenzeitigen Schließung und Renovierung 2016 wiederbelebt, dient es auch als Bühne und Seminarraum der Hochschule für Theater und Musik.

Unterdessen kommt es Anfang der 1960er-Jahre in den beiden großen Häusern zum Bruch. Kurt Raeck übernimmt das Thalia Theater und schafft es, den Spielplan zu modernisieren und ernsthafter zu machen – bei gleichbleibend hoher Auslastung. Ungleich schwerer hat es Oscar Fritz Schuh, der zeitgenössische Dramen im Schauspielhaus in den Mittelpunkt stellt, während das Publikum den Klassikern à la Gründgens hinterhertrauert. Schuh gibt 1968 auf, sein Nachfolger hält nur zwei Monate durch, der nächste begeht nach einem Jahr Selbstmord – das Schauspielhaus steckt tief in der Krise. Erst mit Ivan Nagel (ab 1972) und einem sich langsam verändernden Publikumsgeschmack geht es aufwärts. Ein handfester Theaterskandal, wie bei Peter Zadeks *Othello*-Inszenierung 1976, bringt da willkommene Publicity. Eva Mattes und Ulrich Wildgruber zappeln so wild über die Bühne, dass die Presse sich schockiert gibt und das Stück geschlossen verreißt – die Vorstellungen sind dann natürlich ausverkauft.

Theaterskandale gibt es heute kaum mehr. Aber Thalia Theater und Schauspielhaus dürfen sich weiterhin zu den besten Bühnen Deutschlands zählen. Und drumherum hat sich eine reiche Bühnenlandschaft entwickelt, auf die Hamburg durchaus stolz sein darf.

Susanne Lothar spielt in der Tragödie in fünf Akten von Frank Wedekind die Titelrolle der „Lulu", Ulrich Wildgruber übernimmt die Rolle des Dr. Franz Schöning. Die Inszenierung von Peter Zadek am Deutschen Schauspielhaus in Hamburg zählt zu den Höhepunkten deutscher Theatergeschichte. Die Aufnahme entsteht während der Proben am 13. Februar 1988.

Peter Zadek (1926–2009)

Dass einem Theaterregisseur Antisemitismus vorgeworfen wird, das kommt schon mal vor. Dass es dem Juden Peter Zadek widerfährt (wegen der Darstellung des Shylock im *Kaufmann von Venedig*), zeigt, wie aufgeregt die Szene bisweilen ist. Und für Aufregung sorgt der in Berlin geborene Zadek, der als Kind mit seinen Eltern nach Großbritannien geflüchtet ist, gerne. Schon in den 1960er-Jahren provoziert er das an Traditionelles gewöhnte Publikum mit „wilden" Inszenierungen. Im Schauspieler Ulrich Wildgruber findet er einen kongenialen Partner, ihm gibt er alle wichtigen Shakespeare-Rollen. Obwohl Zadek ab 1984 nur vier Jahre als Intendant am Deutschen Schauspielhaus ist (und natürlich im Streit geht), hinterlässt er reichlich Eindruck und Spuren. Er lässt die „Einstürzenden Neubauten" aufs Publikum los (man sieht sich genötigt, den Zuschauern Ohrenschützer zur Verfügung zu stellen), er feiert mit Wedekinds *Lulu* Triumphe – die Plakate mit dem zwergenhaften Mann, der auf Susanne Lothars Schambehaarung gafft, tun ihr Übriges. Auch Uwe Bohm, Ulrich Tukur und Eva Mattes arbeiten oft mit Zadek zusammen, der 2009 in Hamburg stirbt – ein ganz Großer des modernen Theaters.

Bildung als Luxusware:

Ordentliche Schulen gibt es in Hamburg nur für Reiche – bis der große Reformeifer ausbricht

Die Stadt hält sich lange, sehr lange, aus der Bildungspolitik heraus. Das sei Familiensache, heißt es bis ins 19. Jahrhundert. Ein Standpunkt, der dem Senat Ausgaben erspart – und Hamburg weit ins Hintertreffen geraten lässt. Erst mit der Reichsgründung ändert sich das. Hamburg führt nun – als letzter deutscher Teilstaat – die Schulpflicht ein.

Schule im Mittelalter:
Dunkle Zeiten für die Bildung

Vom Kaiser als Starthilfe Bücher aus dessen eigener Bibliothek geschickt zu bekommen, das kann wahrlich nicht jede Schule von sich behaupten. Die Hamburger Domschule, in den 30er-Jahren des 9. Jahrhunderts vom heiligen Ansgar gegründet, hat dieses Glück. Noch dazu kann der Bischof Lehrer aus dem französischen Kloster Corbie überzeugen, ins ferne Hamburg zu kommen. Es spricht also vieles dafür, dass die neue Schule von

großer Bedeutung weit über das noch kleine Hamburg hinaus sein wird. Ein Leuchtturm des Wissens und des Glaubens am Rande der christlichen Welt. Es kommt, Sie ahnen es, anders. Und ja, auch daran sind die Wikinger schuld, die das kleine Städtchen nun mal 845 überfallen und zumindest teilweise zerstören (siehe „Die wachsende Stadt").

Was genau damals mit der Schule passiert, wissen wir nicht. Man darf annehmen, dass die Lehrer – die extrem wertvollen Bücher wohl unterm Arm – es Bischof Ansgar gleichtun und nach Bremen ausweichen. Dort entsteht schließlich eine neue Domschule.

Die Schule in Hamburg bleibt zwar erhalten, doch die Zeiten für Lehranstalten sind bald nicht mehr die besten. Es gibt ohnehin nur wenige in Deutschland, nämlich an den Bischofskirchen und in Klöstern. Doch wenn das Mittelalter je „dunkel" ist, dann von der Mitte des

9. bis zu Beginn des 11. Jahrhunderts. Zumindest was die Bildung betrifft. Aus keiner anderen Zeit gibt es so wenige schriftliche Quellen – weil immer weniger Menschen schreiben können. Bücher sind rar, Lehrer – vor allem gute – noch mehr. Die vom 814 verstorbenen Kaiser Karl dem Großen mit so großen Anstrengungen unternommenen Bildungsreformen verebben. Und die wenigen Gelehrten, die es gibt, beklagen wortreich, wie sehr alles den Bach runtergehe, da selbst viele Bischöfe nicht schreiben oder lesen könnten. Berühmt ist die Anekdote über den Bischof, der seine Gemeinde nicht im Namen des Vaters („in nomine patris"), sondern des Vaterlandes („in nomine patriae") gesegnet hat. Man kann sich vorstellen, wie es da um eine Provinzschule wie die in Hamburg bestellt gewesen sein muss.

Vor und nach der Reformation:
Schule bleibt Kirchensache

Für Kinder der Bürger oder gar Bauern – ganz zu schweigen von den Mädchen – ist die Domschule ohnehin nicht gedacht. Ihr Hauptzweck ist es, Kleriker-Nachwuchs auszubilden. Vereinzelt werden aber auch Kinder wohlhabender Eltern aufgenommen, die nicht Priester werden wollen. Unterrichtet werden die aus der Antike übernommenen „Sieben Freien Künste": Grammatik, Dialektik, Rhetorik, Arithmetik, Geometrie, Astronomie und Musik.

Auch wenn es mit der Bildung ab dem 11. Jahrhundert langsam bergauf geht, bleibt die Domschule lange Hamburgs einzige Schule. Die meisten Menschen brauchen auch keine Schulbildung, um ihr Leben und ihre Berufe meistern zu können. Das gilt lange auch für Kaufleute – die Zeit der Buchführung und der schriftlichen Verträge lässt noch auf sich warten. Erst im 13. Jahrhundert gibt es weitere Schulen in Hamburg: je eine in den vier Kirchspielen St. Petri, St. Nikolai, St. Katharinen und St. Jacobi (die Kirchspiele sind ja gewissermaßen die Bezirke des Mittelalters). Die Aufsicht hat auch hier die Kirche, die das Schulgeld eintreibt und die Lehrer bezahlt – zum Teil in Naturalien, was noch jahrhundertelang so bleiben wird. Am Johanneum zum Beispiel bekommen die Lehrer noch bis 1802 Martinsgänse und ein Pfingstlamm – dann gibt es eine Gehaltserhöhung, aber kein Frischfleisch mehr. So etwas wie Schulpflicht gibt es sehr lange nicht.

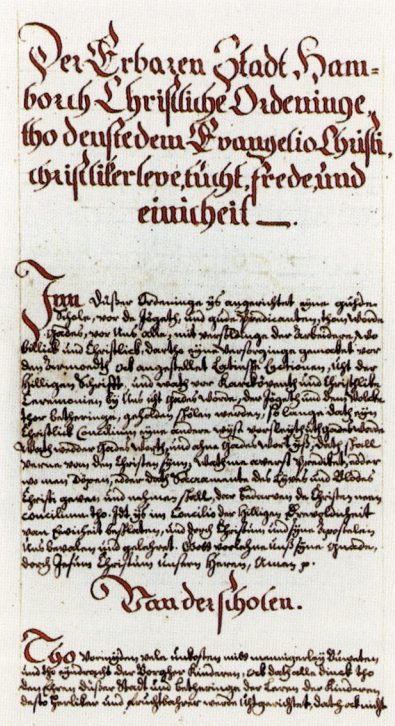

Diese Hamburger Schulordnung von 1528/29 bestimmt, dass Kinder vom 7. bis 12. Lebensjahr zur Schule geschickt werden sollen. Die allgemeine Schulpflicht führt Hamburg jedoch als letzter deutscher Staat erst 1871 ein.

Johannes Bugenhagen (1485–1558)

Welche Überzeugungskraft und Intelligenz dieser Mann hat, wird schon daran deutlich, dass er mit 19 Jahren – ohne abgeschlossenes Studium – zum Rektor der Stadtschule in Treptow berufen wird und bald Schüler von weit her anlockt. Johannes Bugenhagen, Sohn eines Ratsherrn im pommerschen Wollin, wird zum Priester geweiht, studiert autodidaktisch Theologie und die Humanisten und reist 1521, fasziniert von dessen Schriften, zu Martin Luther nach Wittenberg. Bald wird er sein Mitarbeiter, Vertrauter und Beichtvater. Einen Ruf an die Hamburger St.-Nikolai-Gemeinde 1525 verhindert der (noch) katholische Rat. Als immer mehr Hamburger sich zu Luther bekennen, wird Bugenhagen 1528 doch gerufen. Ähnlich wie ein Jahr zuvor in Braunschweig entwirft er nun eine Kirchenordnung, die theologisch und organisatorisch auf den Prinzipien der Reformation beruht. Die „Gotteskästen" zur Armenversorgung und damit das Gremium der Oberalten werden eingeführt, das Johanneum gegründet, die Klöster aufgelöst. In den Folgejahren erarbeitet Bugenhagen ähnliche Kirchenordnungen für Lübeck, Pommern und Dänemark. In Wittenberg als Professor und Generalsuperintendent der Kirche tätig, ist er es, der 1546 Luthers Grabrede hält. Bugenhagen stirbt 72-jährig nach kurzer Krankheit und hochgeehrt.

Johannes Bugenhagen, der Reformator Norddeutschlands und Skandinaviens

In die Gebäude des Johannisklosters zieht 1529 die Gelehrtenschule.

Die ärmere Bevölkerung – und das war schon immer die Mehrheit – kann sich das Schulgeld ohnehin nicht leisten. Schulen aber aus Steuermitteln zu finanzieren, ist damals eine völlig absurde Idee. Und es gibt ja nun auch wirklich keinen Grund, warum Arme lesen oder schreiben sollten …

Bis zur Reformation ändert sich nichts Grundlegendes. Zwar können jetzt auch Mädchen im Beginen-Konvent an der Steinstraße zur Schule gehen, doch das sind wohl nie mehr als 20 Schülerinnen. Und der Schwerpunkt liegt eher im Zeichnen und der Krankenpflege und nicht in der allgemeinen Bildung, die Frauen nach wie vor vorenthalten wird.

Das ändert sich auch nicht, als Hamburg 1529 lutherisch wird. Aber Reformator Johannes Bugenhagen regt neben der kirchlichen Neuorganisation auch eine neue Schule an: eine Gelehrtenschule („Latinsche Schole"). Johanneum heißt sie nicht etwa wegen Bugenhagens Vornamen, sondern weil sie in die Gebäude des alten St.-Johannis-Klosters einzieht. Und sie ist keineswegs staatlich, die (neue) Kirche hat auch hier die Oberaufsicht – und durchaus Probleme mit der Disziplin. Eine Vorschrift von 1537, vorsichtshalber auf Plattdeutsch und Latein verbreitet, besagt unter anderem Folgendes: Schüler sollen sich Bücher nicht an die Köpfe werfen, sie auch nicht den Mäusen zum Fraß überlassen; sie sollen keine Dolche und Degen mit in die Schule bringen, nicht in der Alster schwimmen, nicht mit Dreck und Steinen nach Leuten werfen und auch nicht den Marktleuten die Wagen stehlen und verstecken. Derart detaillierte Verbote lassen darauf schließen, dass genau das oft passiert ist.

Das zweite Domizil der Hamburger Gelehrtenschule des Johanneums ist das Gebäude auf dem Domplatz. Die Anlage baut Carl Ludwig Wimmel von 1838–1840 nach einem Entwurf von Gustav Joachim Forsmann. Die Schule wird hier bis 1914 zu Hause sein. Das Gebäude wird im Zweiten Weltkrieg zerstört. Ansicht vom Speersort, Lithografie von Peter Suhr, um 1840

Der Lehrplan des Johanneums ist neu, aber nicht unbedingt modern. Klarer Schwerpunkt sind Latein und Griechisch, die Sprachen der Theologie und des Neuen Testaments, sowie Musik. Vom Humanismus, der gerade Europas Geistesleben revolutioniert, will man lange nichts wissen. Da die Schule nicht auf Berufe, sondern aufs Studium vorbereiten soll, ist sie für die Kaufleute meist nicht erste Wahl, sie bevorzugen für ihre Söhne die Stadt- oder Ratsschulen, wie sie bald genannt werden, an denen praxisnäher unterrichtet wird. Die Jungen sollen rechnen, nicht philosophieren.

1711 wird mit Johann Hübner ein Verfasser pädagogisch fortschrittlicher Lehrbücher Rektor des Johanneums. Aber erst mit dem Rektorat seines Nachfolgers Johann Samuel Müller, eines aufklärerischen Pädagogen und Verfassers von Opernlibretti, erfährt das Johanneum ab 1732 eine neue Blütezeit (siehe auch „Hamburgs Theatergeschichte). Ende des 18. Jahrhunderts wird der Lehrplan mit Fächern wie Deutsch, Englisch, Französisch, Geschichte und Geografie modernisiert.

Johann Hübner ist 20 Jahre lang der Rektor des Johanneums.

Johann Hübner (1668–1738)

Als ihm 1711 der Rektorenposten des Johanneums angetragen wird, ist Johann Hübner längst eine Berühmtheit. Der in der Lausitz Geborene wird schon mit 26 Jahren Rektor der Merseburger Domschule und veröffentlicht zahlreiche Werke zur politischen Geografie, zieht – völlig neu – das Klima zur Erklärung historischer Entwicklungen heran und bringt farbige Schulatlanten heraus, die maßgeblich werden. Auch Reimlexika, poetische Handbücher und natürlich Lehrbücher für den Unterricht veröffentlicht er – manche erreichen Dutzende Auflagen. Hübner ist ein Vertreter der Frühaufklärung, wendet sich gegen stumpfes Auswendiglernen in der Schule und benutzt die Methode des Dialogs zwischen Lehrer und Schüler, um somit wirkliches Verstehen zu erreichen. Sein Sohn Johannes wird als Jurist in Hamburg wirken und überarbeitete Werke seines Vaters herausgeben. Hübner stirbt nach 20 Jahren als Rektor des Johanneums mit 63 Jahren.

Mit Schule will der Senat auch im 19. Jahrhundert nichts zu tun haben

Und was ist mit der großen Masse der Hamburger Kinder? Nun, die Ärmsten gehen weiter gar nicht zur Schule, andere auf die bald aufkommenden „Klipp-" oder „Winkelschulen". So werden private, nie anerkannte Hinterhofschulen genannt, in denen schlecht bezahlte, schlecht ausgebildete und meist schlecht gelaunte Lehrer in licht- und luftarmen Zimmern zu unterrichten versuchen. Die Klassen sind oft überfüllt, nicht selten regiert der Rohrstock im Übermaße – aber diese billigen Schulen sind die einzige Chance für nicht wohlhabende Eltern, dass ihren Kindern wenigstens ein bisschen Lesen, Schreiben und Rechnen beigebracht wird. Der Senat sieht keinerlei Veranlassung, daran etwas zu ändern. Lediglich für

die Allerärmsten, die sich auch die geringen Gebühren der „Klippschulen" nicht leisten können, werden im 18. Jahrhundert Armenschulen eingerichtet, deren Erfolg aber sehr fragwürdig bleibt. Es sind eher Verwahr- und Zuchtanstalten. Theoretisch gibt es für diese Gruppe eine Schulpflicht, wirklich durchgesetzt wird sie aber nicht. Generell sei Schule „Familienangelegenheit", in die sich der Staat nicht einzumischen habe – eine Position, die der Senat bis weit ins 19. Jahrhundert beibehalten wird.

Da ist Hamburg allerdings längst ins Hintertreffen geraten. Vor allem im Vergleich zu Preußen. Schon Friedrich Wilhelm I. hat Anfang des 18. Jahrhunderts die Schulpflicht eingeführt, sein Sohn, Friedrich der Große, setzt sie ab 1763 flächendeckend durch. Das Abitur als Hochschul-Zugangsberechtigung folgt 1772, bevor dann dem Bildungs-

Friedrich Wilhelm I. (1688–1740), seit 1713 König in Preußen und Kurfürst von Brandenburg, bei einer Schulinspektion – er hat 1717 die allgemeine Schulpflicht eingeführt. Das Bild ist ein kolorierter Holzstich nach dem 1858 entstandenen Gemälde von Adolph Menzel (1815–1905).

reformer Wilhelm von Humboldt zu Beginn des 19. Jahrhunderts der große Wurf gelingt. Er professionalisiert die Lehrerausbildung, führt eine Elementarschule ein (die heutige Grundschule), das humanistische Gymnasium und schließlich die erste moderne deutsche Universität in Berlin, an der gleichberechtigt gelehrt und ohne Rechtfertigungsdruck frei geforscht wird.

Hamburg dagegen hält an seinem hoffnungslos veralteten, aber ungemein preiswerten System fest. Neben den Stadtschulen entstehen nun mehr private Einrichtungen, wie die von Johann Georg Büsch geführte „Handelsakademie" (gegründet 1767), wo Mathematik, Handelsgeografie, Technologie, Englisch und Französisch gelehrt

werden. Für Mädchen gibt es das 1785 von der Dichterin Caroline Rudolphi eröffnete „Erziehungsinstitut für junge Demoiselles" in Hamm. Die guten Schulen können sich natürlich nur die Reicheren leisten. Doch obwohl die Kritik immer lauter wird, hält es der Senat auch nach der Revolution von 1848/49 nicht für nötig, irgendetwas zu ändern. Erst nach der Verfassungsreform 1860 und vor allem dem Hamburger Beitritt zum Norddeutschen Bund (1867) und schließlich dem Deutschen Reich (1871) tut sich Grundlegendes.

Auch wenn Hamburg eine unrühmliche Ausnahme bildet, ist das deutsche Schulsystem damals auch im internationalen Vergleich keineswegs schlecht, sondern für

Das Gemälde von Leopold Schauer aus dem Jahr 1871 zeigt eine für die Zeit idealtypische Mädchenschule, in der die Schülerinnen vor allem auf das Leben als Ehefrau vorbereitet werden.

manche sogar vorbildlich. Die Franzosen etwa setzen nach der Niederlage gegen Deutschland 1871 viele Kommissionen ein, um die Ursachen zu ergründen. Eine Schlussfolgerung ist, das französische Schulsystem sei unterlegen. Zugespitzt heißt es sogar, es sei „ein Sieg der deutschen Volksschullehrer" gewesen. In der Tat sind viele französische Soldaten sogar Analphabeten oder sprechen gar kein Französisch, sondern eine der vielen Regionalsprachen, und sind den gewachsenen technischen und taktischen Anforderungen des modernen Krieges auch deswegen nicht gewachsen. Winston Churchill (Jahrgang 1875), übrigens ein klassischer Schulversager, rechnet später in einem seiner vielen Bücher mit den elitären, brutalen britischen Privatschulen ab und lobt das deutsche System über alle Maßen, da es dort viel freier und humaner zugehe.

Die Reichsgründung zwingt Hamburg zu Reformen

Hamburg wird nun endlich an dieses System angeschlossen. 1870 wird eine staatliche Schulbehörde geschaffen, die Kirchen haben kaum mehr Einfluss. Die allgemeine Schulpflicht wird eingeführt (und durchgesetzt). Neben der Volksschule gibt es Real- und Oberschulen sowie Gymnasien – letztere haben einen Schwerpunkt auf Latein und Griechisch, Oberschulen nicht, aber zum Abitur führen beide. Die Prügelstrafe bleibt zwar erhalten, ist aber preußisch genau reglementiert: Drei Stockschläge am Tag sind erlaubt, bis zu sechs nur mit Genehmigung des Rektors. Unter anderem dies empfindet Churchill wohl als geradezu fortschrittlich – er muss trotz seiner hochadligen Herkunft in Ascot, Brighton und Harrow wahre Prügelorgien über sich ergehen lassen.

Ein dunkler kleiner Raum, in dem der Rohrstock regiert – Johann Peter Hasenclever malt dieses Bild vom „Ersten Schultag" 1852.

Dass in Hamburg nun relativ viele Realschulen mit einem Abschluss nach zehn Jahren aufgebaut werden, hängt übrigens mit dem Militär zusammen. Als Hamburg noch eigene Streitkräfte hat (siehe „Hamburgs Militärgeschichte"), können sich die Reichen mit einer Geldzahlung vom Dienst befreien – das geht im Deutschen Reich nicht mehr. Dem dreijährigen Wehrdienst entgehen nur die „Einjährig-Freiwilligen": Die können nach zwölf Monaten wieder gehen, müssen aber für Ausrüstung und Verpflegung selbst aufkommen. Und sie müssen mindestens einen mittleren Schulabschluss haben. Der kürzeste Weg dahin führt über eine Realschule. Wer genug Geld hat, bleibt also auch beim Militär privilegiert.

Die sozialen Klassen bleiben im neuen Schulsystem streng voneinander getrennt – auch eine gemeinsame Grundschule gibt es nicht. Denn wer es sich finanziell leisten kann, schickt seine Kinder auf eine private Vorschule. Die ist nicht wie heute ein Vorbereitungsjahr auf die Grundschule, sie ist die Grundschule. Je besser, desto teurer. Einige verschreiben sich aber auch der Reformpädagogik und verfolgen moderne Ansätze wie etwa die Vorschule von Gustav Bertram, in der die Lehrer sogar geduzt (!) werden.

Die Volksschule indes ist auch nicht kostenfrei, aber es gibt für die Ärmsten immerhin eine Schulgeldbefreiung und für die nicht ganz so Armen eine Sozialstaffel. Dass ein Kind den Sprung von der Volks- auf eine Oberschule schafft, ist nahezu ausgeschlossen – und auch nicht erwünscht. Das Schulsystem bringt eine „Ständeschule" hervor, entscheidend sind nicht Talent und Fleiß, sondern der Geldbeutel und die Herkunft der Eltern.

Jungen und Mädchen sind an den weiterführenden Schulen in der Regel getrennt. Es gibt in der Kaiserzeit nur zwei „Lyzeen" – am Lerchenfeld und der Hansastraße –, also Oberschulen für Mädchen, die zum Abitur führen. Höher ist die Nachfrage nicht, denn viele Familien wollen ihre Töchter nicht studieren oder arbeiten, sondern rasch verheiratet sehen. Diese Mädchen besuchen dann eine der vielen privaten Mädchenschulen, an denen kein verwertbarer Abschluss gemacht wird. Schwerpunkt sind in der Regel Sprachen, Geografie, Musik.

Doch auch die Frauen, die Abitur machen, studieren meist nicht, obwohl das grundsätzlich möglich ist – allerdings nicht an allen Universitäten und nicht in allen Fächern. Manchmal ist es den Professoren freigestellt, ob sie Frauen zulassen oder nicht. 1913 gibt es ganze 68 Hamburger Studentinnen, die meisten in Berlin. In diesem Jahr erhält Hedwig von Brandenstein als erste Frau ihre ärztliche Zulassung in Hamburg. Gleichzeitig gründet sich eine Hamburger Ortsgruppe des „Deutschen Bundes zur Bekämpfung der Frauen-Emanzipation" …

Reformdebatten:
Gegen die „soziale Apartheid" an Hamburgs Schulen

Die Kritik am Hamburger Schulsystem der „sozialen Apartheid" nimmt bis zum Ersten Weltkrieg immer mehr zu. Sie kommt aus liberalen Kreisen, der SPD, die eine kostenfreie, sechsjährige Grundschule für alle fordert, und von den Lehrern selbst. Hier spielt der fortschrittliche „Verein Hamburger Volksschullehrer" (gegründet 1877) eine wichtige Rolle. In die Reformdebatte schaltet sich auch der Gründungsdirektor der Kunsthalle, Alfred Lichtwark, ein. Er, der selbst aus kleinen Verhältnissen kommt, fordert eine neue Kunsterziehung, weg vom stupiden Abmalen, um den Kindern ein echtes Erleben von Kunst zu ermöglichen und ihre Talente entfalten zu können. Dies stößt rasch auf offene Ohren.

Zu grundlegenden Veränderungen kommt es aber erst nach dem Ersten

Alfred Lichtwark ist Gründer und erster Direktor der Kunsthalle und ein bedeutender Kunst-Pädagoge. Er fördert viele zeitgenössische Maler und schafft den Grundstock der heutigen Sammlung. Gemälde von Graf Leopold von Kalckreuth von 1912

Alfred Lichtwark (1852–1914)

In bescheidenen Verhältnissen in Reitbrook als Sohn eines Müllers geboren, wird Alfred Lichtwark Hilfslehrer und kann erst mit 27 Jahren ein Studium der Kunstgeschichte beginnen – dank eines Stipendiums, vermittelt vom Kunsthistoriker und Gründer des Museums für Kunst und Gewerbe Justus Brinckmann. Lichtwark geht an das Berliner Kunstgewerbemuseum und wird 1886 als erster Direktor an die Hamburger Kunsthalle berufen. Das bis dahin eher provinzielle Museum erlebt nun einen Aufschwung. Mit den nötigen Mitteln ausgestattet, kauft Lichtwark gezielt ein: mittelalterliche Kunst aus Hamburg, deutsche Romantik und zeitgenössische Werke, bevorzugt aus Norddeutschland, die noch heute den Grundstock des Museums bilden. Lichtwark ist ein überzeugender Kunstkenner mit wachem Blick für die Gegenwartstendenzen, schafft es aber auch immer wieder, seine im Geschmack konservativen Gönner bei Laune zu halten. Er ist es, der den alten Altar der Petrikirche von Meister Bertram aus Grabow zurück nach Hamburg holt. Lichtwark ist aber auch Kunsterzieher, er initiiert 1896 eine Ausstellung zum Thema, wie Kinder denken und malen, und ist einer der Vorreiter der künstlerischen Früherziehung – viele Schulen übernehmen seine Ideen. Auch die Museumspädagogik hat ihm viel zu verdanken. Lichtwark stirbt 1914 an einer Krebserkrankung. Die Trauerrede hält der von ihm so hochgeschätzte Max Liebermann, seinen Grabstein entwirft Fritz Schumacher – der später neben ihm auf dem Althamburgischen Gedächtnisfriedhof in Ohlsdorf begraben wird.

Weltkrieg, auch wenn die konservativen Kräfte in vielen Bereichen die Oberhand behalten. Welch große Bedeutung das Thema hat, zeigt sich gut an der Einberufung einer „Allgemeinen Hamburger Lehrerversammlung" mit 2300 (!) Teilnehmern am 12. November 1918 – drei Tage nach der Flucht des abgedankten Kaisers und der Ausrufung der Republik. Mitten in den Revolutionswirren diskutieren die Lehrer über Schulreformen. Sie fordern unter anderem die Einheits-Grundschule, Selbstverwaltung, Glaubens- und Gewissensfreiheit für Lehrer und Schüler und die Wahl von Elternräten, die per Erlass noch im selben Monat eingeführt wird.

In den folgenden Monaten und Jahren gibt es eine rege, manchmal erbitterte Debatte. Und obwohl die SPD die ersten demokratischen Wahlen mit absoluter Mehrheit gewinnt, kann beziehungsweise will sie ihre eigenen Forderungen nicht alle durchsetzen. An manchen Stellen

muss man fast schmunzeln, wenn man feststellt, wie alt die Streitfragen sind, die im 21. Jahrhundert immer noch so vehement diskutiert werden. Zum Beispiel das Abitur nach zwölf Jahren: Hamburg führt es 1921 verbindlich ein (ganz offiziell aus Kostengründen) – und schafft es 1925 wieder ab, weil niemand sonst in Deutschland mitziehen will. Ein echter Klassiker des Hamburger Schulstreits ist die sechsjährige Grundschule. Die SPD und die meisten Volksschullehrer wollen sie nach 1918 unbedingt einführen, scheitern aber an den Widerständen vor allem vieler bürgerlicher Eltern. Das Ganze wiederholt sich Anfang der 1950er-Jahre. Die beschlossene Einführung kostet die SPD 1953 den Wahlsieg, ein „Hamburg-Block" unter Führung der CDU übernimmt den Senat. Zuletzt sind es 2010 CDU und Grüne, die eine solche „Primarschule" beschließen – der darüber anberaumte Volksentscheid aber geht krachend verloren. Bürgermeister Ole von Beust tritt zurück, die Koalition zerbricht, die Neuwahlen bringen die absolute Mehrheit für die SPD. Mal

Der Hamburg-Block wirbt auf seinen Wahlplakaten 1953 für „Bessere Schulen" – es ist das wichtigste Wahlkampfthema, weil die regierende SPD eine sechsjährige Grundschule für alle einführen will. Das Bündnis aus CDU, FDP, DP und dem BHE gewinnt die Wahlen nicht zuletzt deswegen.

Unter dem langjährigen Oberbaudirektor Fritz Schumacher werden zahlreiche von ihm gezeichnete und konzipierte Schulen neu gebaut. Die zwischen 1922 und 1925 vollendete Lichtwarkschule am Stadtpark wird als Reformschule konzipiert. Foto: Carl Dransfeld

Heinrich Landahl (1895–1971)

Gerade einmal 31 Jahre alt ist der Kriegsversehrte Heinrich Landahl, als er 1926 zum Rektor der Lichtwarkschule in Hamburg berufen wird. Auch dies ein Zeichen für die Reformfreudigkeit jener Jahre, die vor allem das Bildungswesen erfasst hat. Landahl, DDP-Mitglied und überzeugter Kämpfer für die Weimarer Republik, prägt diese neue Schule, an der so vieles anders ist. Die Schüler sollen zur Freiheit erzogen werden, haben ein Mitspracherecht, dürfen Fächer wählen (und abwählen), machen viel Sport, Musik und Theater, können sich also frei entfalten. 1933 endet alles abrupt – Landahl wird in den Ruhestand versetzt, arbeitet in einem Verlag und geht in die innere Immigration. Gleich nach dem Krieg wird er Schulsenator und bleibt es, mit vierjähriger Unterbrechung, bis 1961. Jetzt fördert er ehemalige Kollegen und Schüler und zeigt sich experimentierfreudig, auch wenn die ganz großen Reformen – schon wegen der Notwendigkeiten des Wiederaufbaus – zurückgestellt werden. Landahl, vielfach geehrt, stirbt mit 76 Jahren in Hamburg.

Heinrich Landahl ist von 1926 bis 1933 Rektor der reformpädagogisch orientierten Lichtwarkschule. Nach 1945 ist er zwölf Jahre lang Schulsenator und setzt viele Reformen um.

Abschied von den Eltern: Es geht auf die „Kinderlandverschickung". Ab Oktober 1940 werden Schulkinder sowie Mütter mit Kleinkindern aus den vom Luftkrieg bedrohten deutschen Städten in ländliche Gebiete gebracht. Rund zwei Millionen Kinder müssen die Städte verlassen.

schauen, wann es den nächsten politischen Selbstmordversuch gibt …

Als Schwänzen 10 Milliarden Mark Strafe kostet: *Schule zwischen Inflation und Kinderlandverschickung*

Reformwille und Beharrungsvermögen führen nach 1918 letztlich zu einer sehr bunten Schullandschaft. Es gibt stockkonservative Einrichtungen, wie etwa die Hansaschule Bergedorf, wo weiter der Kaisergeburtstag begangen und der „Kriegshelden" gedacht wird. Aber auch „Versuchsschulen", die ganz neue Wege gehen dürfen. Zu ihnen gehört die 1914 gegründete Lichtwarkschule (heute Heinrich-Hertz-Schule) in Winterhude, die an keinen Lehrplan gebunden ist und sich Lehrer und Schüler selbst aussuchen darf – bewusst nimmt die Oberschule viele Arbeiterkinder auf und sorgt für eine bunte soziale Mischung. Auch Loki und Helmut Schmidt gehören dazu – sie werden ihr Leben lang von ihrer Schulzeit schwärmen; Direktor ist damals Heinrich Landahl, der nach 1945 Schulsenator wird. Große pädagogische Experimentierlust zeigt auch die Grundschule Schanzenstraße, die schon Anfang der 1920er-Jahre Noten abschafft und

Berichtzeugnisse einführt. Nicht unerwähnt bleiben darf auch ein Gesetz vom 13. Oktober 1923, das die Strafe für Schulschwänzer festlegt: auf 10 Milliarden Mark. Das kann sich aber jeder leisten – es ist die Zeit der Hyperinflation, auf deren Höhepunkt eine Unze Gold schließlich 86 000 000 000 000 (86 Billionen) Mark kostet.

Die Inflation beruhigt sich 1924 nach der Einführung der Rentenmark, es folgen fünf kurze Jahre der Stabilität, in denen die Stadt wieder investieren kann – auch in Schulneubauten. Oberbaudirektor Fritz Schumacher postuliert einen „neuen Schultypus" mit Aula, Fachräumen, Kindergarten, Kantine, Turnhalle und Musikraum – rund 30 dieser Schulen werden gebaut und die meisten heute noch genutzt.

Auch der architektonische und pädagogische Aufbruch endet jäh 1933. Von den sozialdemokratischen, kommunistischen und jüdischen Lehrkräften werden 637 sofort entlassen, Selbstverwaltung und Elternräte werden abgeschafft, die Lichtwarkschule wird geschlossen. Es gibt Wehrertüchtigung, Flaggenappelle und Rassenkunde. Nur drei altsprachliche Gymnasien bleiben erhalten (Johanneum, Christianeum und Wilhelm-Gymnasium), alle

anderen werden „Deutsche Oberschulen". Schon nach einem Jahr Krieg beginnt 1940 die „Kinderlandverschickung", 150 000 Hamburger Kinder werden schließlich aus der Stadt gebracht und irgendwo auf dem Land mal besser, meist schlechter unterrichtet, während ihre Heimatstadt durch alliierte Bomben in ein Trümmerfeld verwandelt wird.

Die Nachkriegszeit:
Hamburg ist auch ein pädagogisches Trümmerfeld

Als am 3. Mai 1945 der Krieg in Hamburg vorbei ist, sind 61 Prozent der Schulen zerstört oder beschädigt. Die Schulen können nicht geheizt werden, es fehlen Tausende Lehrer

1947 gehen alle Hamburger Kinder gern zur Schule, denn wie hier an der Schule Brucknerstraße bekommen sie täglich eine Mahlzeit – in den notleidenden Familien ist das oft nicht möglich. Manchmal gibt es pro Person und Tag nur 900 Kalorien als Zuweisung. Die Schulspeisung wäre ohne Hilfe aus dem Ausland nicht möglich gewesen.

GEW

Die Gewerkschaft Erziehung und Wissenschaft GEW wird im Oktober 1948 in Frankfurt am Main gegründet, hat aber sehr viel ältere Wurzeln – und die älteste in Hamburg: die „Gesellschaft der Freunde des Vaterländischen Schul- und Erziehungswesens", 1805 auf Initiative des Pädagogen Johann Carl Daniel Curio gegründet. Sie ist schon damals vor allem eine Interessenvertretung der (meist schlecht bezahlten) Lehrer, engagiert sich aber auch in der Fortbildung. 1908 bis 1911 lässt die Gesellschaft an der Rothenbaumchaussee ein Gebäude errichten: das Curiohaus, das heute der GEW gehört. Das Haus hat eine wechselhafte Geschichte: In den 1920er-Jahren werden zum Fasching dort die berüchtigt-freizügigen Künstlerfeste gefeiert; 1946 bis 1948 finden hier die „Curiohaus-Prozesse" statt, bei denen es um NS-Verbrechen wie die Kindermorde vom Bullenhuser Damm geht. Die GEW Hamburg hat etwa 10 000 Mitglieder.

ein Pädagoge 43 Kinder (2020 schwankt das Verhältnis je nach Schulart zwischen 1:12 und 1:15). Da spielen Schulreformen zunächst keine Rolle – vom erwähnten Versuch der Einführung der sechsjährigen Grundschule 1953 mal abgesehen. Aber im Schulbau wird geklotzt: Bis 1960 entstehen 125 neue Schulen. Es bleibt beim dreigliedrigen Schulsystem, wobei zunächst nur 10 Prozent eines Jahrgangs auf Gymnasien gehen. Es entstehen aber einige Aufbaugymnasien, die es Realschülern ermöglichen, Abitur zu machen.

Reformen in den 1960ern: Ein Herz für die Gesamtschule

Erst in den 1960er-Jahren schlägt dann wieder die Stunde der Reformer, deren Herz nun für Gesamtschulen schlägt, die auch eingeführt werden. Aber als zusätzliches Angebot, kein Senat würde es wagen, die Gymnasien infrage zu stellen. Gestritten wird aber natürlich reichlich, die als „linke Kaderschmieden" gescholtenen Gesamtschulen sind Konservativen ein Dorn im Auge. Sie tragen jedenfalls dazu bei, dass immer mehr Schüler Abitur machen. Die nun Hauptschule genannte Volksschule verkommt seit den 1980ern zur „Resteschule"; der Abschluss verliert auch auf dem Ausbildungsmarkt rapide an Wert. Ohnehin hat Hamburgs Schulsystem mittlerweile einen schlechten Ruf. Es sei zu leicht, die Abschlüsse hätten einen viel geringeren Wert als in anderen Bundesländern. Das ist nicht ganz von der Hand zu weisen, hat aber natürlich auch Gründe: In Groß-

Teach-in – so nennen die Studenten 1969 diese sehr verbreitete Veranstaltungsform. Es ist eine Mischung aus Protest-, Lehr-, Informations- und vor allem Diskussionsveranstaltung. Hier im Audimax geht es um neue Zeugnisbestimmungen der Schulbehörde. Besonders im Zuge der 68er-Bewegung werden Teach-ins typischerweise auf einem Universitätscampus abgehalten, oft als Fortsetzung eines Sit-ins oder eines Go-ins. Es ist eine gewaltfreie Aktion.

und vor allem hungern die meisten Kinder. Die von den USA, Großbritannien und Schweden finanzierten Schulspeisungen sind oft die einzige Mahlzeit, die die Kinder am Tag erhalten. In den folgenden Jahren steigen die Schülerzahlen stark an, doch die Lehrerausbildung kommt nicht hinterher. 1949 betreut

städten kommen viel mehr Schüler aus problematischen Familienverhältnissen beziehungsweise aus Familien, in denen kein oder kaum Deutsch gesprochen wird. Bundesweit Schlagzeilen macht die Schule in Neuhof, einem heute nicht mehr existierenden Stadtteil im Hafengebiet, Ende der 1970er-Jahre: „Erste deutsche Schule ohne deutsche Kinder". Es ist ein Versuch, der bald aufgegeben wird – wie auch die ganze Schule, die schließt, bevor Neuhof zum Industriegebiet erklärt wird.

PISA schockt Hamburg –
und hoffentlich hält der
„Schulfrieden"

Der bundesweite „PISA-Schock" im Jahr 2000 fällt in Hamburg besonders heftig aus. Die internationale Vergleichsstudie, der zahlreiche nationale folgen, zeigt die Schwächen des Systems schonungslos auf. Neben den insgesamt schlechten Ergebnissen ist es besonders ernüchternd, dass noch immer die Herkunft ein entscheidender Faktor für Erfolg oder Misserfolg der Schülerinnen und Schüler ist – auch nach Jahrzehnten sozialdemokratischer Bildungspolitik, die ja genau das schon immer ändern wollte. In der Folge wird kräftig reformiert und investiert: Nun gibt es nach der Grundschule nur noch zwei Schularten: Gymnasien und Stadtteilschulen, die sich die Schüler etwa hälftig teilen. Tausende zusätzliche Lehrer werden eingestellt, wovon besonders Schulen an sozial schwierigen Standorten profitieren. All das hat Erfolg: Hamburgs Abschneiden bei den Vergleichsstudien wird deutlich besser.

2019 wird der „Hamburger Schulfrieden", erstmals 2010 unterzeichnet, bis 2025 verlängert. Schulsenator Ties Rabe (SPD) und Marcus Weinberg (CDU), Anjes Tjarks (Grüne), Dirk Kienscherf (SPD) und Anna von Treuenfels-Frowein (FDP) sehen dabei mächtig zufrieden aus. Sie alle wollen das Schulsystem nicht grundsätzlich infrage stellen.

Und die Parteien einigen sich 2010 auf einen „Schulfrieden" – sie wollen das System nicht mehr grundsätzlich infrage stellen. Er gilt (vorerst) bis 2025. Aber die nächste große Reformdebatte kommt bestimmt. Irgendwann.

Chronik

1) oben
Rekonstruktion der
Hammaburg
um 900 n. Chr.

2) unten
Rekonstruktion
der Neuen Burg,
Hamburg im 11. Jahr-
hundert n. Chr.

Anfang 11. Jahrhunderts Bau der ersten Petrikirche.

Ab 1021 Errichtung der „Neuen Burg" durch Herzog Bernhard II. aus dem Haus der Billunger. Erweiterung der Stadt und Verlegung des Hafens ans Nikolaifleet, Bau des „Heidenwalls". (Abb. 2)

Um 1035 Bau einer steinernen Domkirche auf dem Gelände der aufgegebenen Hammaburg.

1188/89 Gründung der Neustadt durch Graf Adolf III. von Schauenburg, planmäßige Ansiedlung auswärtiger Kaufleute und Handwerker, Ausbau der Hafenanlagen mit Waage und Kran. Verleihung der Stadtrechte durch Kaiser Friedrich Barbarossa. Die auf den 7. Mai 1189 datierte Urkunde ist aber eine Fälschung der Zeit um 1225.

1195 Gründung der Nikolaikirche.

Ab 1201 Dänische Besetzung, Alt- und Neustadt wachsen unter der Besatzung zusammen.

1216 Erstes gemeinsames Rathaus von Alt- und Neustadt.

1227 Norddeutsche Fürsten unter Führung von Graf Adolf IV. von Schauenburg siegen gemeinsam mit Hamburg und Lübeck bei Bornhöved gegen die Dänen. Hamburg befreit sich bis Ende des Jahrhunderts von fürstlicher Herrschaft.

1235 Aufstauung der Alster mit dem Reesendamm (heute Jungfernstieg).

Ab 1240 Bau der ersten Stadtbefestigung und weiterer Hafenanlagen, Eindeichung von Elbinseln.

Ab 1248 Neubau des Domes als dreischiffige Backsteinbasilika (1329 geweiht).

Um 1250 St. Jacobi gegründet.

1256 St. Katharinen erstmals urkundlich erwähnt.

1270 Hamburg gibt sich mit dem „Ordeelbook" ein eigenes Rechtsbuch. Enge Zusammenarbeit mit Lübeck (seit 1255 gemeinsame Währung), Anfänge der Hanse.

1299 Erwerb der Nordsee-Hallig Neuwerk und Bau eines Wehrturms (1310 vollendet), um die Schifffahrt zu sichern.

1350 Pestausbruch – etwa ein Drittel der rund 10 000 Einwohner stirbt.

1356 Matthiae-Mahl des Rates erstmals erwähnt.

1393/94 Eroberung von Ritzebüttel (Cuxhaven), Einrichtung des gleichnamigen Amtes.

1401 Hinrichtungen von Piraten, unter anderem Godeke Michels.

1410 Erster „Rezess" (Kompromiss) zwischen Rat und Handwerkern – schriftliche Niederlegung der Bürgerrechte und -pflichten.

1420 Gemeinsam mit Lübeck Eroberung von Geesthacht, Bergedorf und den Vierlanden zur Sicherung der Handelswege.

1458 und 1483 Politische Unruhen – Handwerker und Höker fordern mehr Mitsprache und setzen sich teilweise durch. Seitdem regelmäßige Proteste, die zu immer neuen „Rezessen" führen.

1460 Erweiterung der Stadtmauern.

1527 Allgemeine Armenordnung (Gotteskästen).

1529 Hamburg wird lutherisch. Gründung der Gelehrtenschule des Johanneums durch den Reformator Johannes Bugenhagen. Langer Rezess.

1547 Bau des Neuen Walls.

1558 Eröffnung der ersten deutschen Börse, zunächst im Freien, 1583 Bau an der Trostbrücke.

1604 Bau des Waisenhauses am Rödingsmarkt.

1611 Gründung des jüdischen Friedhofs an der Königstraße in Altona.

Ab 1616 Bau einer modernen Befestigungsanlage (vollendet 1625), Stadterweiterung um die heutige Neustadt.

1618–1648 Dreißigjähriger Krieg, von dem Hamburg profitiert. Am Ende des Krieges hat die Stadt 78 000 Einwohner.

1618 Bau des Werk- und Zuchthauses am Alstertor.

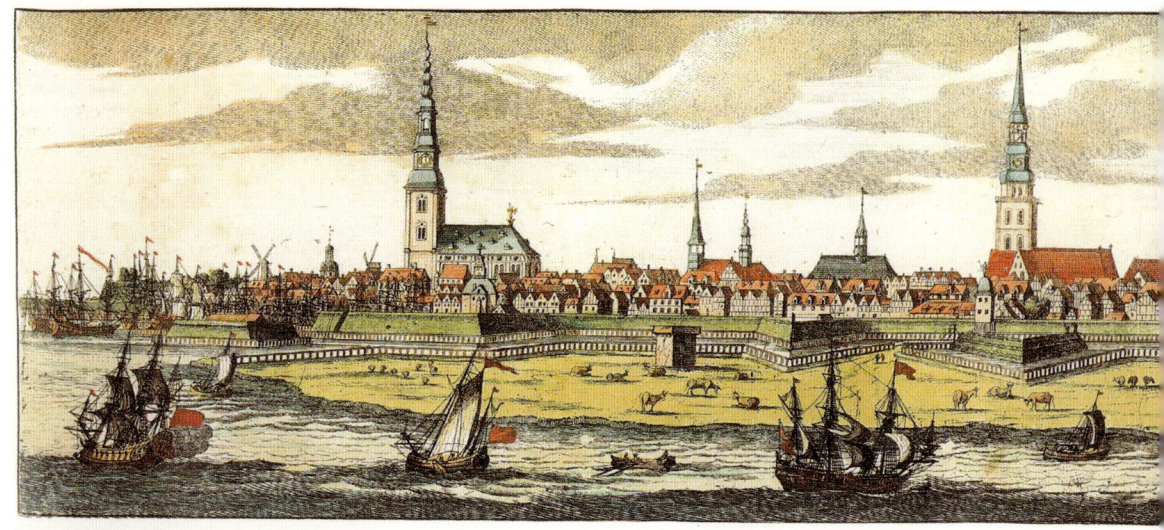

3) Zu sehen sind die umfangreichen Befestigungsanlagen, die die Stadt im Dreißigjährigen Krieg (1618–1948) vor dem Einmarsch fremder Truppen und vor Plünderung schützen. Zu dieser Zeit die höchsten Bauwerke (von links nach rechts) die Kirchen St. Michaelis, St. Nikolai, St. Katharinen, der Dom und St. Petri, ganz rechts St. Jakobi. Kolorierter Kupferstich von Peter Schenk der Ältere (1660–1711), Staatsarchiv Hamburg

1619 Gründung der Hamburger Bank, Einführung von Banco- und Courantmark.

1623 Gründung der Admiralität.

1626 Einrichtung der Reeperbahnen am Hamburger Berg vor dem Millerntor.

1647 Bau der ersten Michaelis-Kirche („Michel") als Gotteshaus der Neustadt.

1664 Der dänische König verleiht dem benachbarten Altona Stadtrechte.

Ab 1669 Bau und Indienststellung von Konvoischiffen zur Absicherung der Seehandelswege.

1671 Dreibund der jüdischen Gemeinden Altona, Hamburg und Wandsbek gegründet.

1678 Eröffnung der Oper am Gänsemarkt.

1686 Erfolglose Belagerung durch die von den Aufständischen Cord Jastram und Hieronymus Snitger herbeigerufenen Dänen. Massive Befestigungsanlagen schützen die Stadt. (Abb. 3) Folterung und Hinrichtung der Rebellen.

1712 Hauptrezess: Rat und erbgesessene Bürgerschaft werden gemeinsam zum Träger der Staatsgewalt.

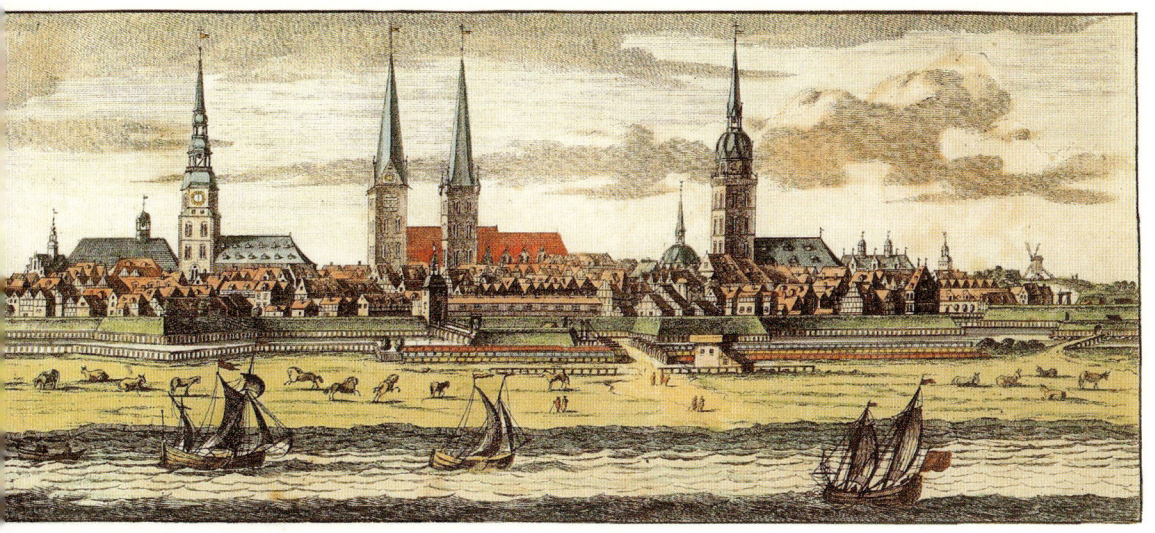

1713 Altona wird im Großen Nordischen Krieg von schwedischen Truppen belagert und eingeäschert. Hamburg entgeht diesem Schicksal durch Zahlung von 250 000 Talern.

1721 Georg Philipp Telemann tritt sein Amt als städtischer Musikdirektor an.

1737 Gründung der ersten deutschen Freimaurerloge.

1750 Die St. Michaeliskirche (der Michel) brennt nieder, der Neubau von Georg Sonnin wird 1762 eingeweiht.

1765 Gründung der Patriotischen Gesellschaft.

1768 Gottorper Vertrag: Gebietsaustausch mit Dänemark, Anerkennung als Freie Reichsstadt.

1785 Caspar Voght (Abb. 4) beginnt mit Landerwerb für sein Mustergut in Klein Flottbek (Jenischpark).

1786 Hamburg hat rund 100 000 Einwohner.

1788 Gründung der Allgemeinen Armen-Anstalt.

1804 Hamburg lässt als Zeichen der Neutralität in den Napoleonischen Kriegen die Stadtbefestigung einreißen. Auch die Domkirche wird abgerissen.

5) Kontinental-
sperre: Franzosen
verbrennen am
16. November 1810
öffentlich ge-
schmuggelte
englische Kolonial-
waren.

4) Kaufmann,
Gutsherr und Welt-
bürger: Caspar Voght
(1752–1839)

6) Der Komponist
Albert Methfessel
(1785–1869) vertont
die Hamburger
Nationalhymne, das
Hammonia-Lied.

1806 Französische Besetzung (bis 1814). Durch die Kontinentalsperre, einem Handelsboykott gegen England, leidet Hamburgs Wirtschaft extrem. (Abb. 5)

1811 Als „Hambourg" wird die Stadt Teil des französischen Kaiserreichs.

1813/14 Die Franzosen plündern Hamburgs Banken, bauen die Stadt zur Festung aus, reißen Hunderte Häuser ein und vertreiben 30 000 Menschen, die nicht genug zu essen haben, im Winter aus der Stadt, wobei Tausende sterben.

Nach 1815 Hamburg erholt sich relativ rasch, macht aber die Reformen der Franzosen (moderne Gesetze, Geschworenengerichte, Gleichstellung der Juden) wieder rückgängig.

1819 Hamburg nennt sich jetzt „Freie und Hansestadt".

1827 Gründung der Hamburger Sparkasse (Haspa).

1828 Albert Methfessel (Musik) und Georg Nikolaus Bärmann (Text) schreiben das Lied *Hammonia*. (Abb. 6)

1833 Johann Hinrich Wichern gründet das Rauhe Haus.

1842 Eröffnung der ersten Bahnlinie (nach Bergedorf). Der „Große Brand" zerstört fast ein Drittel der Stadt, darunter das Rathaus und die Nikolaikirche, es gibt aber nur wenige Tote. Die Stadt wird nach modernen Grundsätzen wieder aufgebaut und erhält eine Kanalisation.

1843 Eröffnung des Thalia Theaters.

1848 Die Revolution verläuft in Hamburg vergleichsweise ruhig, die Forderung nach Modernisierung der Verfassung wird aber immer lauter.

1860 Die neue Verfassung regelt, dass ein Teil der Bürgerschaft gewählt wird – aber nur von Männern, die ein gewisses Vermögen haben. Aufhebung der Torsperre, Entscheidung für den Bau eines Tidehafens.

1867 Hamburg tritt dem Norddeutschen Bund bei und verliert Teile seiner Souveränität.

1871 Hamburg wird Teil des Deutschen Reiches und führt als letzte deutsche Stadt die Schulpflicht ein.

7) Baustellenfoto
aus der ersten
Bauphase der
Speicherstadt 1886,
hier Speicherblock H,
eine reine Eisen-
skelettkonstruktion

8) Leichentransport-
wagen während der
Cholera-Epidemie
von 1892

9) Eröffnungskonzert
in der Laeiszhalle am
4. Juni 1908

10) Die Mönckeberg-
straße um 1912/13,
rechts das Karstadt-
gebäude

1872 und **1887** Eisenbahn- und Straßenbrücke über die Norderelbe
(Alte und Neue Elbbrücke)

Ab 1883 Abrissarbeiten und Baubeginn der Speicherstadt, Einweihung
1888 (Fertigstellung bis 1927). Der Freihafen ist damit eröffnet, Hamburg tritt
dem Zollgebiet des Reiches bei. (Abb. 7)

1890 Die Sozialdemokraten gewinnen alle Hamburger Reichstagsmandate.
In der Bürgerschaft sitzt wegen des undemokratischen Wahlrechts mit
Otto Stolten erst 1901 ein einziger Abgeordneter der SPD.

1892 Cholera-Epidemie mit mehr als 8600 Toten. (Abb. 8)

1897 Der elfwöchige Hafenarbeiterstreik mit fast 17 000 Beteiligten endet
mit dem Sieg der Unternehmer. Einweihung des neuen Rathauses nach
44 Jahren Planung und elf Jahren Bauzeit.

1900 Eröffnung des Deutschen Schauspielhauses.

1906 Verschärfung des Wahlrechts nach Einzug von elf Sozialdemokraten in
die Bürgerschaft („Wahlrechtsraub"). Einweihung des Hauptbahnhofs.

1907 Eröffnung von Hagenbecks Tierpark in Stellingen.

1908 Eröffnung der Laeiszhalle. (Abb. 9)

1909 Fritz Schumacher wird Hamburger Baudirektor. Die Mönckebergstraße
wird für den Verkehr freigegeben. (Abb. 10)

1911 Eröffnung des Elbtunnels sowie des Luftschiffhafens in Fuhlsbüttel
(Vorläufer des Flughafens).

1912 Die U-Bahn nimmt ihren Betrieb auf.

1913 Der Passagierdampfer „Imperator" wird in Dienst gestellt – damals das
größte Schiff der Welt.

1914 Ausbruch des Ersten Weltkriegs.

1916/17 Im Winter Hungerunruhen und Plünderungen.

1918 Seit Jahresmitte grassiert die „Spanische Grippe". Im November
Übergreifen der Revolution auf Hamburg und Kriegsende. Der Senat wird
abgesetzt, ein Arbeiter- und Soldatenrat gegründet. (Abb. 11)

12) Gustav Oelsner (1879–1956), Vertreter des Neuen Bauens, seit 1923 Architekt und Stadtplaner in Altona: Baublock in der Koldingstraße in Altona. Foto: Adolf Dransfeld

11) Der Vorsitzende des Arbeiterrates, Heinrich Laufenberg, und Wilhelm Heise (rechts), Vorsitzender des obersten Soldatenrates, im Hamburger Rathaus, Dezember 1918

13) Britische Truppen erreichen am 3. Mai 1945 die Elbbrücken in Hamburg.

1919 März: Absolute Mehrheit der SPD bei den ersten demokratischen Bürgerschaftswahlen, Verzicht der SPD auf Posten des Ersten Bürgermeisters in Rücksicht auf die alten Eliten, Beginn der Ausarbeitung einer Verfassung. Mai: Universitätsgründung. Juni: „Sülzeunruhen" (Hungeraufstand nach Gerüchten über einen Gammelfleischskandal, von Reichstruppen niedergeschossen).

1920er-Jahre Umsetzung zahlreicher Reformprojekte: Volks- und Reformschulen, sozialer Wohnungsbau in Hamburg und Altona. (Abb. 12)

1929 Die Weltwirtschaftskrise trifft Hamburg als Handelsstadt besonders stark.

1933 Die NSDAP übernimmt auch in der „Roten Festung" Hamburg die Macht. Der sozialdemokratische Altonaer Bürgermeister Max Brauer geht ins Exil.

1937 Mit dem Groß-Hamburg-Gesetz werden Harburg, Wandsbek und Altona in Hamburg eingemeindet.

1938 Bau des KZ Neuengamme; bis Kriegsende sterben rund 50 000 der 100 000 Insassen. In der Pogromnacht des 9. November wird auch die Große Synagoge am Bornplatz niedergebrannt.

1939 Beginn des Zweiten Weltkriegs.

1941 Beginn der zum Teil öffentlichen Judendeportationen.

1943 Ende Juli und Anfang August schwere Luftangriffe britischer und US-amerikanischer Bomber auf Hamburg. Die „Operation Gomorrha" fordert etwa 34 000 Menschenleben.

1945 Am 3. Mai besetzen britische Truppen kampflos die Stadt. (Abb. 13)

1946 Dank Mehrheitswahlrecht wird die SPD bei den ersten Nachkriegswahlen die mit Abstand stärkste Kraft in der Bürgerschaft. Max Brauer wird Erster Bürgermeister. (Abb. 14)

1949 Hamburg wird Bundesland der Bundesrepublik Deutschland

1953 Kurt Sieveking (CDU) gewinnt mit einem „Hamburg-Block" die Wahl und wird Bürgermeister, vier Jahre später verliert er das Amt wieder an Max Brauer.

1960 Erstes Gastspiel der Beatles, weitere folgen, etwa 1962 im neu eröffneten Star-Club.

1961 Hafenerweiterungsgesetz unter Einbeziehung von Altenwerder beschlossen.

1962 Bei der großen Sturmflut am 16./17. Februar brechen zahlreiche Deiche, vor allem Wilhelmsburg ist betroffen – 315 Menschen sterben. (Abb. 15)

1964 Baubeginn der City Nord.

1967 Der Fernsehturm wird fertiggestellt.

1973 Eröffnung des CCH – Congress Centrum Hamburg. Beginn der Aussiedlung von Altenwerder.

1974 Einweihung der Köhlbrandbrücke.

1975 Einweihung des neuen Elbtunnels.

1977 Hamburg begeht erstmals den Hafengeburtstag mit einem großen Volksfest.

1978 Die letzte Straßenbahnlinie wird eingestellt. Die Technische Universität Hamburg-Harburg (TUHH) wird gegründet.

1981 Abrisshäuser an der Hafenstraße werden besetzt. Nach jahrelangen Kämpfen schließt Bürgermeister Klaus von Dohnanyi 1987 einen Vertrag mit den Besetzern, die eine Genossenschaft gründen.

1982 Die Grün-Alternative Liste (GAL) zieht in die Bürgerschaft ein.

1986 Mit 1,57 Millionen Einwohnern erreicht die Bevölkerungszahl einen Tiefstand; seitdem steigt sie kontinuierlich an.

1989 Besetzung des ehemaligen Flora-Theaters im Schanzenviertel („Rote Flora").

2001 Mehrere Attentäter des 11. September haben an der TUHH studiert und in Hamburg die Anschläge geplant („Hamburger Zelle"). Ole von Beust (CDU) bildet eine Koalition mit FDP und Schill-Partei. Zuvor hat die SPD 44 Jahre lang regiert.

14) Max Brauer,
Altonaer Bürgermeister
1924–1933,
Erster Bürgermeister
in Hamburg 1946–1953
und 1957–1960

15) Deichbruch
bei Cranz,
16./17. Februar 1962

16) Containerterminal
Altenwerder,
einer der modernsten
Containerterminals der
Welt

17) Elbphilharmonie-
Eröffnungsfeier
(zweiter Tag),
12. Januar 2017

2002 Eröffnung des Containerterminals Altenwerder (Abb. 16). Baubeginn der HafenCity.

2003 Roland Schill will von Beust wegen dessen Homosexualität erpressen – er wird entlassen, von Beust gewinnt die Neuwahl 2004 mit absoluter Mehrheit.

2011 Olaf Scholz (SPD) gewinnt aus der Opposition heraus die absolute Mehrheit.

2015 Speicherstadt und Kontorhausviertel mit Chilehaus werden Unesco-Weltkulturerbe.

2017 Eröffnung der Elbphilharmonie nach fast zehnjähriger Bauzeit (Abb. 17); die Kosten haben sich fast verzwölffacht auf rund 900 Millionen Euro. Der G20-Gipfel wird zum Desaster für Bürgermeister Olaf Scholz und die Polizei, die gewalttätige Ausschreitungen und Plünderungen nicht verhindern kann.

2018 Peter Tschentscher (SPD) wird Erster Bürgermeister und gewinnt zwei Jahre später die Bürgerschaftswahl.

Hamburger Bürgermeister seit 1280

Quelle: wikipedia

13. Jahrhundert

Das Bestehen eines Bürgermeisteramtes ist seit 1264 nachgewiesen. Vom Rat wurden zunächst zwei, seit 1350 regelmäßig vier (zeitweilig fünf) Bürgermeister gewählt, von denen zwei im jährlichen Wechsel die Amtsgeschäfte leiteten. Dieses System mit den beiden regierenden oder präsidierenden Bürgermeistern bestand im Wesentlichen bis zur Verfassung von 1860.

Otto de Twedorp 1280–1299
Hartwicus de Erteneborch 1293–1305
Werner de Metzendorp 1293–1332
Johan Miles 1300–1329
Hinricus Longus 1300–1304
Johannes filius Oseri 1300–1316

14. Jahrhundert

Johannes de Monte 1325–1328
Hinricus de Hetfeld 1325–1335
Nicolaus Fransoyser 1332
bis mindestens 1356
Nicolaus Fransoiser 1341–1359

Nicolaus de Monte (auch Nicolaus vom Berge) 1341–1344
Hellingbernus Hetvelt 1341–1350
Johannes Horborch 1343–1345
Tidericus Uppenperde 1343–1348
Johannes Miles 1347–1360
Hinricus Hoop 1350–1367
Thidericus Uppenperde 1350–1366
Hinricus de Monte (auch Hinrich vom Berge) 1356–1380
Hinricus Hoyeri 1361–1375
Bertrammus Horborch 1366–1397
Wernerus de Wighersen 1367–1378
Ludolfus de Holdenstede 1375–1389
Kersten Miles 1378–1420
Hinricus Ybing 1381–1390
Johannes Hoyeri 1389–1402
Marquardus Schreye 1390–1419
Meinardus Buxtehude 1397–1413

15. Jahrhundert

Hilmarus Lopow 1401–1410
Johannes Luneborg 1411–1431
Hinricus de Monte (auch Hinrich vom Berge) 1413–1451
Hinricus Hoyeri 1417–1447

Johannes Wighe 1420–1438
Bernhardus Borsteld 1422–1429
Vicco de Hove 1431–1442
Simon van Utrecht 1433–1437 (Ehren-
    bürgermeister, keine Regierende
    Funktion)
Hinricus Koting 1439–1467
Thidericus Luneborg 1443–1458
Detlevus Bremer 1447–1464
Hinrick Lopow 1451–1470
Dirick Gherlefstorp 1452–1455
Hinrick Leseman 1458–1464
Erik van Tzeven 1464–1478
Albert Schilling 1464–1480
Hinrich Murmester 1467–1481
Johannes Meiger 1472–1486
Johannes Huge 1478–1499
Nicolaus de Sworen 1480–1490
Hermann Langenbeck 1481–1517
Henning Büring 1486–1499
Erik van Tzeven 1499–1504
Detlef Bremer 1499–1506

16. Jahrhundert
Carsten Barschampe -1511
Bartelt vam Ryne 1505–1524
Marquard vam Lo 1507–1519
Johann von Spreckelsen 1512–1517
Nicolaus Thode 1517–1524
Dirick (Dietrich) Hohusen 1517–1546
Gerd vam Holte (Gerhard vom Holte)
    1520–1529
Hinrick Salsborg 1523–1531
Johann Hulp 1524–1546
Johann Wetken 1529–1533
Pawel Grote 1531–1537
Albert Westede 1533–1538
Johannes Rodenborg (Rodenburg)
    1536–1547
Peter von Spreckelsen 1538–1553
Jurgen Plate 1546–1557
Hinrick vam Broke 1546–1548
Matthias Rheder 1547–1571
Ditmar Koel 1548–1563

Albert Hackemann (Hackmann)
    1553–1580
Laurens Niebur 1557–1580
Hermann Wetken 1564–1593
Evert Moller 1571–1588
Pawel (Paul) Grote 1580–1584
Johannes (Johann) Niebur 1581–1590
Nicolaus Vogeler 1585–1587
Joachim vam Kampe (von Kampe)
    1588–1594
Dirick van Eitzen 1589–1598
Erik van der Fechte (Erich von der
    Fechte) 1591–1613
Joachim Bekendorp 1593–1614
Dirick vam Holte 1595–1605
Vincentius Moller 1599–1621

17. Jahrhundert
Evert Twestreng 1606–1609
Hieronymus Vogeler (Vögeler)
    1609–1642
Sebastian van Bergen (von Bergen)
    1614–1623
Johann Wetken 1614–1616
Barthold Beckmann 1617–1622
Joachim Clan 1622–1632
Albrecht von Eitzen 1623–1653
Ulrich Winckel 1624–1649
Johann Brand 1633–1652
Barthold Moller 1643–1667
Nicolaus Jarre 1650–1678
Johann Schlebusch 1653–1659
Peter Lütkens 1654–1670
Wolfgang Maurer 1660–1662
Bartholomeus Twestreng 1663–1668
Johann Schrötteringk 1667–1676
Johann Schulte
    20. Juli 1668 – 2. März 1697
Broder Paulsen
    15. Juli 1670 – 19. Januar 1680
Johann Schröder
    12. Oktober 1676 – 15. August 1684

Heinrich Meurer (Hinrich)
10. August 1678 – 5. Juni 1684;
12. November 1686 – 14. Juli 1690
Diedrich Moller
27. Januar 1680 – 25. Oktober 1687
Johann Slüter (Schlüter)
13. Juni 1684 – 21. Oktober 1686
Joachim Lemmermann
22. August 1684 – 28. März 1704
Peter Lütkens
3. November 1687 – 28. August 1717
Johann Diedrich Schaffshausen
22. Juli 1690 – 10. November 1697
Hieronymus Hartwig Moller
10. März 1697 – 6. Dezember 1702
Peter von Lengerke
18. November 1697 –
17. November 1709

18. Jahrhundert
Julius Surland
14. Dezember 1702 – 28. Juli 1703
Gerhard Schröder
4. August 1703 – 28. Januar 1723
Paul Paulsen
4. April 1704 – 30. Juni 1712
Lucas (Lukas) von Bostel
27. November 1709 – 15. Juli 1716
Ludewig Becceler
7. Juli 1712 – 30. Juni 1722
Bernhard Matfeld
24. Juli 1716 – 30. Juli 1720
Garlieb Sillem
7. September 1717 – 26. Dezember 1732
Hinrich Diederich Wiese
6. August 1720 – 1. Februar 1728
Hans Jacob Faber
8. Juli 1722 – 15. November 1729
Johann Anderson
5. Februar 1723 – 3. Mai 1743
Rütger Rulant
11. Februar 1728 – 22. November 1742
Daniel Stockfleth
23. November 1729 – 29. Januar 1739

Martin Lucas Schele
6. Januar 1733 – 11. Januar 1751
Johann Hermann Luis
7. Februar 1739 – 16. September 1741
Cornelius Poppe
26. September 1741 –
20. November 1759
Conrad Widow
1. Dezember 1742 – 19. Oktober 1754
Nicolaus Stampeel
14. Mai 1743 – 23. Mai 1749
Clemens Samuel Lipstorp
3. Juni 1749 – 8. Dezember 1750
Lucas von Spreckelsen
17. Dezember 1750 – 27. Juli 1751
Martin Hieronymus Schele
19. Januar 1751 – 20. November 1774
Lucas Corthum
3. August 1751 – 9. Januar 1765
Nicolaus Schuback
29. Oktober 1754 – 28. Juli 1783
Peter Greve
23. November 1759 – 21. April 1780
Vincent Rumpff
17. Januar 1765 – 20. März 1781
Johann Schlüter
29. November 1774 –
5. September 1778
Albert Schulte
11. September 1778 – 3. Januar 1786
Frans Doormann
28. April 1780 – 22. August 1784
Jacob Albrecht von Sienen
28. März 1781 – 22. August 1800
Johann Anderson
4. August 1783 – 12. Januar 1790
Johann Luis
27. August 1784 – 31. Januar 1788
Johann Adolph Poppe
11. Januar 1786 – 28. August 1807
Martin Dorner
8. Februar 1788 – 12. April 1798
Franz Anton Wagener (Wagner)
22. Januar 1790 – 13. November 1801

Daniel Lienau
20. April 1798 – 13. Februar 1811,
18. März 1813 – 5. Juni 1816
Peter Hinrich Widow
29. August 1800 – 16. Oktober 1802

1801–1860

1811 bis März 1813 und Mai 1813 bis Mai 1814: Unterbrochene Amtszeit während der französischen Besatzung. Hamburg wird Teil des Napoleonischen Kaiserreiches: Maire in dieser Zeit waren Johann Michael Gries (provisorischer Maire bis Juli 1811), Amandus Augustus Abendroth (ab Juli 1811–1813) und Friedrich August Rüder (1813–1814). Maire-Adjoints waren unter anderen Jean Dauphin de Chapeaurouge (1811–1813), Otto von Axen (1811–1813), Georg Ehlert Bieber (1811–?), Christian Nicolas Pehmöller (1811–?), J. F. Voigt (1811–?) und Carsten Wilhelm Soltau (1813–1814).

Friedrich von Graffen
20. November 1801 – 13. Februar 1811, 18. März 1813 – 17. März 1820
Wilhelm Amsinck
23. Oktober 1802 – 13. Februar 1811, 18. März 1813 – 21. Juni 1831
Johann Arnold Heise
4. September 1807 – 13. Februar 1811, 18. März 1813 – 5. März 1834
Christian Matthias Schröder
12. Juni 1816 – 6. Juli 1821
Johann Heinrich Bartels
25. März 1820 – 1. Februar 1850
Johann Daniel Koch
13. Juli 1821 – 26. April 1829
Martin Garlieb Sillem
4. März 1829 – 24. Februar 1835
Amandus Augustus Abendroth
29. Juni 1831 – 14. Dezember 1842 (zuvor 1811–1813 Maire)

Martin Hieronymus Schrötteringk
12. März 1834 – 19. August 1835
Christian Daniel Benecke
2. März 1835 – 5. März 1851
David Schlüter
26. August 1835 – 24. November 1843
Heinrich Kellinghusen 1. Bgm
1843/44, 1845/46, 1847/48, 1851/52, 1853/54, 1855/56, 1857/58, 1859/60
Johann Ludwig Dammert
27. November 1843 – 25. Januar 1855
Nicolaus Binder 1. Bgm 1855, 1857, 1859, 1860; 2. Bgm 1856, 1858, 1860

1860–1920

Die 1860 neu eingesetzte Verfassung legt die Begriffe Erster und Zweiter Bürgermeister für die vorstehenden Mitglieder des Senats – nun auch offiziell nicht mehr Rat genannt – fest. Diese wurden seitdem von der nun ebenfalls in Teilen aus Wahlen hervorgegangenen Bürgerschaft gewählt und nicht mehr wie vorher vom bestehenden Senat kooptiert. Wie vorher waren sie dann Senatoren auf Lebenszeit.
Innerhalb des Senates wurde jährlich entschieden, wer diesem als Erster (Primus inter pares) und Zweiter Bürgermeister vorstehen sollte. Von einigen Ausnahmen abgesehen wählte der Senat turnusmäßig die drei ältesten juristisch geschulten Senatoren in diese Ämter, und zwar nach folgendem Muster:

Jahr	1. Bürgermeister	2. Bürgermeister	„Ruhejahr"
1	Senator A	Senator B	Senator C
2	Senator B	Senator C	Senator A
3	Senator C	Senator A	Senator B
4	Senator A	Senator B	Senator C

Weimarer Republik 1919–1933

Im November 1918 wurden Senat und Bürgerschaft vom Arbeiter- und Soldatenrat (unter Heinrich Laufenberg, später Karl Hense) abgesetzt, kurz darauf jedoch unter Veto-Recht wieder eingesetzt. Der Senat war nun vom Vertrauen der Bürgerschaft abhängig. Die Ersten und Zweiten Bürgermeister wurden als Präsident und sein Stellvertreter weiterhin vom Senat auf ein Jahr gewählt, bei jedoch zulässiger Wiederwahl. Zeitweise bestand ein Minderheits- bzw. geschäftsführender Senat.

Erster Bürgermeister
Werner von Melle:
    31. März 1919 – 21. Dezember 1919
Friedrich Sthamer:
    21. Dezember 1919 – 13. Februar 1920
Arnold Diestel:
    14. Februar 1920 – 3. Januar 1924
Carl Wilhelm Petersen, DDP:
    4. Januar 1924 – 31. Dezember 1929
Rudolf Roß, SPD:
    1. Januar 1930 – 31. Dezember 1931
Carl Wilhelm Petersen, DStP:
    1. Januar 1932 – 7. März 1933

Zweiter Bürgermeister
Otto Stolten, SPD:
    31. März 1919 – 17. März 1925
Max Schramm, DVP:
    18. März 1925 – 4. April 1928
Rudolf Roß, SPD:
    5. April 1928 – 31. Dezember 1929
Carl Wilhelm Petersen, DDP:
    1. Januar 1930 – 31. Dezember 1931
Rudolf Roß, SPD:
    1. Januar 1932 – 3. März 1933

Nationalsozialismus

Am 8. März 1933 wurde Carl Vincent Krogmann (parteilos, ab 1. Mai 1933 NSDAP), zum Ersten Bürgermeister gewählt. Ab dem 18. Mai 1933 trug er die Amtsbezeichnung „Regierender Bürgermeister", wurde aber zugleich dem Reichsstatthalter Karl Kaufmann unterstellt. Im Zuge der Einführung der Deutschen Gemeindeordnung wurde die bisherige Hamburger Einheitsverwaltung 1936 in eine Staats- und eine Gemeindeverwaltung aufgeteilt: Kaufmann übernahm am 29. Juli 1936 offiziell die Führung der Landesregierung, Krogmann blieb als Bürgermeister Leiter der „Gemeindeverwaltung".

Erster bzw. Regierender Bürgermeister
Carl Vincent Krogmann, NSDAP:
    8. März 1933 – 11. Mai 1945

Zweiter Bürgermeister
Wilhelm Amsinck Burchard-Motz, DVP, ab 1. April 1933 NSDAP:
    8. März 1933 – 8. November 1934

Besatzungszeit
Der erste Bürgermeister nach Ende des Zweiten Weltkriegs, Rudolf Petersen, wurde noch vom britischen Stadtkommandanten Oberst Armytage ernannt. Petersen machte geltend, ihm fehle es an praktischer Politikerfahrung. Auf seinen Wunsch hin wurde Adolph Schönfelder als Zweiter Bürgermeister eingesetzt.

Die britische Besatzungsmacht wollte das höchste Amt Hamburgs erst Oberbürgermeister nennen, wie in anderen deutschen Städten. Der noch nicht ernannte Petersen wehrte sich aber erfolgreich gegen diese Bezeichnung, da sie nicht zur Hamburger Tradition passe.

Erster Bürgermeister
Rudolf Petersen
  (parteilos, später CDU):
  15. Mai 1945 – 15. November 1946

Zweiter Bürgermeister
Adolph Schönfelder, SPD:
  6. Juni 1945 – 15. November 1946

Besatzungszeit und Bundesrepublik Deutschland

Noch während der Besatzungszeit wurde eine vorläufige Verfassung (durch ernannte Bürgerschaft und Senat) erstellt und 1946 eine Bürgerschaft frei gewählt. Der am 15. November 1946 von der Bürgerschaft gewählte Senat konstituierte sich am 19. November und wählte Max Brauer zum Ersten Bürgermeister und Präsidenten des Senats. In Anlehnung an die alte Verfassung blieb es bei einer Nachwahl bzw. Ergänzung von Senatoren durch die Bürgerschaft und die Wahl der Bürgermeister (auf ein Jahr bei möglicher Wiederwahl) durch den Senat selbst.
Nach einer umfassenden Verfassungsreform wird der Erste Bürgermeister seit 1997 direkt von der Bürgerschaft gewählt. Zudem endet seine Amtszeit auch mit dem Zusammentritt einer neuen Bürgerschaft. Der Zweite Bürgermeister wird in der Regel mit dem gesamten Senat vom Ersten Bürgermeister berufen und bedarf nur noch der Bestätigung durch die Bürgerschaft.

Erster Bürgermeister
Max Brauer, SPD:
  19. November 1946 –
  2. Dezember 1953
Kurt Sieveking, CDU:
  2. Dezember 1953 –
  4. Dezember 1957
Max Brauer, SPD:
  4. Dezember 1957 –
  31. Dezember 1960
Paul Nevermann, SPD:
  1. Januar 1961 – 9. Juni 1965
Herbert Weichmann, SPD:
  9. Juni 1965 – 9. Juni 1971
Peter Schulz, SPD:
  9. Juni 1971 – 4. November 1974
Hans-Ulrich Klose, SPD:
  12. November 1974 – 25. Mai 1981
Klaus von Dohnanyi, SPD:
  24. Juni 1981 – 8. Juni 1988
Henning Voscherau, SPD:
  8. Juni 1988 – 8. Oktober 1997
Ortwin Runde, SPD:
  12. November 1997 –
  31. Oktober 2001
Ole von Beust, CDU:
  31. Oktober 2001 – 25. August 2010
Christoph Ahlhaus, CDU:
  25. August 2010 – 7. März 2011
Olaf Scholz, SPD:
  7. März 2011 – 13. März 2018
Peter Tschentscher, SPD:
  seit 28. März 2018

Personenregister

(die fett gesetzten Personen werden mit einer Kurzvita vorgestellt)

Bildnachweis

Agentur des Rauhen Hauses, Hamburg: S. 141
akg images, Berlin S. 70
Archäologisches Museum Hamburg: S. 9, 12, 197 o.; S. 13 und 197 u. (Illustration Roland Warzecha)
Bautsch, Carl-J.: S. 150
Behörde für Stadtentwicklung, Hamburg: S. 98 u., 209 u.
www.bildarchiv-hamburg.de: S. 148, 151, 152
bpk: S. 10, 17 (Staatsbibliothek zu Berlin), 51 u. 52 (Kunstbibliothek, SMB, Photothek Willy Römer), 53 (Deutsches Historisches Museum, Joseph Schorer), 55, 88 u., 96/97 (Erich Andres), 172 li.
Gebr. Dransfeld: S. 191 u.
(sammlungonline.mkg-hamburg.de)
Ellert & Richter Archiv: S. 27, 35 u., 43, 49, 54, 56 o., 83, 92/93, 98 o., 99, 107, 112/113, 136, 139, 193
Fotolia: S. 119
Hamann, Johann, Hamburg: S. 114
Hamburg Port Authority: 204 o.
Hamburger Kunsthalle: S. 166 (Elke Walford)
Hamburgisches Architekturarchiv: S. 36/37 (Fotomontage: Neue Heimat)
Handelskammer, Hamburg: S. 42, 63, 86, 108
Hapag Lloyd Archiv, Hamburg: S. 71, 72
Höger, Fritz: Bauwerke und Entwürfe, Charlottenburg, ca. 1915.: S. 32
huber images, Garmisch-Partenkirchen: S. 38/39 (Reinhard Schmid)
imago images, Berlin: S. 162 o. (Stephan Wallocha), 162 u. (Chris Emil Janßen), 163 (Arkivi), 175 u. (Shotshop), 176 u. (imagebroker), 178 (TelePress UnitedArchives), 179 (IFTN United-Archives), 210 u.
INTERFOTO / Sammlung Rauch, München: S. 187
Kampfmittelräumdienst Hamburg: S. 74
Katholische Gemeinde St. Joseph Altona: S. 26
Konrad Adenauer Stiftung, Plakatsammlung: S. 57
Archiv E. Kossak, Hamburg: S. 23, 66/67
Landesmedienzentrum: S. 209 o.
Matthias Du Vinage, Hamburg: S. 161
Museum für Hamburgische Geschichte (MHG): S. 24/25, 30, 31, 81, 82 u., 88 o., 109, 206 u. r.
Peyer, Fritz, Hamburg: S. 173
picture-alliance, Frankfurt/M: S. 56 u., 58, 59, 145, 146 u., 160, 164 o., 172 o., 180, 181, 188, 192 re., 195
Sammlung W. Reich: S. 76
Staatsarchiv, Hamburg: S. 11, 15, 16, 19, 20/21, 28/29, 33, 35 o., 41 re., 44, 45, 46, 61, 82 o., 85 u., 87, 89, 91 u., 94 beide, 102, 104/105, 105, 131, 133 o. und u., 134 o. und u., 140, 142 o., 143 o. und u., 144 li. und re., 154 o., 155 u., 200/201, 202 o., 204 m. l., 205 u., 206 u. l.
Staats- und Universitätsbibliothek Hamburg, Theatersammlung: Bilder: G31: S. 171
Staisch, Erich, Kiel: S. 155 o., 157 u., 159 o. und u., 160 u., 170, 171 u., 174, 183, 184 u., 190, 194
Volksfürsorge AG, Hamburg: S. 145
wikimedia commons: S. 14 (Attila Nóbik), 18 (Hhbrmbk), 22 (Rolffsen, Franz Nikolaus), 26 (Minderbinder), 41 (Julius Fürst), 47 (Christoph Braun), 66 (Carl Friedrich Stange), 69 (Allan C. Green, State Library of Victoria), 73 (Deutsche Reichsbank), 77 (Chippolino), 78 (Émile Schweitzer), 79 (Kunstmuseum Basel, Online Collection), 85 o. (Scan: James Steakley), 91 o. (Dowd J (Fg Off), Royal Air Force official photographer), 110 (www.bildindex.de), 115 (Foto aus dem Museumskatalog von 1997 des Museums der Arbeit, Hamburg), 116 (Emil Limmer), 117 (Library of Congrss, Washington D.C.), 121 (scan: Braun, Georg / Hogenberg, Franz: Civitates Orbis Terrarum, Bd. 4), 127 (Pieter de Jode I), 128 (Nationaal Archief, Den Haag), 129 (Oberkondukteur Hans Christoffer Lönborg), 137 (SUB Hamburg), 138 li. (PD-Art), 138 re. (Bolt, Johann Friedrich; Hardorff, Gerdt; SUB Hamburg), 142 u. (Claus-Joachim Dickow), 146 o. (Reichsbankdirektorium Berlin), 149 u. (Hans G. Oberlack), 153 (O. Pelc: Konstrukteur der modernen Stadt. William Lindley in Hamburg und Europa 1808–1900. Hamburg 2008, S. 146), 154 (Carl Alexander Lill), 158 (E. Kossak: 1100 Jahre Stadtbild Hamburg, Dölling & Galitz 2012), 164 u. (ThomasFHH), 165 (Medveder – Eigenes Werk), 167 (Carl Spitzweg), 168 (Gebrüder Suhr), 172 u. (Andreas Praefke), 175 o. (James Gray), 176 o. (unbekannte Autoren), 184 o. (Lucas Cranach d. Ä., 1537), 185 u. (Kupferstich von Johann Kenckel), 189 (Festschrift Gymnasium Lerchenfeld 2010), 191 o. (CDU), 202 u. l. (Jean-Laurent Mosnier, 1801), 202 u. r. (Carl Mayer, 1798–1868, Stahlstecher, Nürnberg), 204 m. r. (Friedrich Strumper, † 1913), 206 o. (Foto: Adolf Dransfeld), 210 o. (Matti Blume)
Zapf, Michael, Hamburg: S. 65, 157 o.

Coverabbildungen (v.l. nach re.)
Polizeisenator Helmut Schmidt (Conti-Press, Hamburg), Hamburg um 845 (Archäologisches Museum Hamburg), Zitronenjette (Staatsarchiv), Elbphilharmonie (huber images, Garmisch-Partenkirchen)

Autor und Impressum

Autor

Sven Kummereincke, geb. 1967, arbeitet seit 30 Jahren für das Hamburger Abendblatt, als Reporter und Blattmacher in der Hamburg-Redaktion. Die spannendste Frage ist für ihn immer „warum?"; wer sie beantworten will, muss sich mit der Geschichte befassen. Kummereincke schrieb Dutzende Artikel über Hamburgs Vergangenheit und verfasste vier Bücher zu historischen Themen.

Impressum

Bibliografische Information der Deutschen Nationalbibliothek Die Deutsche Nationalbibliothek verzeichnet diese Publikation in der Deutschen Nationalbibliografie; detaillierte bibliografische Daten sind im Internet über http://dnb.d-nb.de abrufbar.

ISBN 978-3-8319-0790-8

© Ellert & Richter Verlag GmbH, Hamburg 2022
2. Auflage 2023

Text und Bildlegenden:
Sven Kummereincke, Hamburg
Lektorat: Annette Krüger, Hamburg
Gestaltung: BrücknerAping, Büro für Gestaltung, Bremen
Gesamtherstellung:
Ömür Printing & Packaging, Istanbul/Türkei

www.ellert-richter.de
www.facebook.com/EllertRichterVerlag
Instagram: @ellert_richter_verlag